Pokémon X•Y

Story
Hidenori Kusaka

Zeichnungen
Satoshi Yamamoto

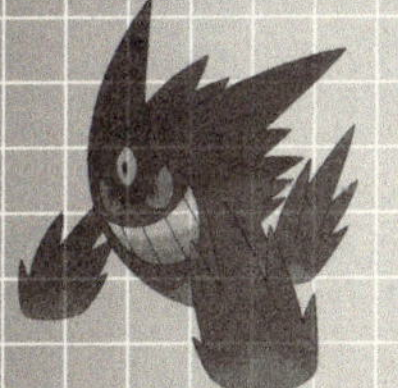

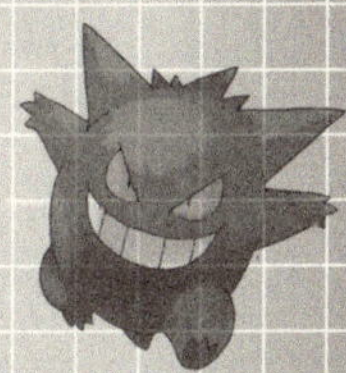

3

HAUPTFIGUREN

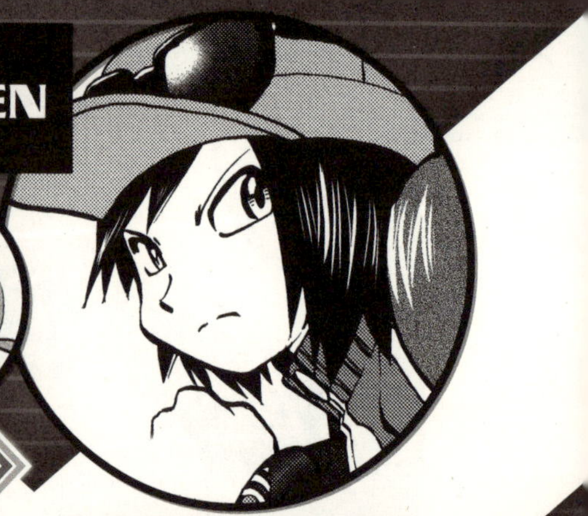

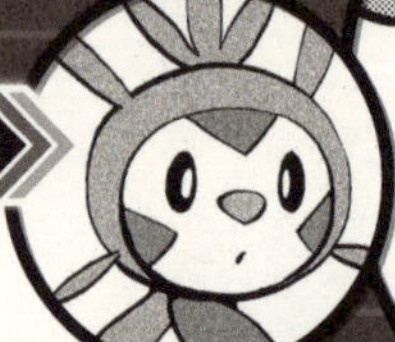

MARISSO

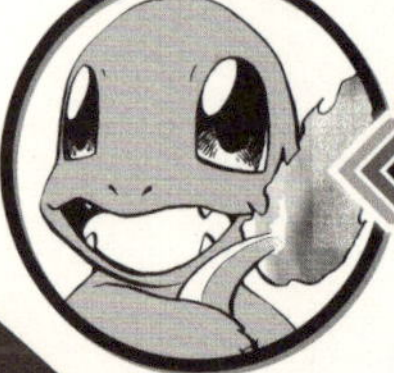

SALAMÈ

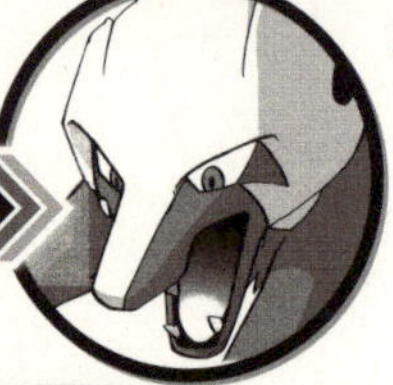

ÉLEC

X

Unser Held. In seiner Kindheit hat er den Junior Pokal beim Pokémon Talentwettbewerb gewonnen und ist eigentlich ein begabter Pokémon-Trainer…

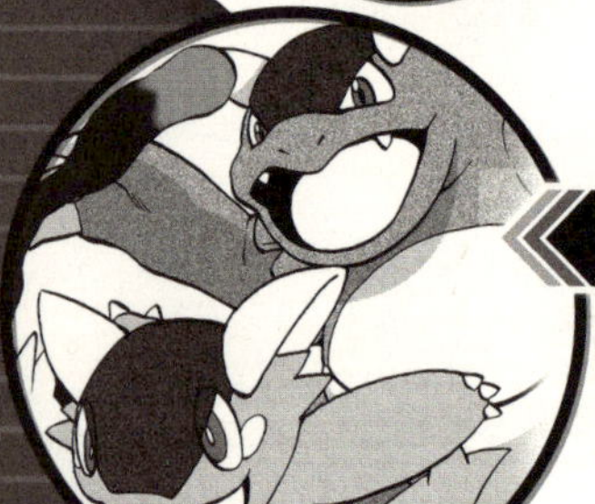

KANGA & KOKANGA

Die beiden kennt X schon von klein auf. Durch die Mega-Entwicklung können sie sich in Mega-Kangama verwandeln.

DIE STORY

Wir befinden uns in Escissia in der Kalos-Region. Y und ihre Freunde versuchen den eigenbrötlerischen X dazu zu bewegen, endlich sein Zimmer zu verlassen, als plötzlich die legendären Pokémon Xerneas und Yveltal auftauchen. Bald werden die Jugendlichen auch noch von einer geheimnisvollen Gruppe, deren Mitglieder rote Uniformen tragen, attackiert – sie scheinen es auf den Ring abgesehen zu haben, den X an seinem Arm trägt. Die Fünf entschließen sich daraufhin, ihre Heimat zu verlassen.
Über Illumina City und die Route 5 verschlägt es sie nach Vanitéa. Unterwegs werden Marisso (Igamaro) und Salamè (Glumanda) sowie ein zur Mega-Entwicklung fähiges Voltenso namens Élec in das Team aufgenommen. Mithilfe von Olivier setzen die Freunde ihre Flucht fort…!

POKÉMON X UND Y

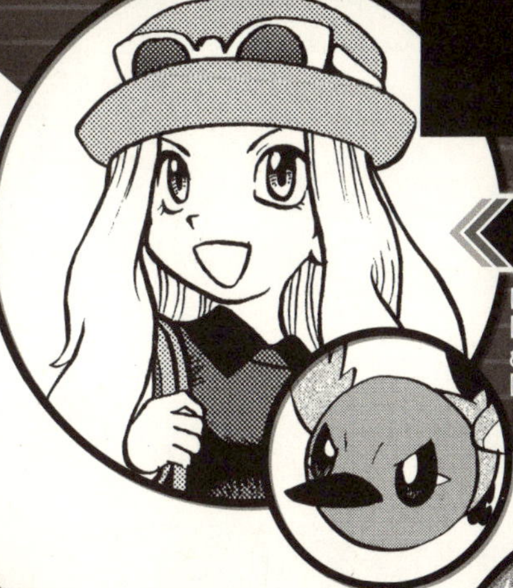

Y

Die Sandkastenfreundin von X lässt sich zum Himmelstrainer ausbilden. Mit vollem Namen heißt sie Yvonne Gabena.

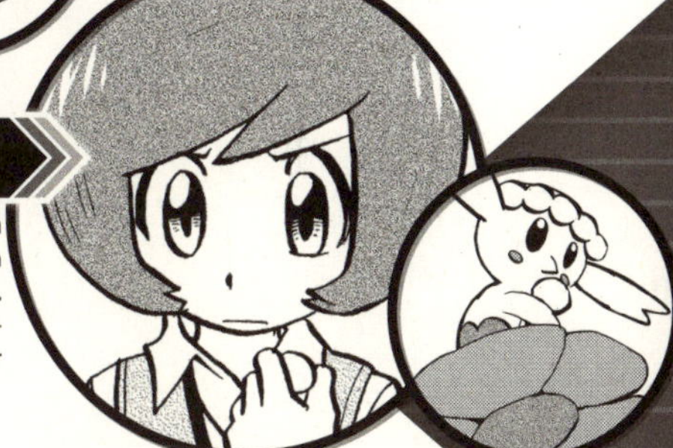

TROVATO

Gehört zu der fünfköpfigen Freundesgruppe, die sich seit ihrer Kindheit kennt. Der eher zurückhaltende Junge will ein großer Pokémon-Forscher werden.

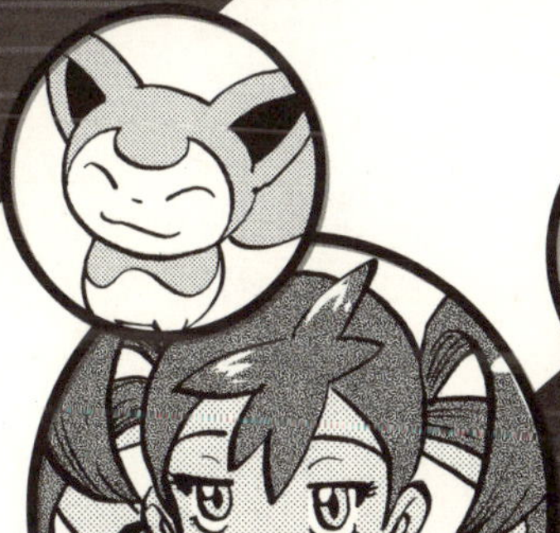

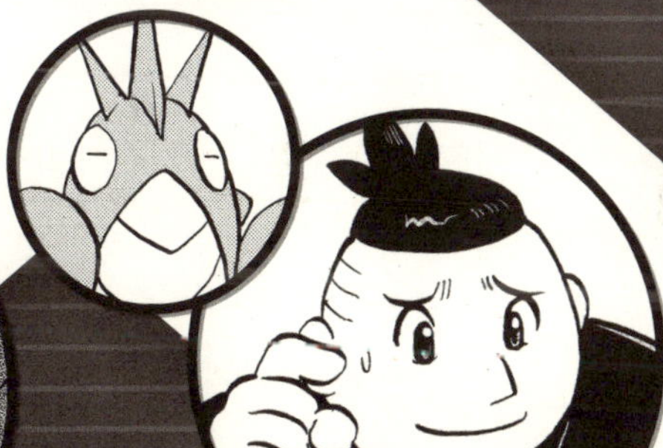

SANNAH

Auch sie ist ein Mitglied der Freundesgruppe. Ihr Ziel ist es, ein Coiffwaff-Stylist zu werden. Wenn sie etwas auf dem Herzen hat, nimmt sie kein Blatt vor den Mund.

TIERNO

Gehört ebenso zu der fünfköpfigen Gruppe von Freunden, die sich seit frühester Jugend kennen. Er ist ein großer Junge mit einem noch größeren Herzen. Sein Traum ist es, Tänzer zu werden.

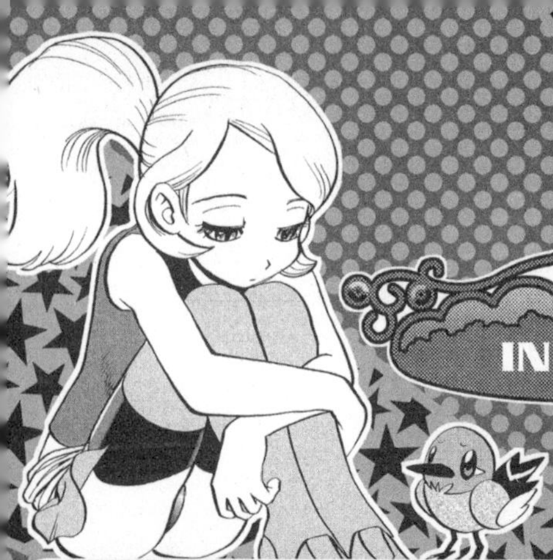

INHALT

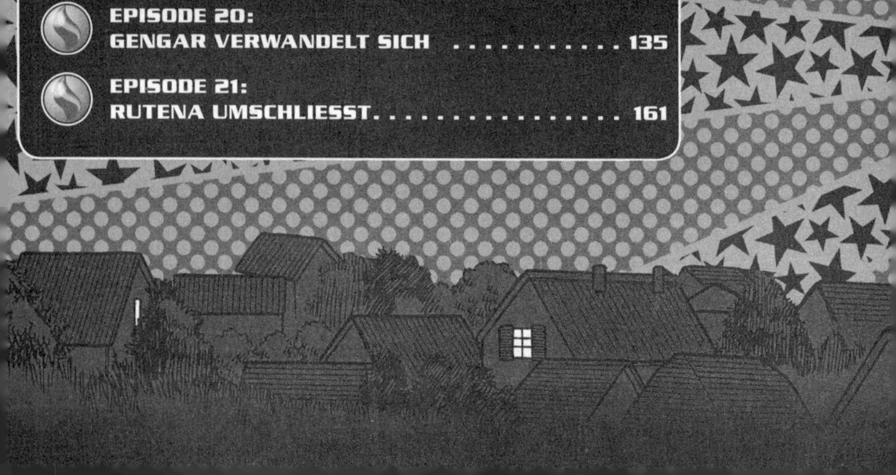

EPISODE 15 VIVILLON FLIEGT

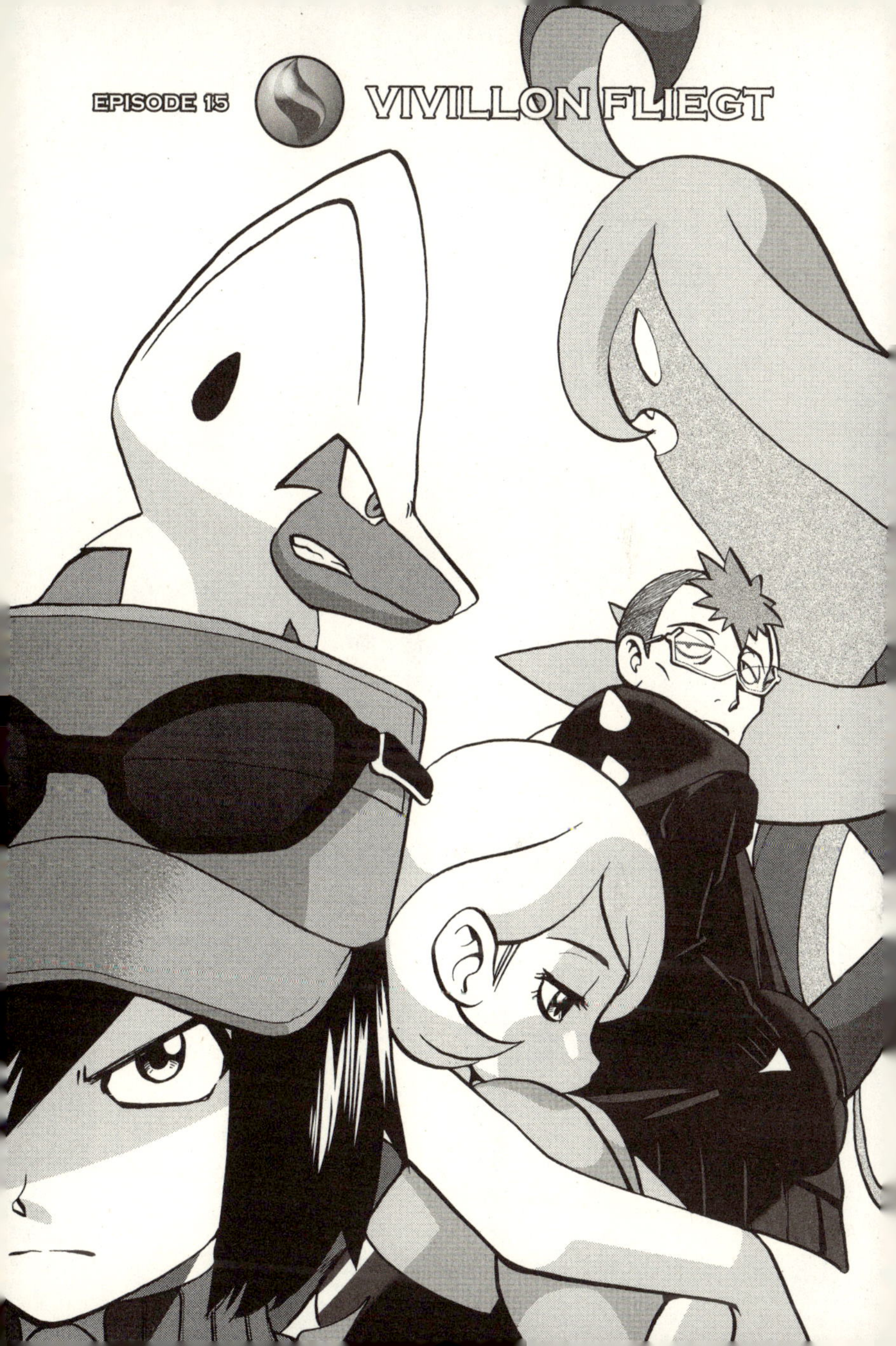

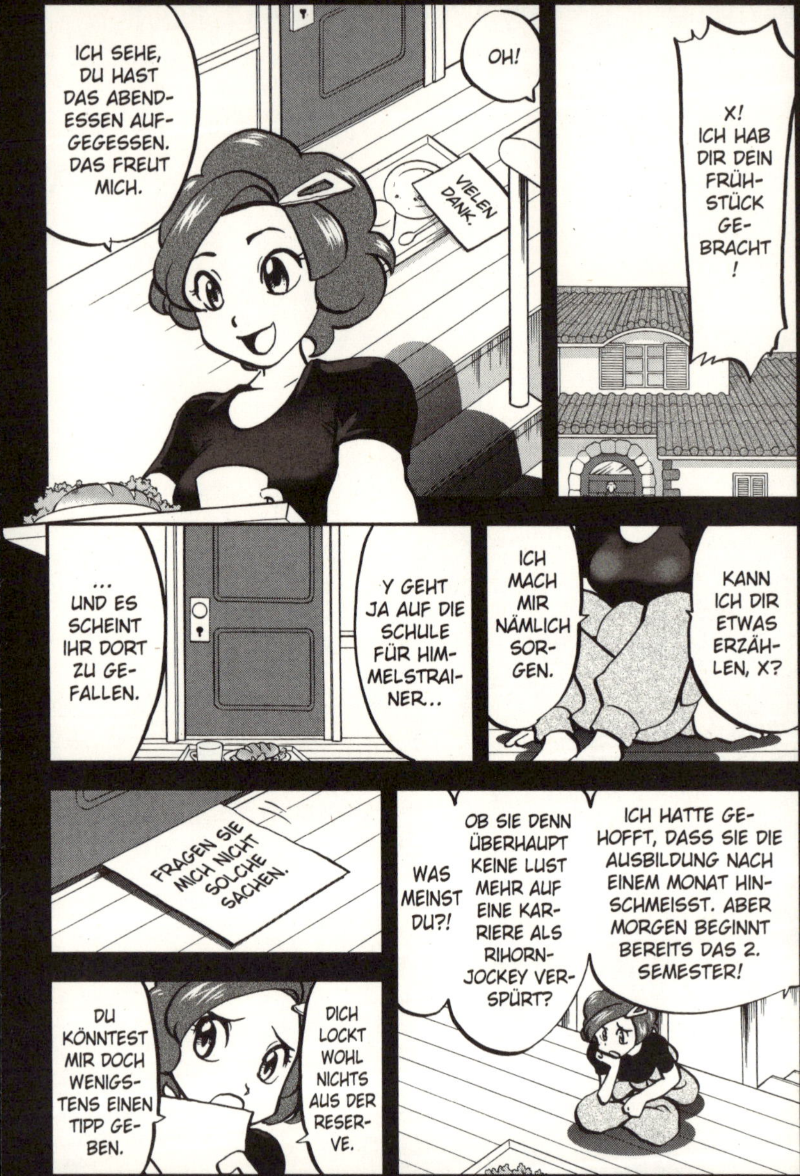
X! ICH HAB DIR DEIN FRÜHSTÜCK GEBRACHT!
OH!
VIELEN DANK.
ICH SEHE, DU HAST DAS ABENDESSEN AUFGEGESSEN. DAS FREUT MICH.
KANN ICH DIR ETWAS ERZÄHLEN, X?
ICH MACH MIR NÄMLICH SORGEN.
Y GEHT JA AUF DIE SCHULE FÜR HIMMELSTRAINER..
... UND ES SCHEINT IHR DORT ZU GEFALLEN.
ICH HATTE GEHOFFT, DASS SIE DIE AUSBILDUNG NACH EINEM MONAT HINSCHMEISST. ABER MORGEN BEGINNT BEREITS DAS 2. SEMESTER!
OB SIE DENN ÜBERHAUPT KEINE LUST MEHR AUF EINE KARRIERE ALS RIHORN-JOCKEY VERSPÜRT?
WAS MEINST DU?!
FRAGEN SIE MICH NICHT SOLCHE SACHEN.
DICH LOCKT WOHL NICHTS AUS DER RESERVE.
DU KÖNNTEST MIR DOCH WENIGSTENS EINEN TIPP GEBEN.

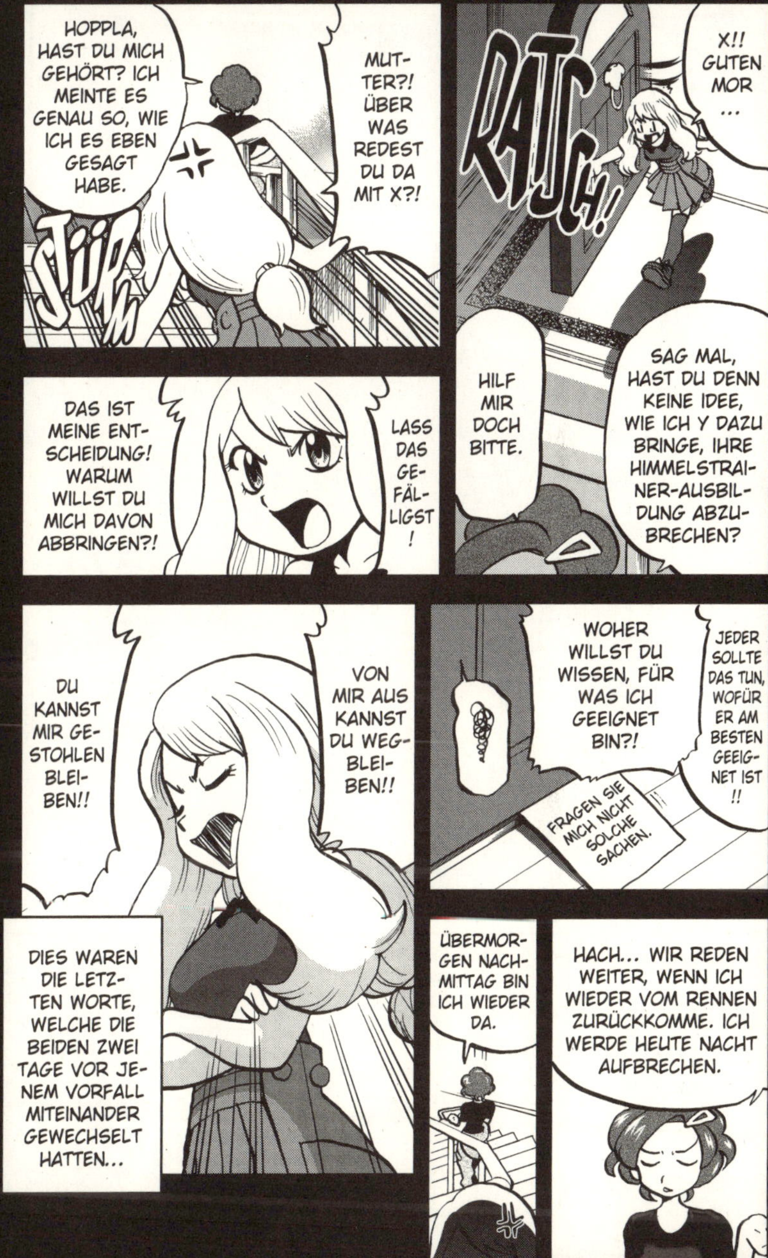
RATSCH!
X!! GUTEN MOR ...
SAG MAL, HAST DU DENN KEINE IDEE, WIE ICH Y DAZU BRINGE, IHRE HIMMELSTRAINER-AUSBILDUNG ABZUBRECHEN?
HILF MIR DOCH BITTE.
MUTTER?! ÜBER WAS REDEST DU DA MIT X?!
HOPPLA, HAST DU MICH GEHÖRT? ICH MEINTE ES GENAU SO, WIE ICH ES EBEN GESAGT HABE.
STÜRM
LASS DAS GEFÄLLIGST!
DAS IST MEINE ENTSCHEIDUNG! WARUM WILLST DU MICH DAVON ABBRINGEN?!
JEDER SOLLTE DAS TUN, WOFÜR ER AM BESTEN GEEIGNET IST!!
WOHER WILLST DU WISSEN, FÜR WAS ICH GEEIGNET BIN?!
FRAGEN SIE MICH NICHT SOLCHE SACHEN.
VON MIR AUS KANNST DU WEGBLEIBEN!!
DU KANNST MIR GESTOHLEN BLEIBEN!!
HACH... WIR REDEN WEITER, WENN ICH WIEDER VOM RENNEN ZURÜCKKOMME. ICH WERDE HEUTE NACHT AUFBRECHEN.
ÜBERMORGEN NACHMITTAG BIN ICH WIEDER DA.
DIES WAREN DIE LETZTEN WORTE, WELCHE DIE BEIDEN ZWEI TAGE VOR JENEM VORFALL MITEINANDER GEWECHSELT HATTEN...

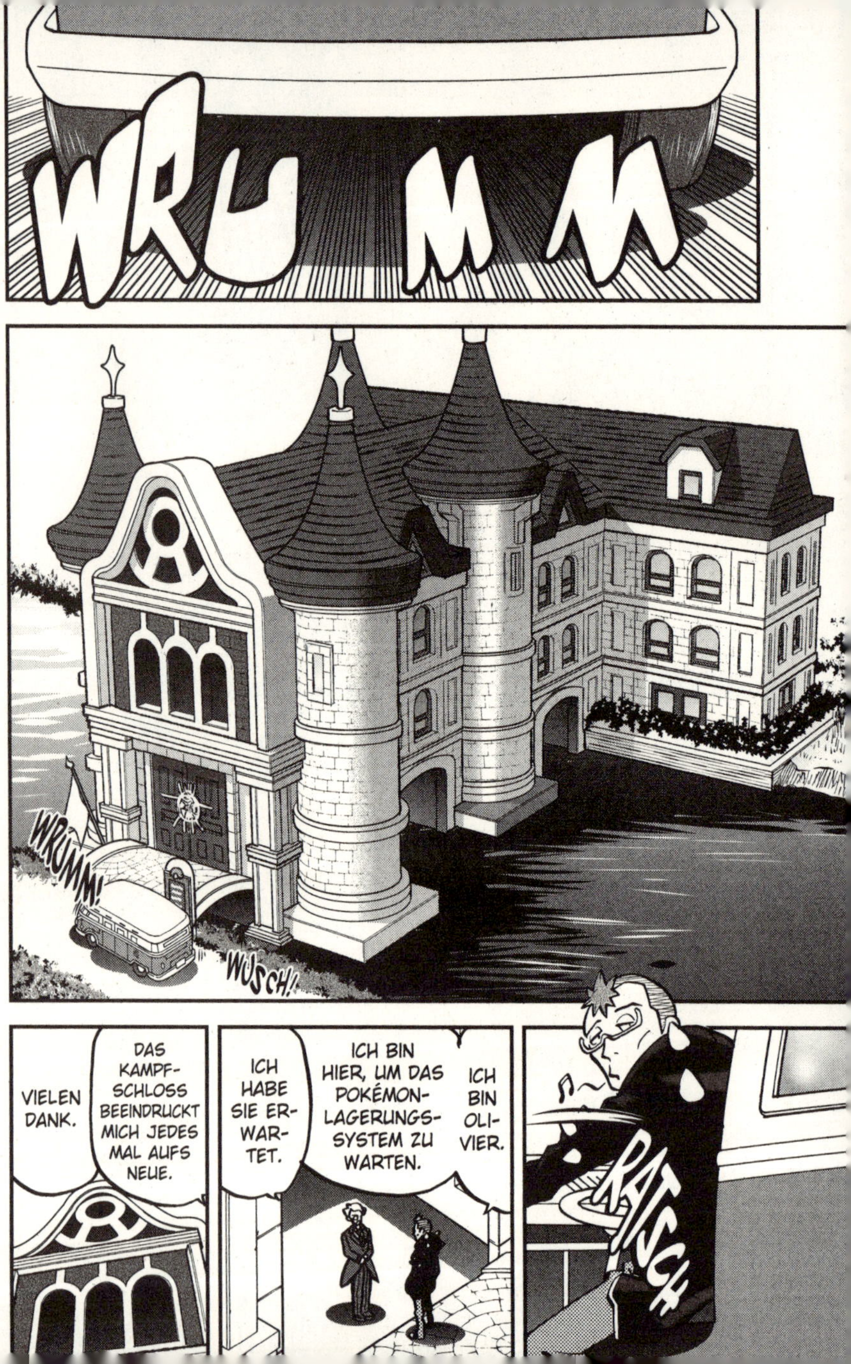
WRUMM
WRUMM!
WUSCH!
RATSCH
ICH BIN OLIVIER.
ICH BIN HIER, UM DAS POKÉMON-LAGERUNGSSYSTEM ZU WARTEN.
ICH HABE SIE ERWARTET.
DAS KAMPFSCHLOSS BEEINDRUCKT MICH JEDES MAL AUFS NEUE.
VIELEN DANK.

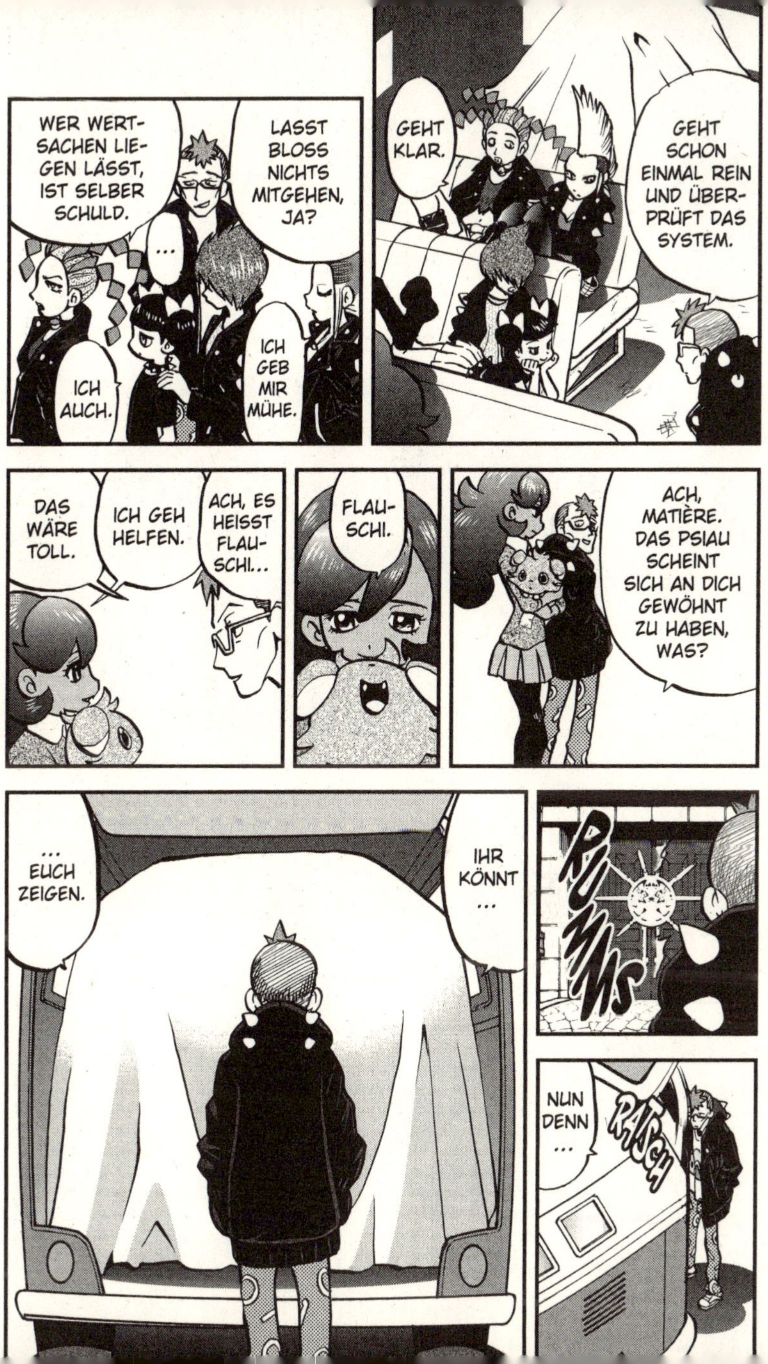
GEHT SCHON EINMAL REIN UND ÜBERPRÜFT DAS SYSTEM.
GEHT KLAR.
LASST BLOSS NICHTS MITGEHEN, JA?
WER WERT-SACHEN LIEGEN LÄSST, IST SELBER SCHULD.
...
ICH GEB MIR MÜHE.
ICH AUCH.
ACH, MATIÈRE. DAS PSIAU SCHEINT SICH AN DICH GEWÖHNT ZU HABEN, WAS?
FLAUSCHI.
ACH, ES HEISST FLAUSCHI...
ICH GEH HELFEN.
DAS WÄRE TOLL.
RUMMS
NUN DENN ...
RATSCH
IHR KÖNNT ...
... EUCH ZEIGEN.

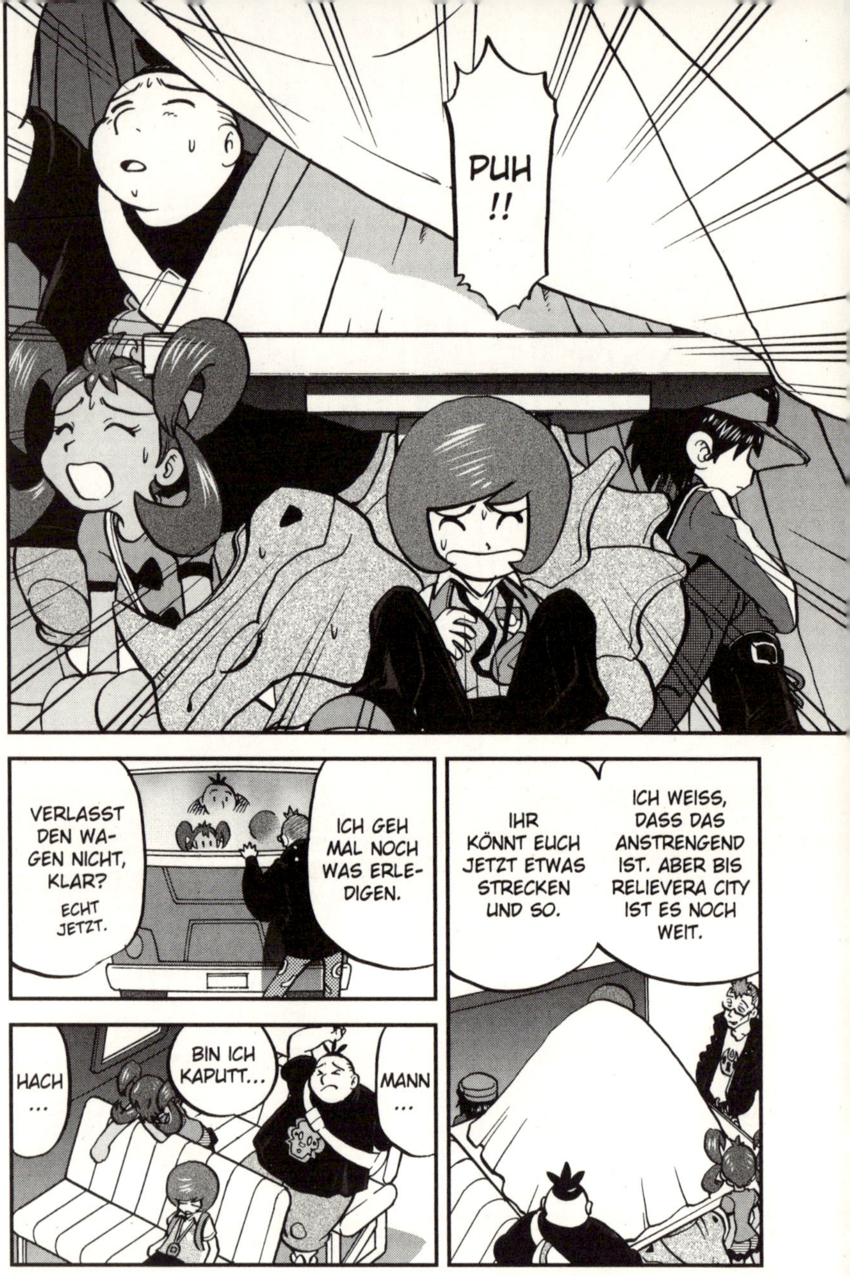
PUH !!
ICH WEISS, DASS DAS ANSTRENGEND IST. ABER BIS RELIEVERA CITY IST ES NOCH WEIT.
IHR KÖNNT EUCH JETZT ETWAS STRECKEN UND SO.
ICH GEH MAL NOCH WAS ERLEDIGEN.
VERLASST DEN WAGEN NICHT, KLAR?
ECHT JETZT.
MANN …
BIN ICH KAPUTT…
HACH …

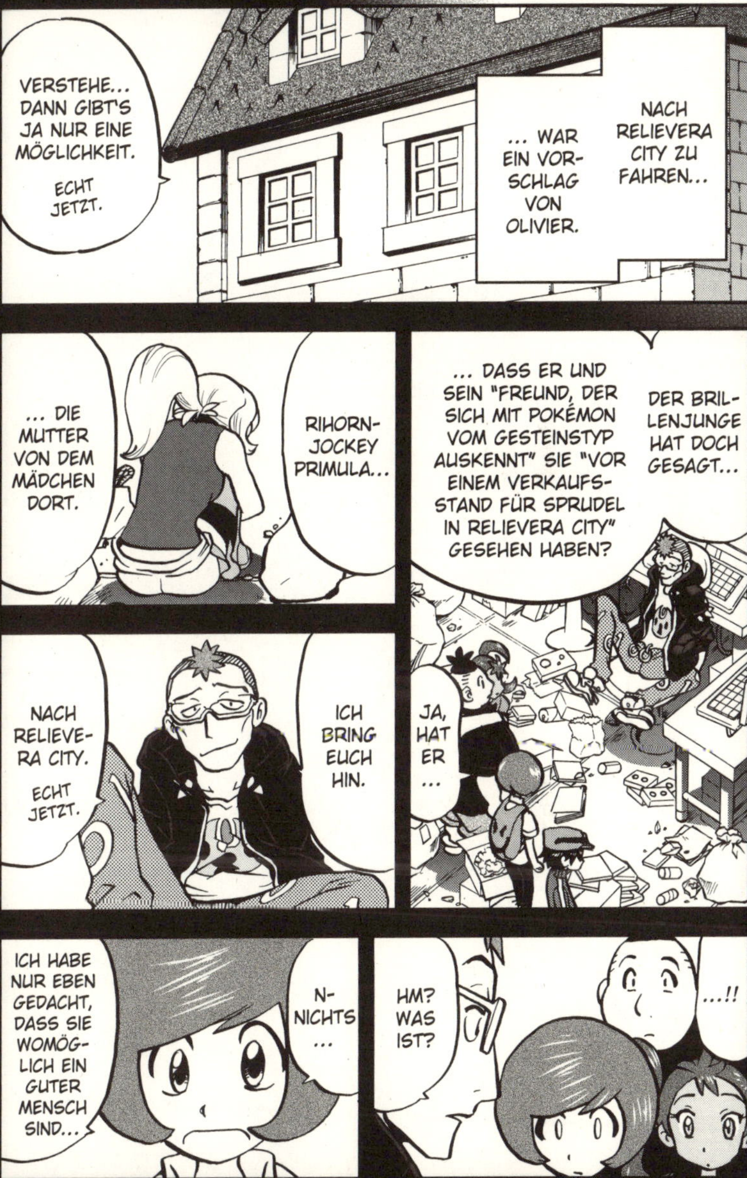
NACH RELIEVERA CITY ZU FAHREN...
... WAR EIN VORSCHLAG VON OLIVIER.
VERSTEHE... DANN GIBT'S JA NUR EINE MÖGLICHKEIT.
ECHT JETZT.
DER BRILLENJUNGE HAT DOCH GESAGT...
... DASS ER UND SEIN "FREUND, DER SICH MIT POKÉMON VOM GESTEINSTYP AUSKENNT" SIE "VOR EINEM VERKAUFSSTAND FÜR SPRUDEL IN RELIEVERA CITY" GESEHEN HABEN?
JA, HAT ER ...
RIHORN-JOCKEY PRIMULA...
... DIE MUTTER VON DEM MÄDCHEN DORT.
ICH BRING EUCH HIN.
NACH RELIEVERA CITY.
ECHT JETZT.
...!!
HM? WAS IST?
N-NICHTS ...
ICH HABE NUR EBEN GEDACHT, DASS SIE WOMÖGLICH EIN GUTER MENSCH SIND...

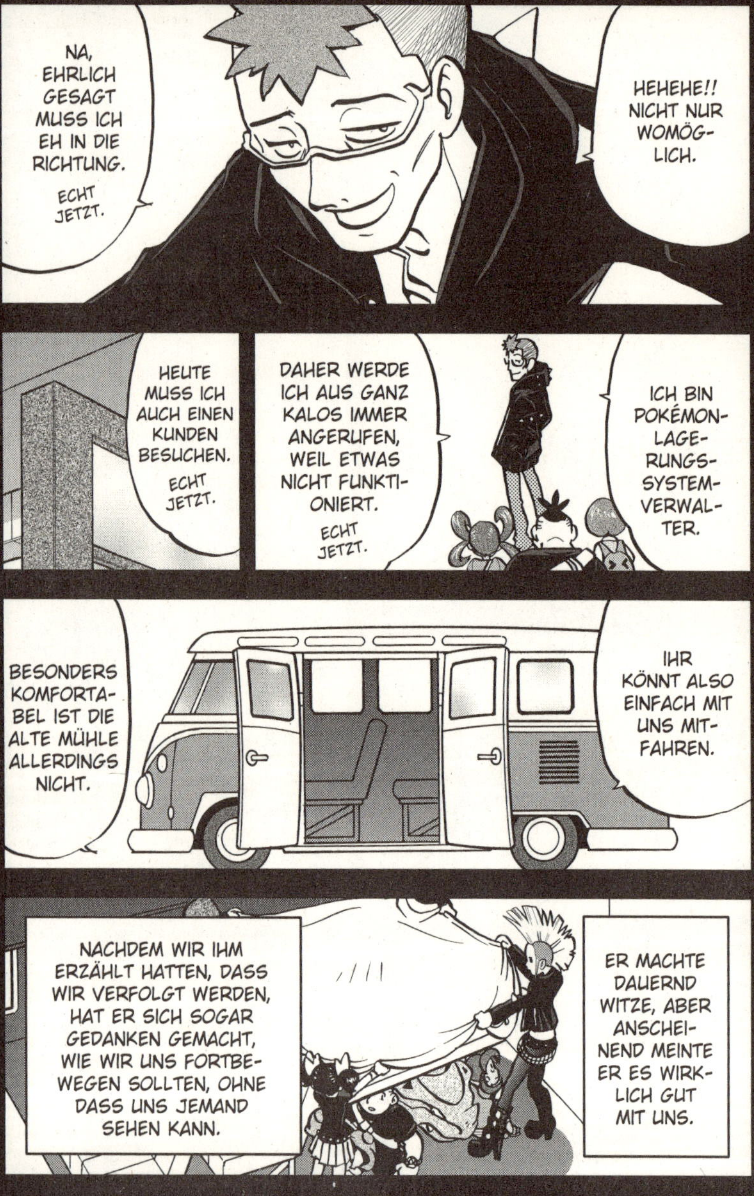

NA, EHRLICH GESAGT MUSS ICH EH IN DIE RICHTUNG.
ECHT JETZT.
HEHEHE!! NICHT NUR WOMÖG-LICH.
HEUTE MUSS ICH AUCH EINEN KUNDEN BESUCHEN.
ECHT JETZT.
DAHER WERDE ICH AUS GANZ KALOS IMMER ANGERUFEN, WEIL ETWAS NICHT FUNKTI-ONIERT.
ECHT JETZT.
ICH BIN POKÉMON-LAGE-RUNGS-SYSTEM-VERWAL-TER.
BESONDERS KOMFORTA-BEL IST DIE ALTE MÜHLE ALLERDINGS NICHT.
IHR KÖNNT ALSO EINFACH MIT UNS MIT-FAHREN.
NACHDEM WIR IHM ERZÄHLT HATTEN, DASS WIR VERFOLGT WERDEN, HAT ER SICH SOGAR GEDANKEN GEMACHT, WIE WIR UNS FORTBE-WEGEN SOLLTEN, OHNE DASS UNS JEMAND SEHEN KANN.
ER MACHTE DAUERND WITZE, ABER ANSCHEI-NEND MEINTE ER ES WIRK-LICH GUT MIT UNS.

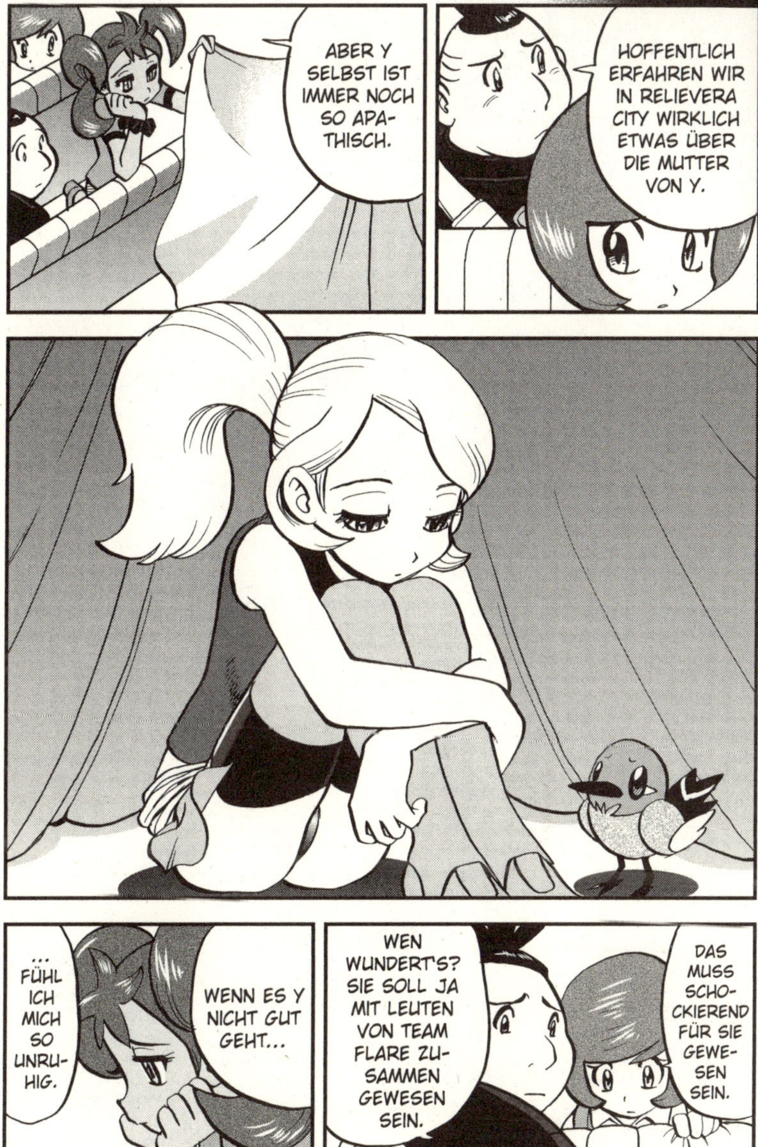
HOFFENTLICH ERFAHREN WIR IN RELIEVERA CITY WIRKLICH ETWAS ÜBER DIE MUTTER VON Y.
ABER Y SELBST IST IMMER NOCH SO APA-THISCH.
DAS MUSS SCHO-CKIEREND FÜR SIE GEWE-SEN SEIN.
WEN WUNDERT'S? SIE SOLL JA MIT LEUTEN VON TEAM FLARE ZU-SAMMEN GEWESEN SEIN.
WENN ES Y NICHT GUT GEHT…
… FÜHL ICH MICH SO UNRU-HIG.

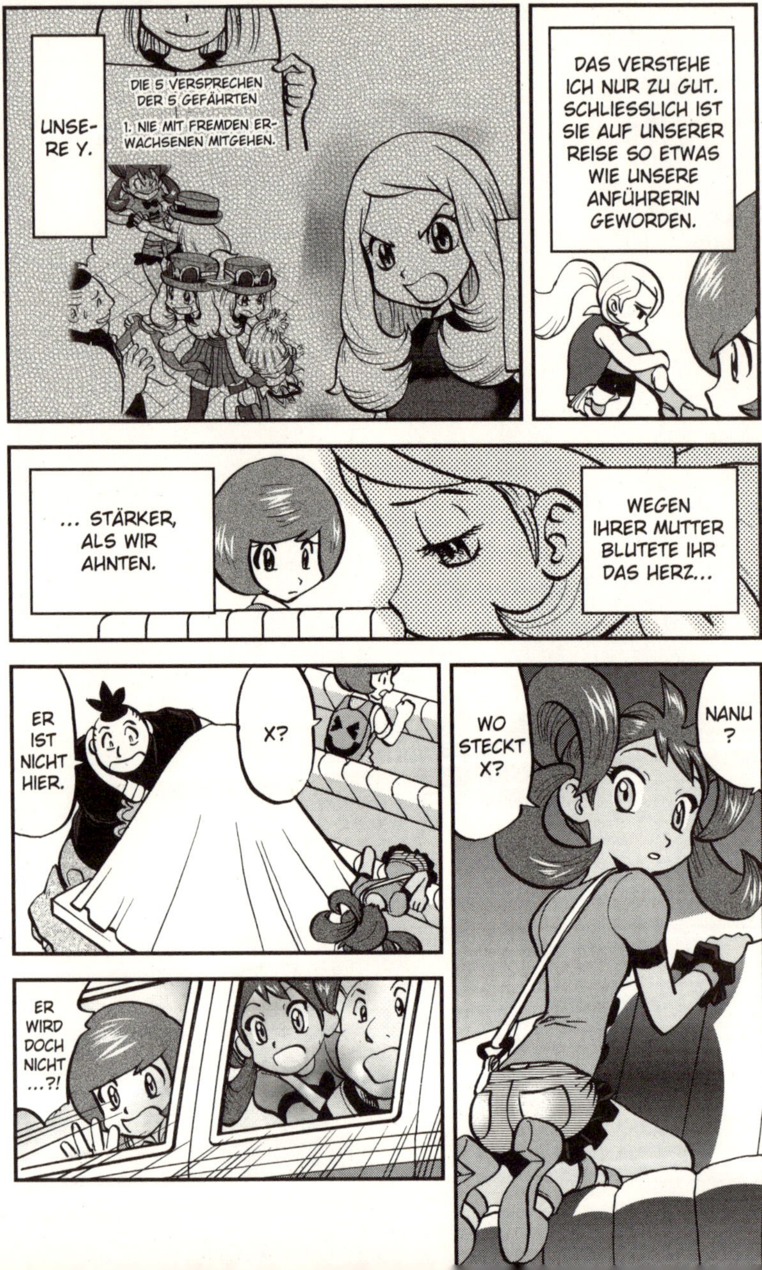
DAS VERSTEHE ICH NUR ZU GUT. SCHLIESSLICH IST SIE AUF UNSERER REISE SO ETWAS WIE UNSERE ANFÜHRERIN GEWORDEN.
UNSE-RE Y.
DIE 5 VERSPRECHEN DER 5 GEFÄHRTEN
1. NIE MIT FREMDEN ER-WACHSENEN MITGEHEN.
WEGEN IHRER MUTTER BLUTETE IHR DAS HERZ...
... STÄRKER, ALS WIR AHNTEN.
NANU ?
WO STECKT X?
X?
ER IST NICHT HIER.
ER WIRD DOCH NICHT ...?!

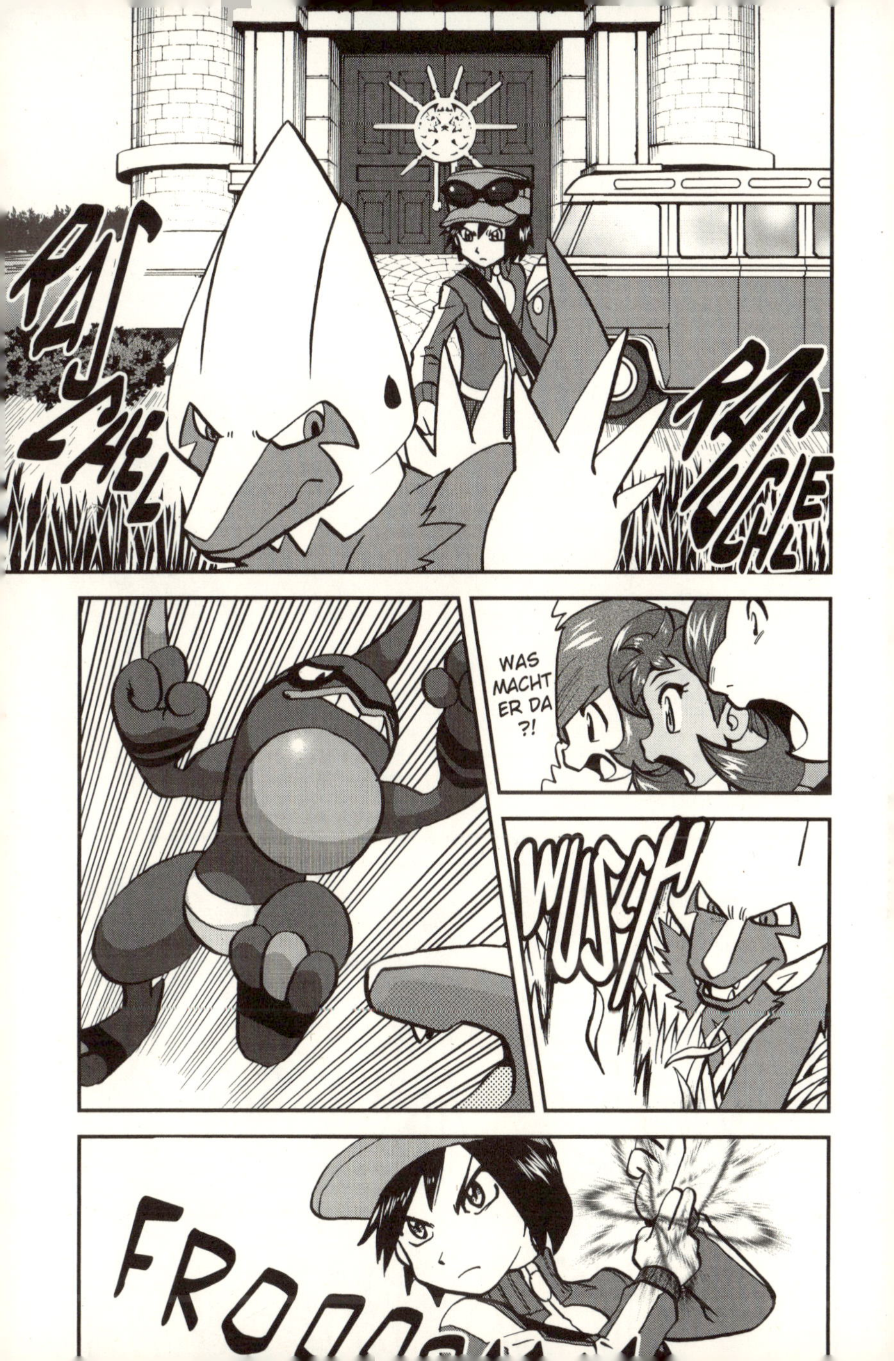
RASCHEL
RASCHEL
WAS MACHT ER DA ?!
WUSCH

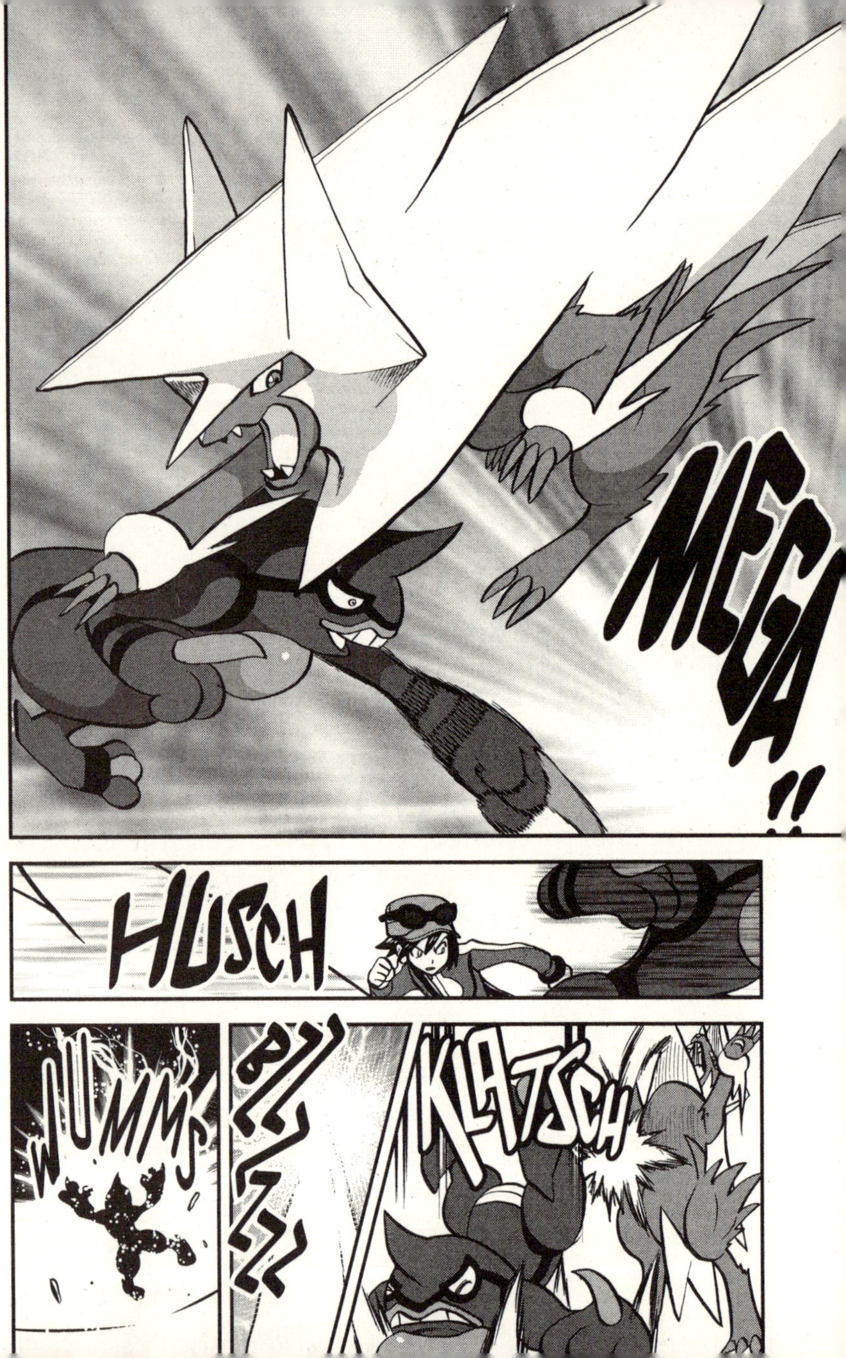
MEGA!!
HUSCH
KLATSCH
BZZZZ
WUMMS

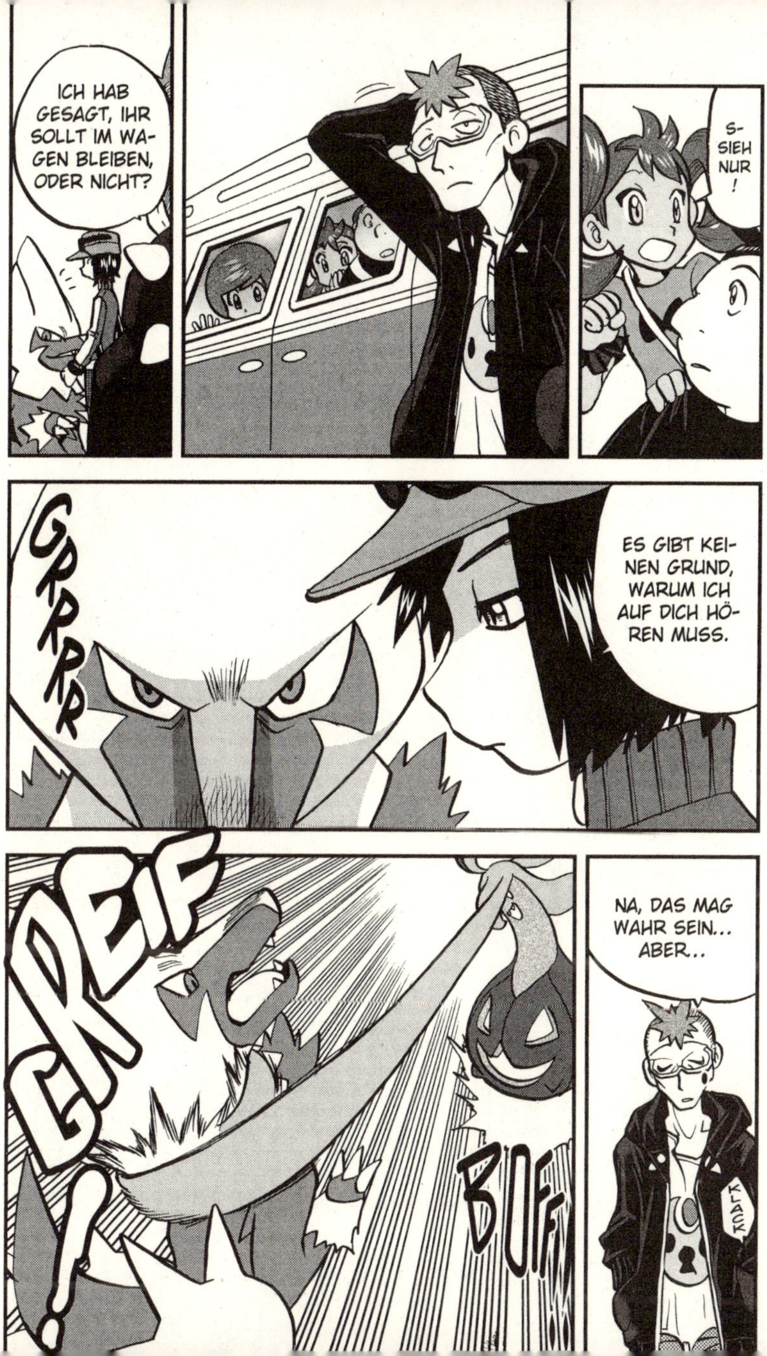
S-SIEH NUR!
ICH HAB GESAGT, IHR SOLLT IM WAGEN BLEIBEN, ODER NICHT?
GRRRRR
ES GIBT KEINEN GRUND, WARUM ICH AUF DICH HÖREN MUSS.
NA, DAS MAG WAHR SEIN... ABER...
KLACK
BOFF
GREIF

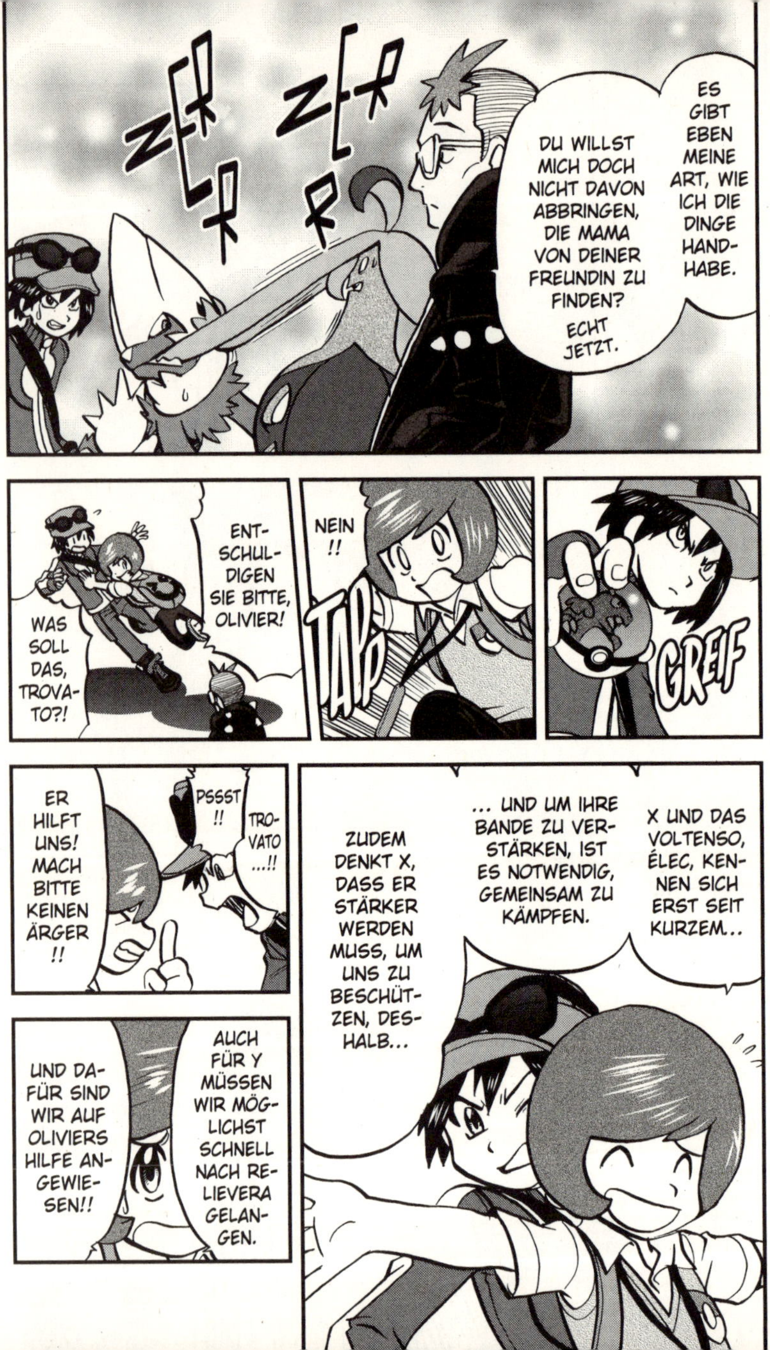
ZERR
ZERR
DU WILLST MICH DOCH NICHT DAVON ABBRINGEN, DIE MAMA VON DEINER FREUNDIN ZU FINDEN?
ECHT JETZT.
ES GIBT EBEN MEINE ART, WIE ICH DIE DINGE HAND-HABE.
GREIF
NEIN!!
TAPP
ENT-SCHUL-DIGEN SIE BITTE, OLIVIER!
WAS SOLL DAS, TROVA-TO?!
X UND DAS VOLTENSO, ÉLEC, KEN-NEN SICH ERST SEIT KURZEM...
... UND UM IHRE BANDE ZU VER-STÄRKEN, IST ES NOTWENDIG, GEMEINSAM ZU KÄMPFEN.
ZUDEM DENKT X, DASS ER STÄRKER WERDEN MUSS, UM UNS ZU BESCHÜT-ZEN, DES-HALB...
TRO-VATO ...!!
PSSST!!
ER HILFT UNS! MACH BITTE KEINEN ÄRGER!!
AUCH FÜR Y MÜSSEN WIR MÖG-LICHST SCHNELL NACH RE-LIEVERA GELAN-GEN.
UND DA-FÜR SIND WIR AUF OLIVIERS HILFE AN-GEWIE-SEN!!

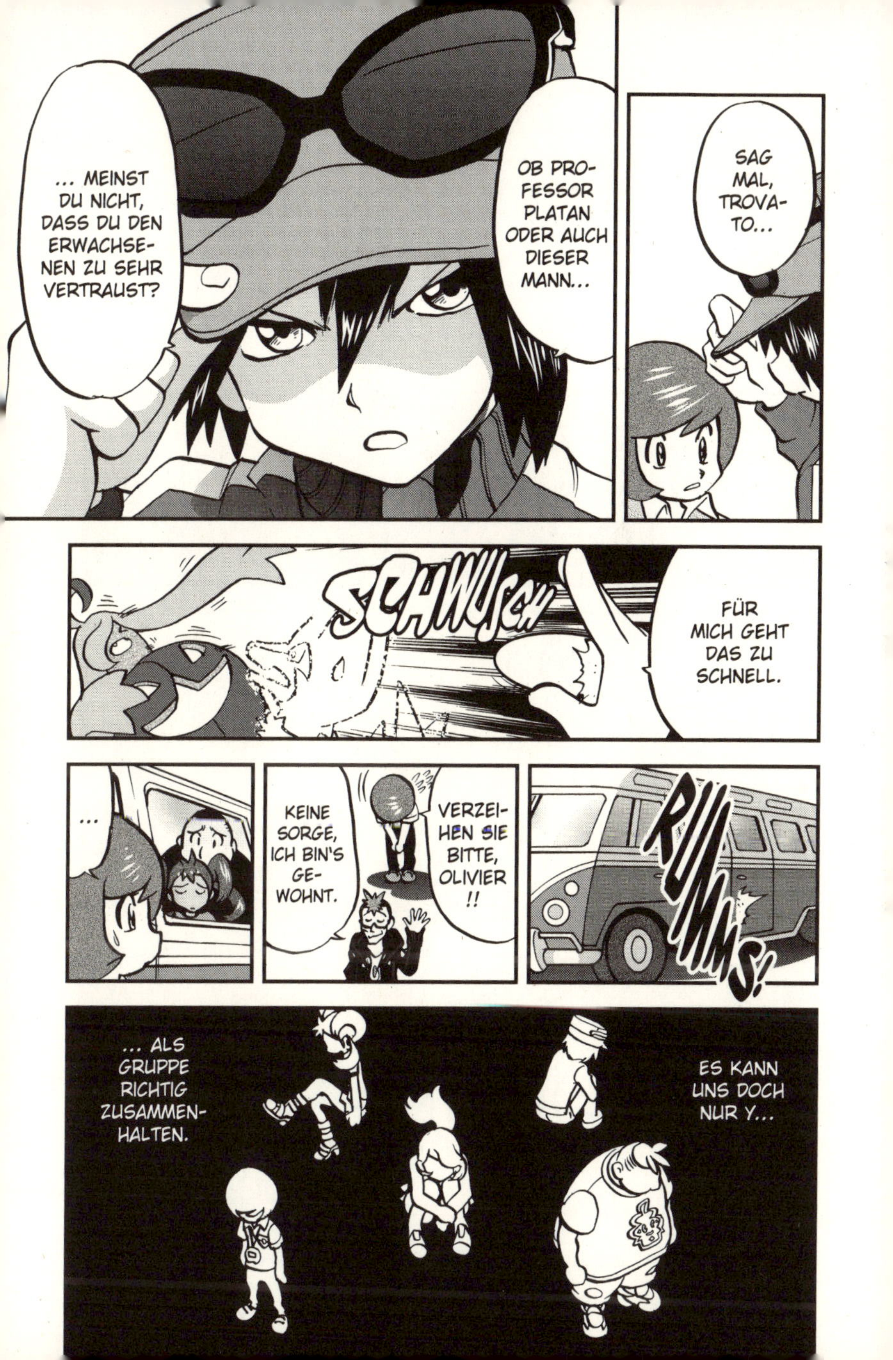
SAG MAL, TROVATO…
OB PROFESSOR PLATAN ODER AUCH DIESER MANN…
… MEINST DU NICHT, DASS DU DEN ERWACHSENEN ZU SEHR VERTRAUST?
FÜR MICH GEHT DAS ZU SCHNELL.
SCHWUSCH
RUMMS!
VERZEIHEN SIE BITTE, OLIVIER !!
KEINE SORGE, ICH BIN'S GEWOHNT.
…
ES KANN UNS DOCH NUR Y…
… ALS GRUPPE RICHTIG ZUSAMMENHALTEN.

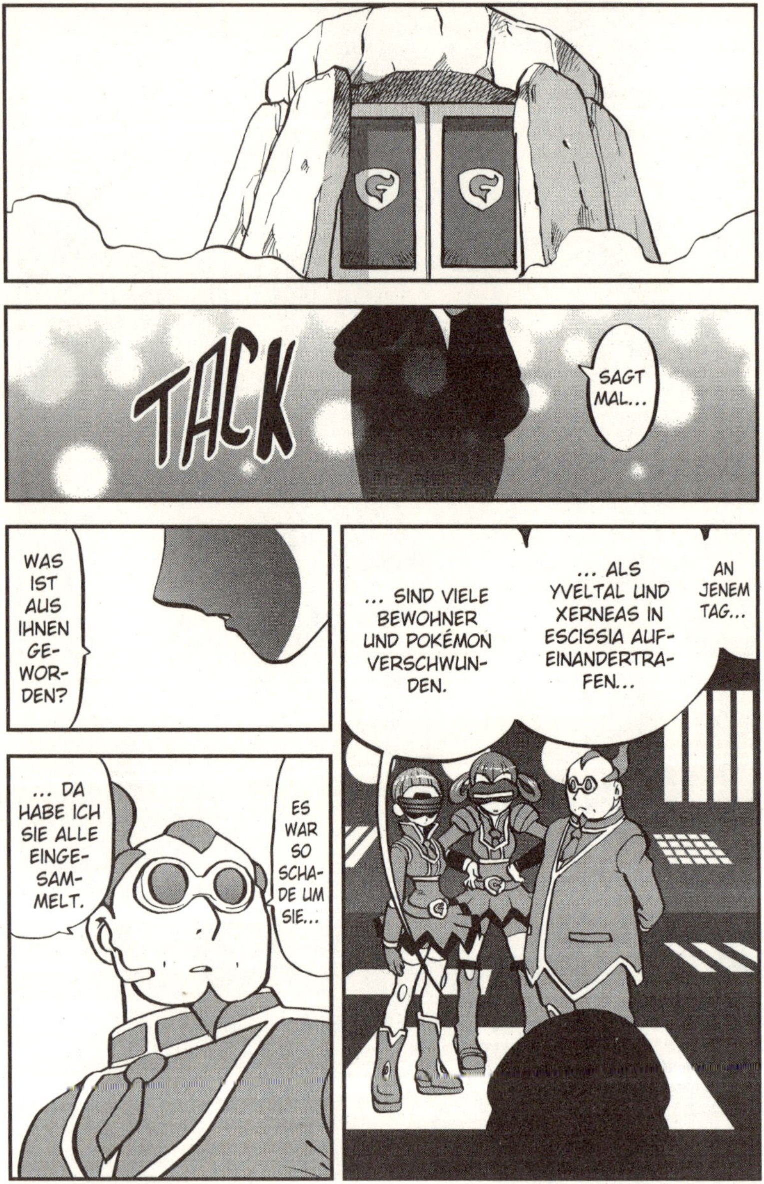

TACK
SAGT MAL…
AN JENEM TAG…
… ALS YVELTAL UND XERNEAS IN ESCISSIA AUFEINANDERTRAFEN…
… SIND VIELE BEWOHNER UND POKÉMON VERSCHWUNDEN.
WAS IST AUS IHNEN GEWORDEN?
ES WAR SO SCHADE UM SIE…
… DA HABE ICH SIE ALLE EINGESAMMELT.

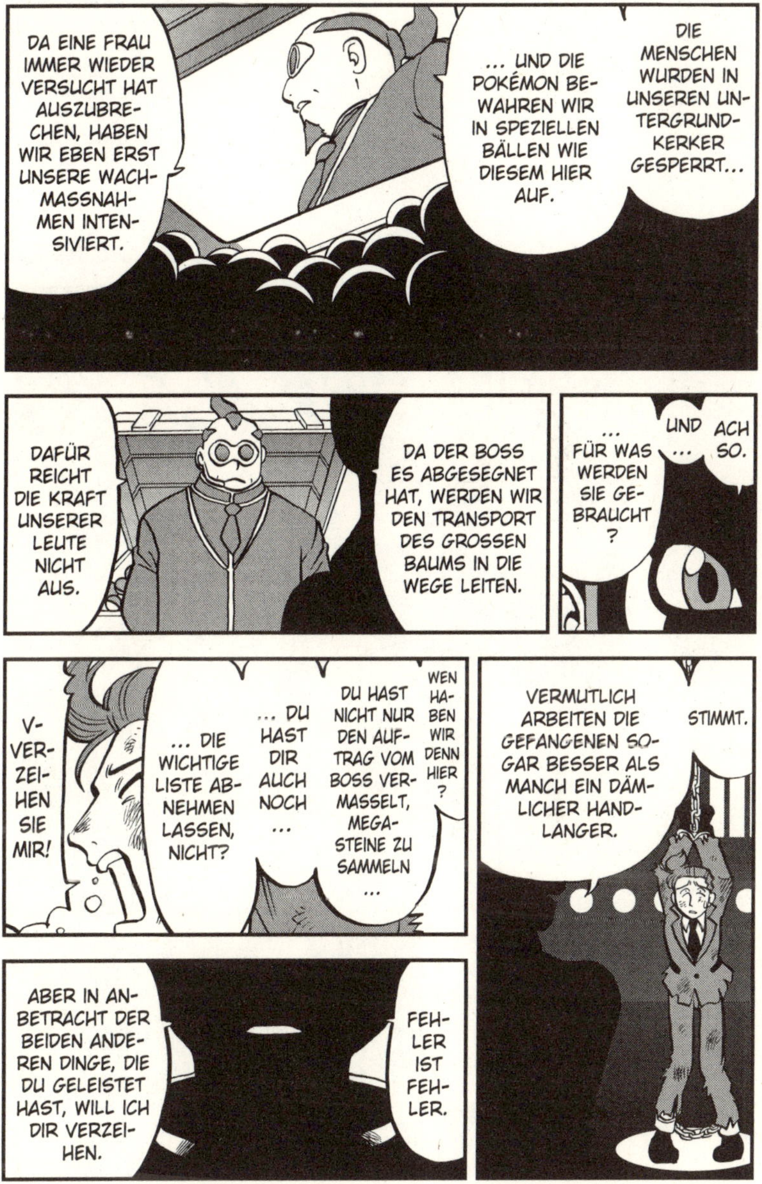
DIE MENSCHEN WURDEN IN UNSEREN UNTERGRUNDKERKER GESPERRT…
… UND DIE POKÉMON BEWAHREN WIR IN SPEZIELLEN BÄLLEN WIE DIESEM HIER AUF.
DA EINE FRAU IMMER WIEDER VERSUCHT HAT AUSZUBRECHEN, HABEN WIR EBEN ERST UNSERE WACHMASSNAHMEN INTENSIVIERT.
ACH SO.
UND …
… FÜR WAS WERDEN SIE GEBRAUCHT ?
DA DER BOSS ES ABGESEGNET HAT, WERDEN WIR DEN TRANSPORT DES GROSSEN BAUMS IN DIE WEGE LEITEN.
DAFÜR REICHT DIE KRAFT UNSERER LEUTE NICHT AUS.
STIMMT.
VERMUTLICH ARBEITEN DIE GEFANGENEN SOGAR BESSER ALS MANCH EIN DÄMLICHER HANDLANGER.
WEN HABEN WIR DENN HIER ?
DU HAST NICHT NUR DEN AUFTRAG VOM BOSS VERMASSELT, MEGA-STEINE ZU SAMMELN …
… DU HAST DIR AUCH NOCH …
… DIE WICHTIGE LISTE ABNEHMEN LASSEN, NICHT?
V-VERZEIHEN SIE MIR!
FEHLER IST FEHLER.
ABER IN ANBETRACHT DER BEIDEN ANDEREN DINGE, DIE DU GELEISTET HAST, WILL ICH DIR VERZEIHEN.

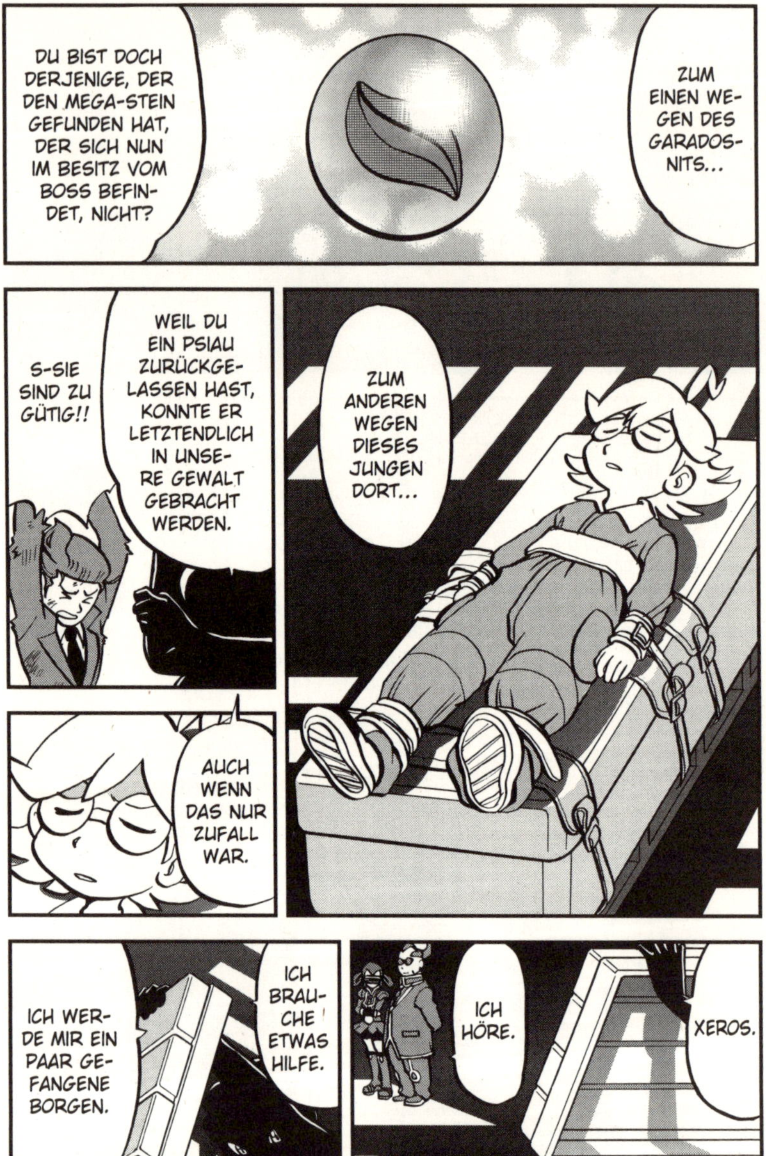
DU BIST DOCH DERJENIGE, DER DEN MEGA-STEIN GEFUNDEN HAT, DER SICH NUN IM BESITZ VOM BOSS BEFINDET, NICHT?
ZUM EINEN WEGEN DES GARADOSNITS…
S-SIE SIND ZU GÜTIG!!
WEIL DU EIN PSIAU ZURÜCKGELASSEN HAST, KONNTE ER LETZTENDLICH IN UNSERE GEWALT GEBRACHT WERDEN.
ZUM ANDEREN WEGEN DIESES JUNGEN DORT…
AUCH WENN DAS NUR ZUFALL WAR.
ICH WERDE MIR EIN PAAR GEFANGENE BORGEN.
ICH BRAUCHE ETWAS HILFE.
ICH HÖRE.
XEROS.

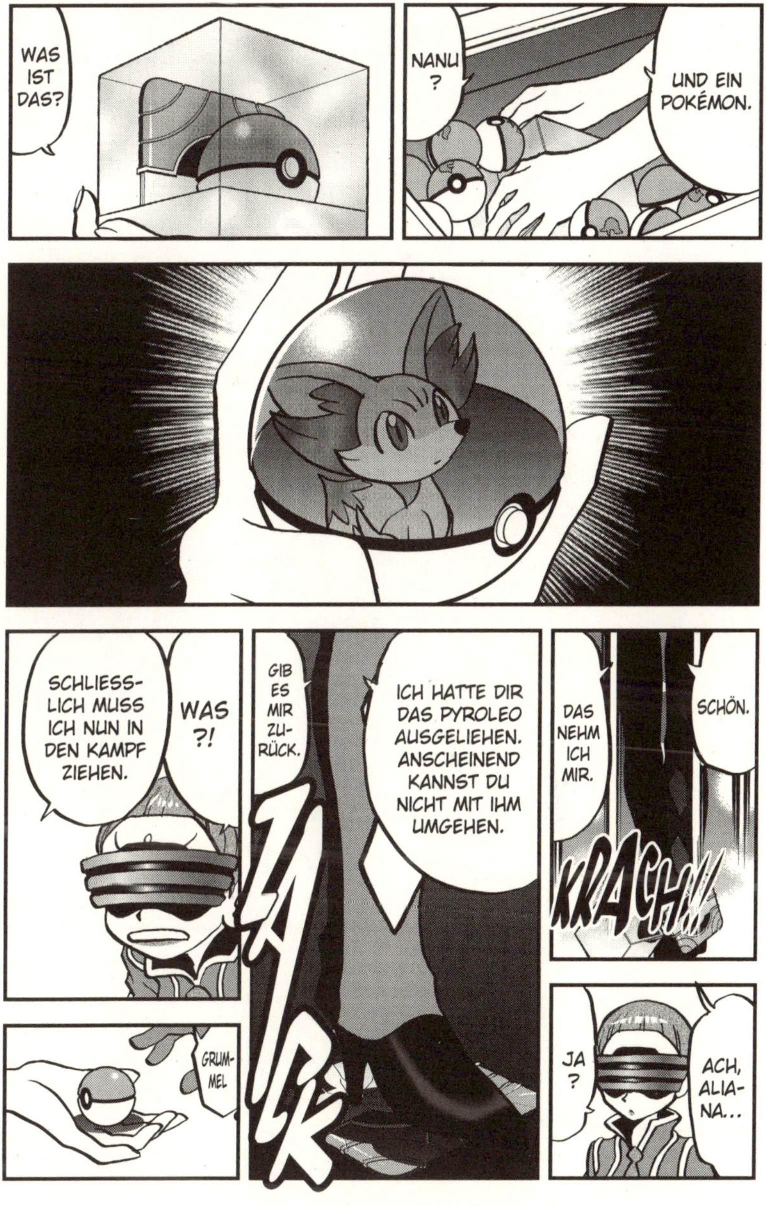
WAS IST DAS?
NANU ?
UND EIN POKÉMON.
SCHLIESS-LICH MUSS ICH NUN IN DEN KAMPF ZIEHEN.
WAS ?!
GIB ES MIR ZU-RÜCK.
ICH HATTE DIR DAS PYROLEO AUSGELIEHEN. ANSCHEINEND KANNST DU NICHT MIT IHM UMGEHEN.
ZACK
DAS NEHM ICH MIR.
SCHÖN.
KRACH!!
GRUM-MEL
JA ?
ACH, ALIA-NA...

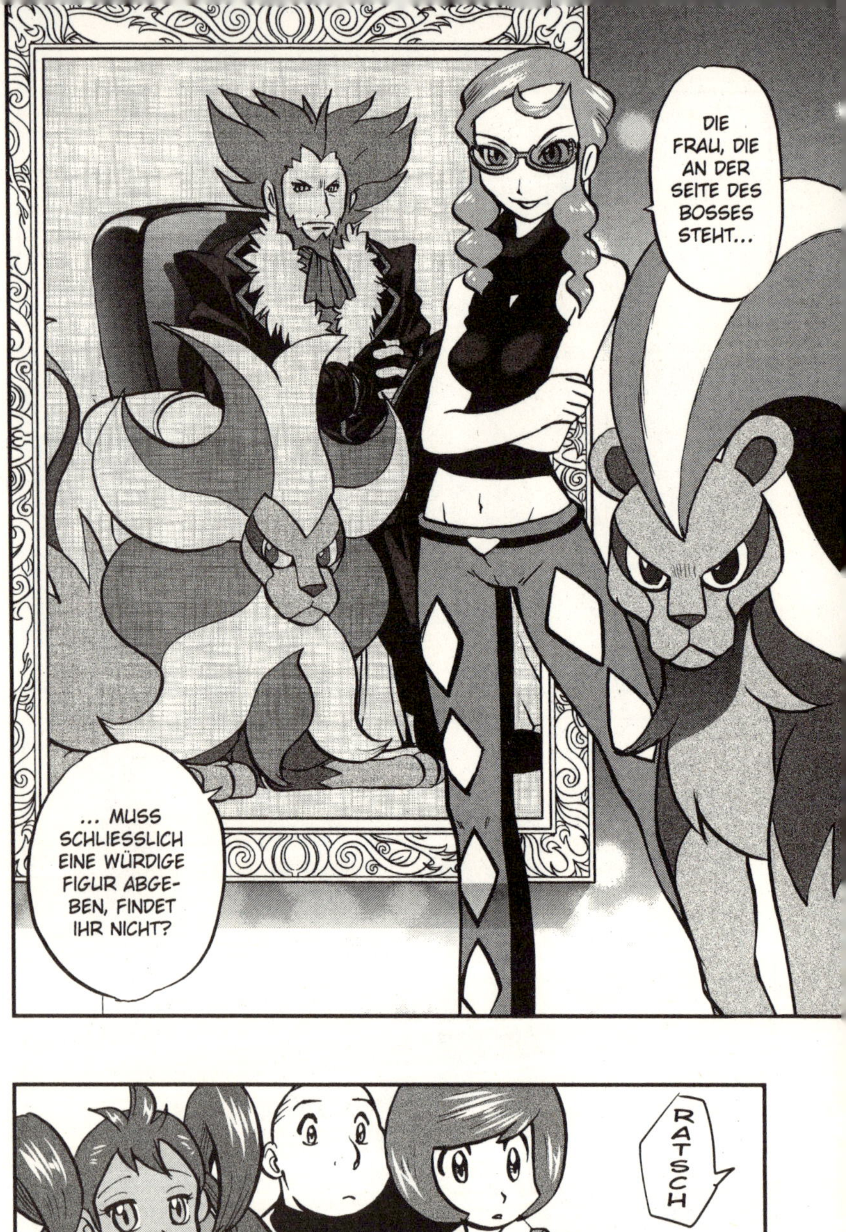
DIE FRAU, DIE AN DER SEITE DES BOSSES STEHT…
… MUSS SCHLIESSLICH EINE WÜRDIGE FIGUR ABGEBEN, FINDET IHR NICHT?
RATSCH

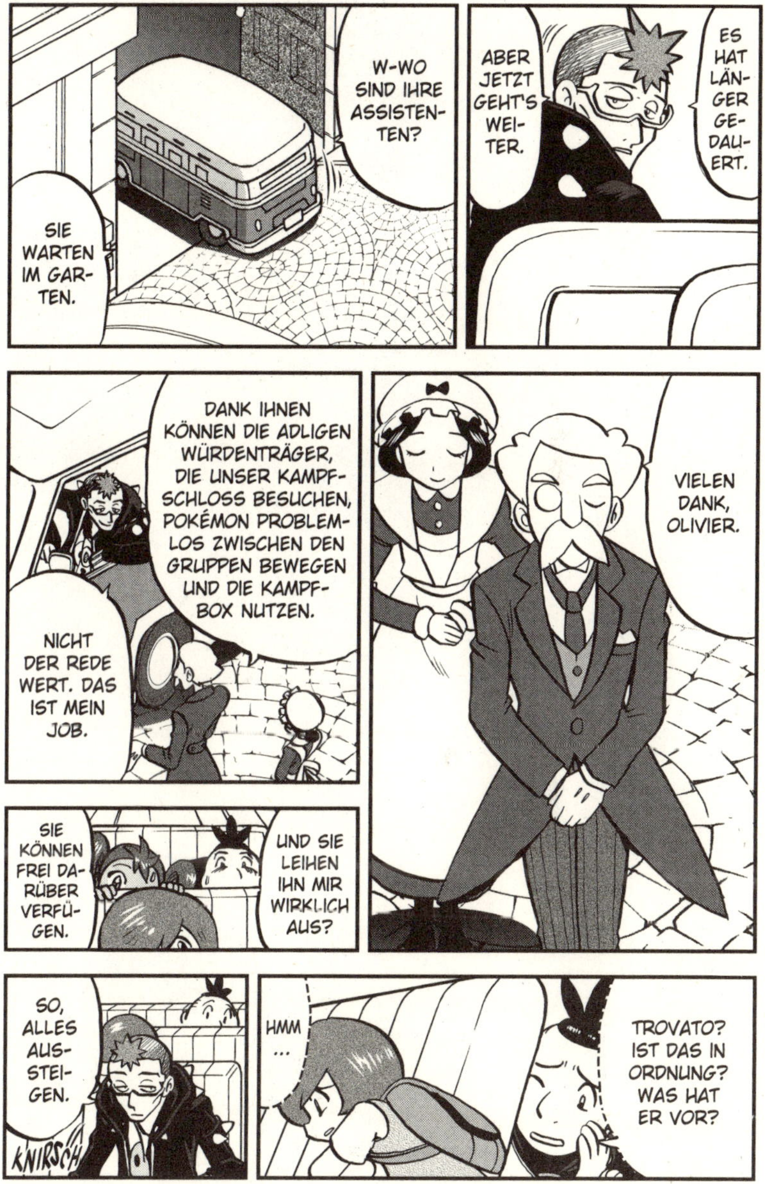
ES HAT LÄNGER GEDAUERT.
ABER JETZT GEHT'S WEITER.
W-WO SIND IHRE ASSISTENTEN?
SIE WARTEN IM GARTEN.
VIELEN DANK, OLIVIER.
DANK IHNEN KÖNNEN DIE ADLIGEN WÜRDENTRÄGER, DIE UNSER KAMPFSCHLOSS BESUCHEN, POKÉMON PROBLEMLOS ZWISCHEN DEN GRUPPEN BEWEGEN UND DIE KAMPFBOX NUTZEN.
NICHT DER REDE WERT. DAS IST MEIN JOB.
UND SIE LEIHEN IHN MIR WIRKLICH AUS?
SIE KÖNNEN FREI DARÜBER VERFÜGEN.
TROVATO? IST DAS IN ORDNUNG? WAS HAT ER VOR?
HMM ...
SO, ALLES AUSSTEIGEN.
KNIRSCH

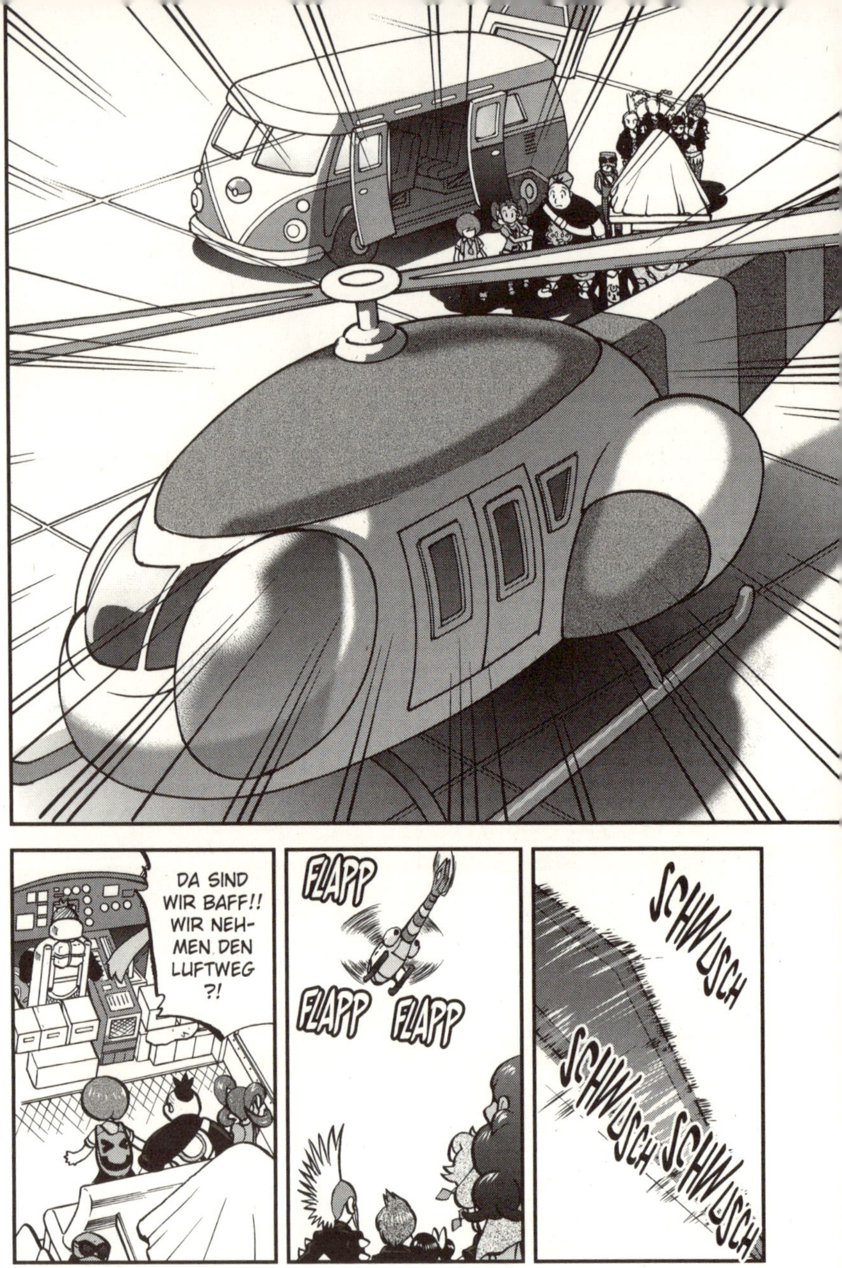
DA SIND WIR BAFF!! WIR NEHMEN DEN LUFTWEG ?!
FLAPP
FLAPP
FLAPP
SCHWUSCH
SCHWUSCH
SCHWUSCH

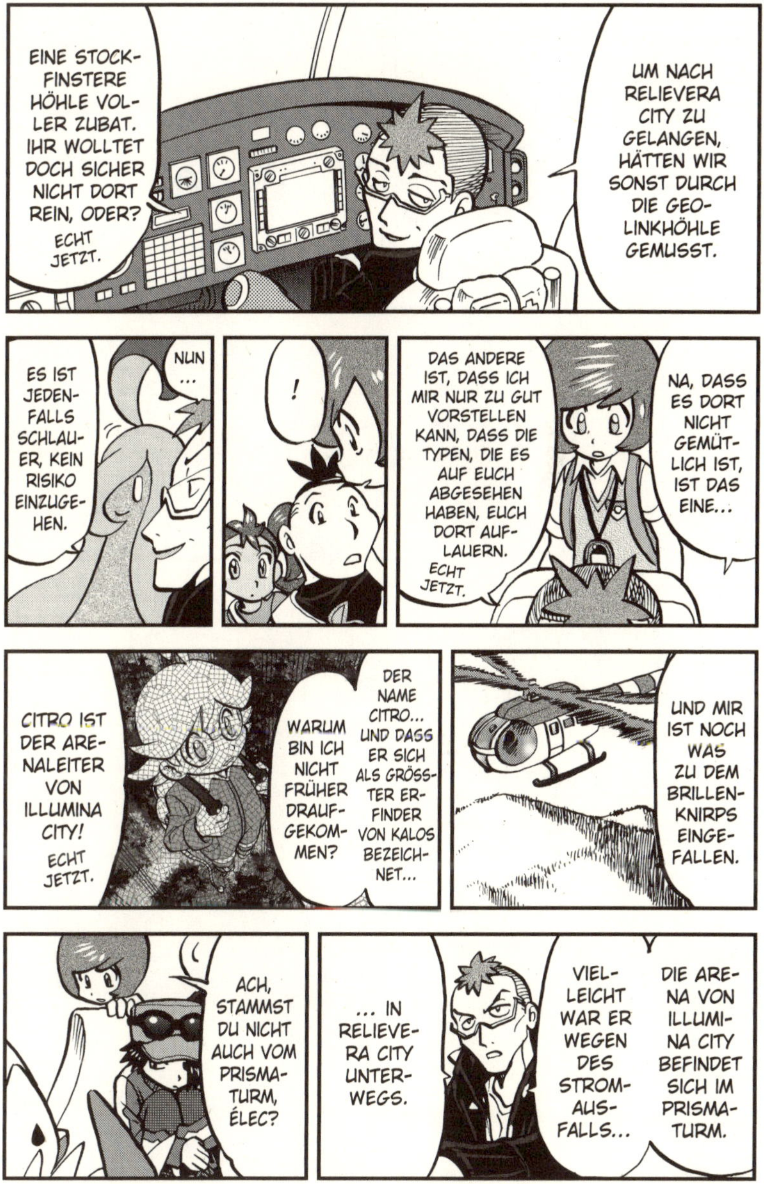
UM NACH RELIEVERA CITY ZU GELANGEN, HÄTTEN WIR SONST DURCH DIE GEO-LINKHÖHLE GEMUSST.
EINE STOCK-FINSTERE HÖHLE VOL-LER ZUBAT. IHR WOLLTET DOCH SICHER NICHT DORT REIN, ODER?
ECHT JETZT.
NA, DASS ES DORT NICHT GEMÜT-LICH IST, IST DAS EINE…
DAS ANDERE IST, DASS ICH MIR NUR ZU GUT VORSTELLEN KANN, DASS DIE TYPEN, DIE ES AUF EUCH ABGESEHEN HABEN, EUCH DORT AUF-LAUERN.
ECHT JETZT.
!
NUN …
ES IST JEDEN-FALLS SCHLAU-ER, KEIN RISIKO EINZUGE-HEN.
UND MIR IST NOCH WAS ZU DEM BRILLEN-KNIRPS EINGE-FALLEN.
DER NAME CITRO… UND DASS ER SICH ALS GRÖSS-TER ER-FINDER VON KALOS BEZEICH-NET…
WARUM BIN ICH NICHT FRÜHER DRAUF-GEKOM-MEN?
CITRO IST DER ARE-NALEITER VON ILLUMINA CITY!
ECHT JETZT.
DIE ARE-NA VON ILLUMI-NA CITY BEFINDET SICH IM PRISMA-TURM.
VIEL-LEICHT WAR ER WEGEN DES STROM-AUS-FALLS…
… IN RELIEVE-RA CITY UNTER-WEGS.
ACH, STAMMST DU NICHT AUCH VOM PRISMA-TURM, ÉLEC?

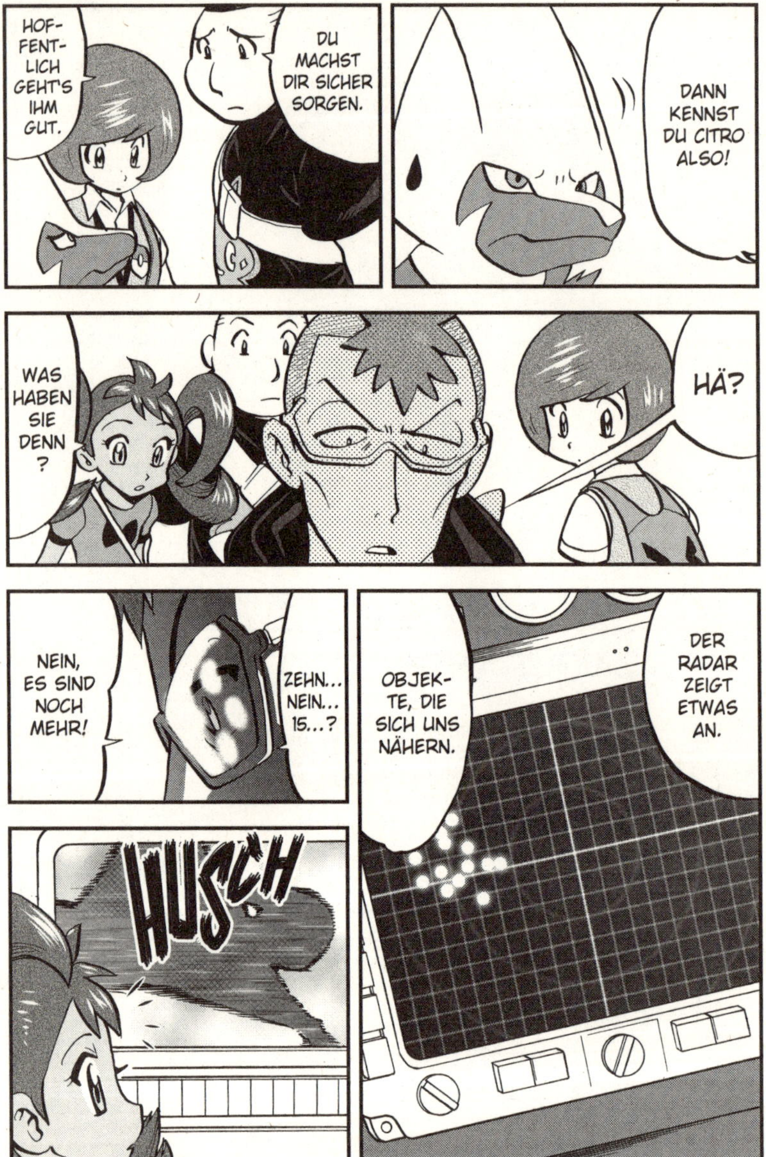
DANN KENNST DU CITRO ALSO!
DU MACHST DIR SICHER SORGEN.
HOFF-FENT-LICH GEHT'S IHM GUT.
HÄ?
WAS HABEN SIE DENN ?
DER RADAR ZEIGT ETWAS AN.
OBJEK-TE, DIE SICH UNS NÄHERN.
ZEHN… NEIN… 15…?
NEIN, ES SIND NOCH MEHR!
HUSCH

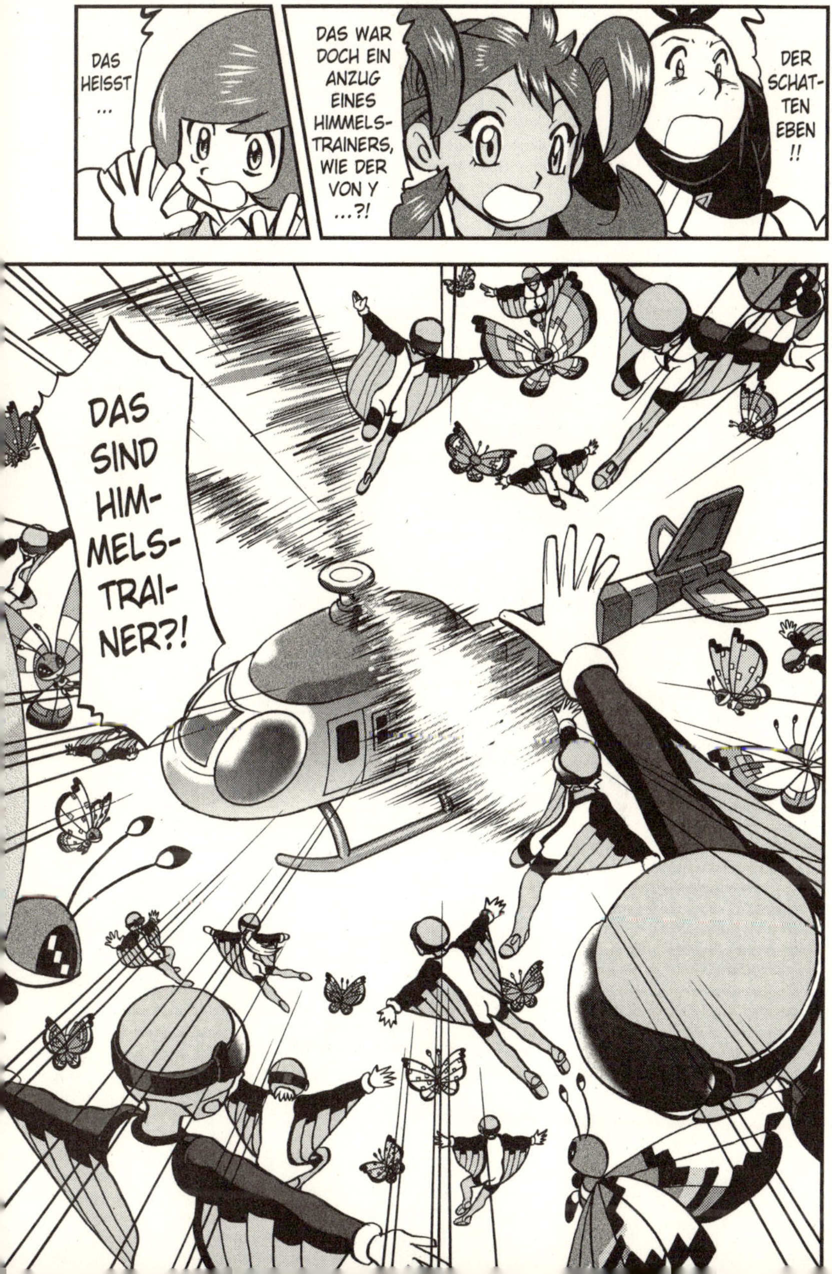
DER SCHATTEN EBEN!!
DAS WAR DOCH EIN ANZUG EINES HIMMELS-TRAINERS, WIE DER VON Y …?!
DAS HEISST …
DAS SIND HIMMELS-TRAINER?!

GEGENWÄRTIGER AUFENTHALTSORT

ROUTE 7 RIVIÈRE-PROMENADE

DIESER WEG VERLÄUFT PARALLEL ZUM FLUSSBETT UND IST GLEICHZEITIG DIE LÄNGSTE ROUTE DER KALOS-REGION.

▼

KAMPFSCHLOSS

▼

GEOLINKHÖHLE

IN DIESER HÖHLE ZWISCHEN ROUTE 7 UND RELIEVERA CITY HAUSEN AUFFÄLLIG VIELE ZUBAT.

EPISODE 16

DARTIGNIS BRENNT

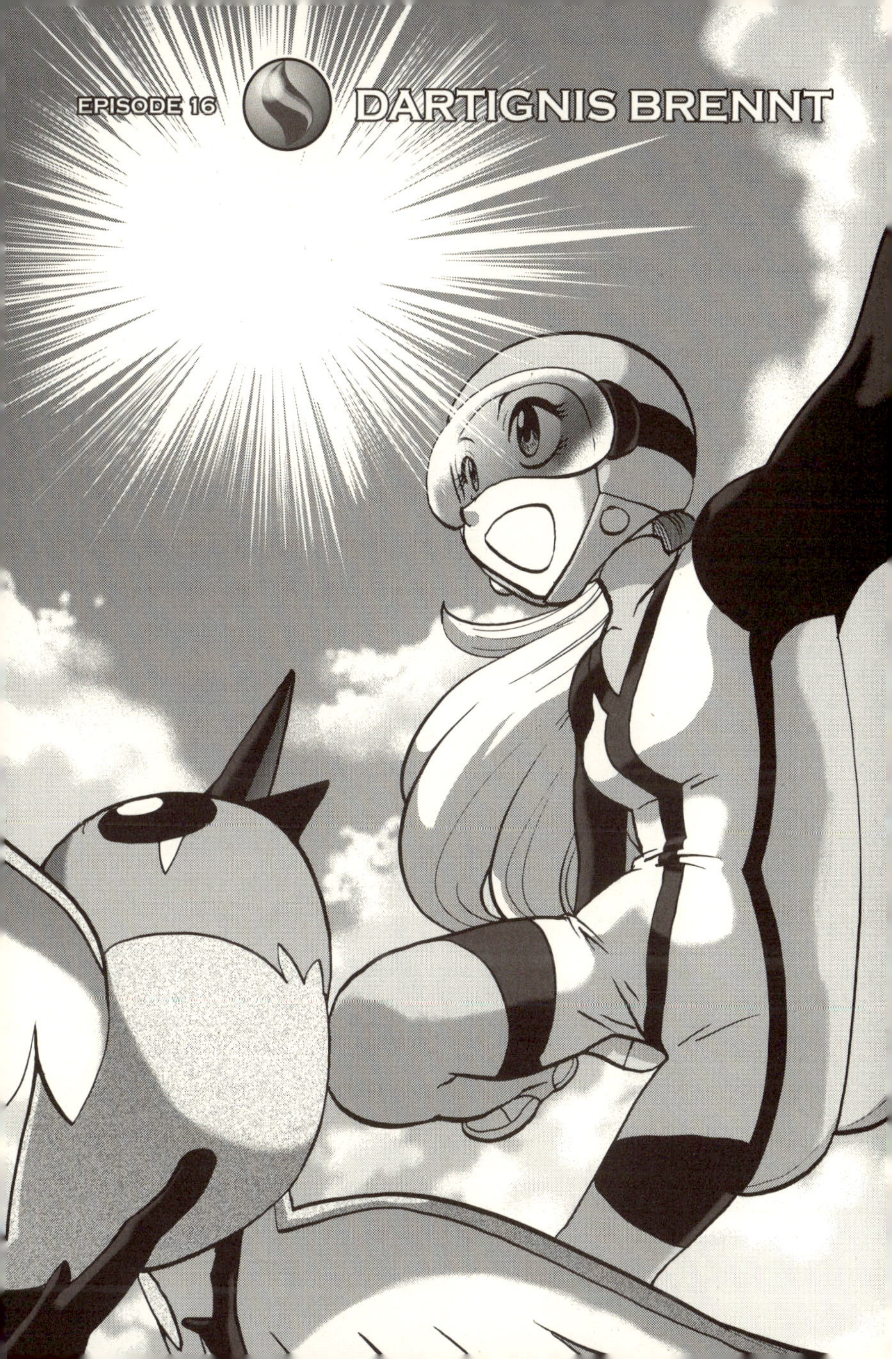

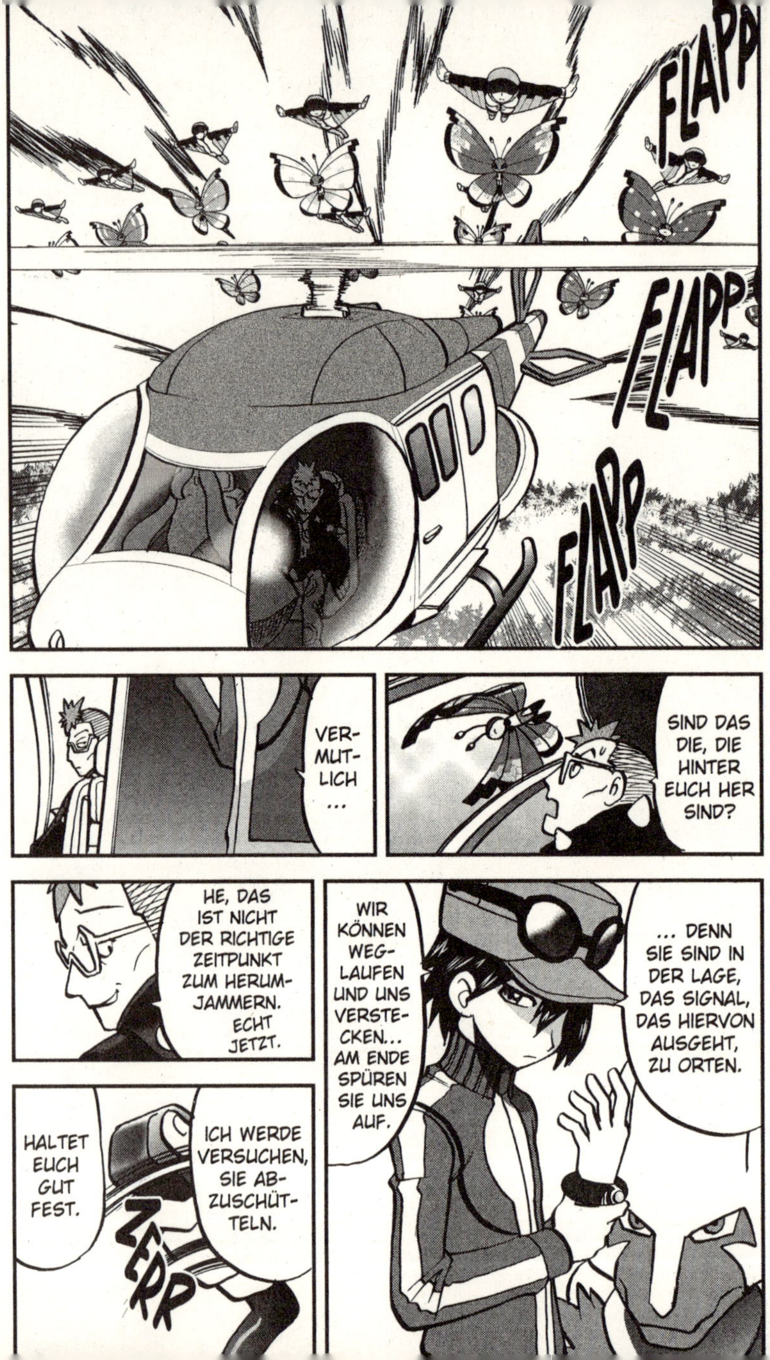
FLAPP
FLAPP
FLAPP
FLAPP
SIND DAS DIE, DIE HINTER EUCH HER SIND?
VERMUTLICH ...
WIR KÖNNEN WEGLAUFEN UND UNS VERSTECKEN... AM ENDE SPÜREN SIE UNS AUF.
... DENN SIE SIND IN DER LAGE, DAS SIGNAL, DAS HIERVON AUSGEHT, ZU ORTEN.
HE, DAS IST NICHT DER RICHTIGE ZEITPUNKT ZUM HERUMJAMMERN. ECHT JETZT.
ICH WERDE VERSUCHEN, SIE ABZUSCHÜTTELN.
HALTET EUCH GUT FEST.
ZERR

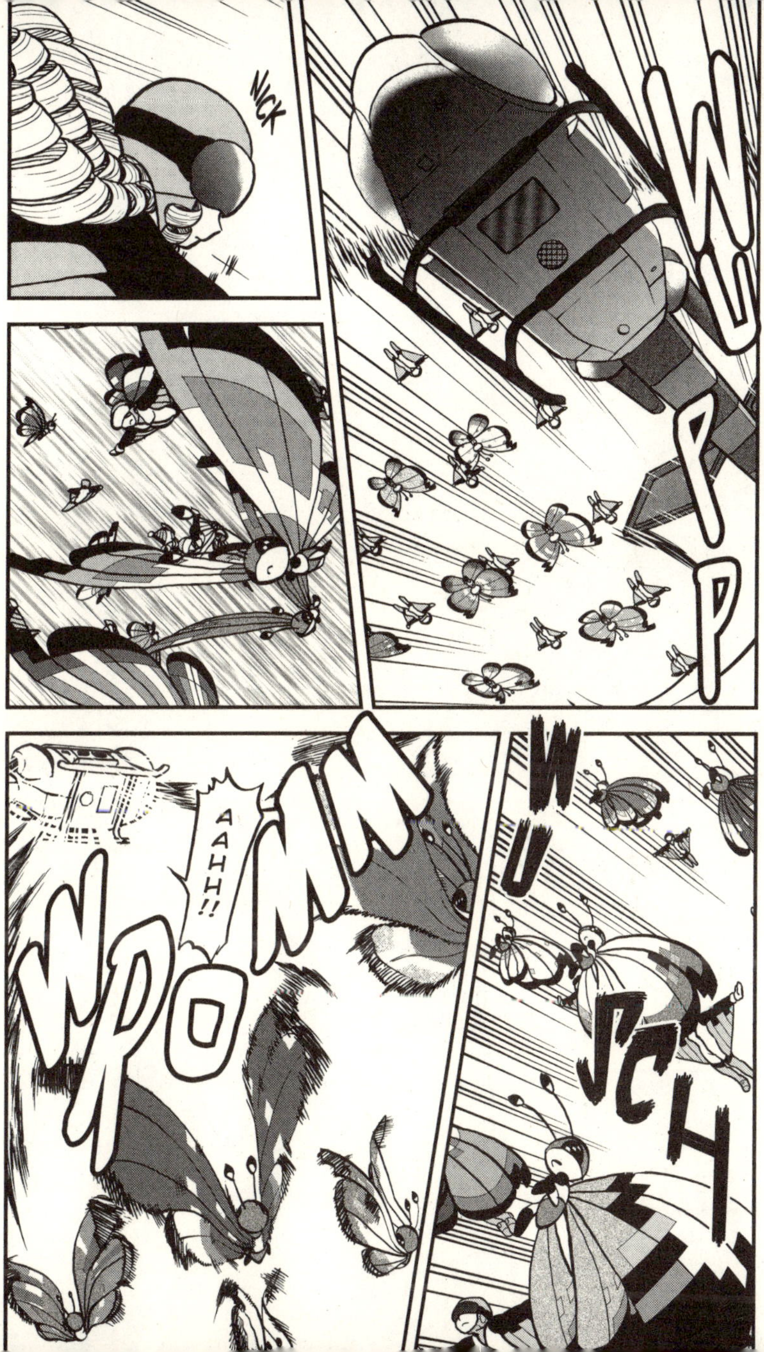
NICK
WUPP
WUSCH
WOMM
AAHH!!

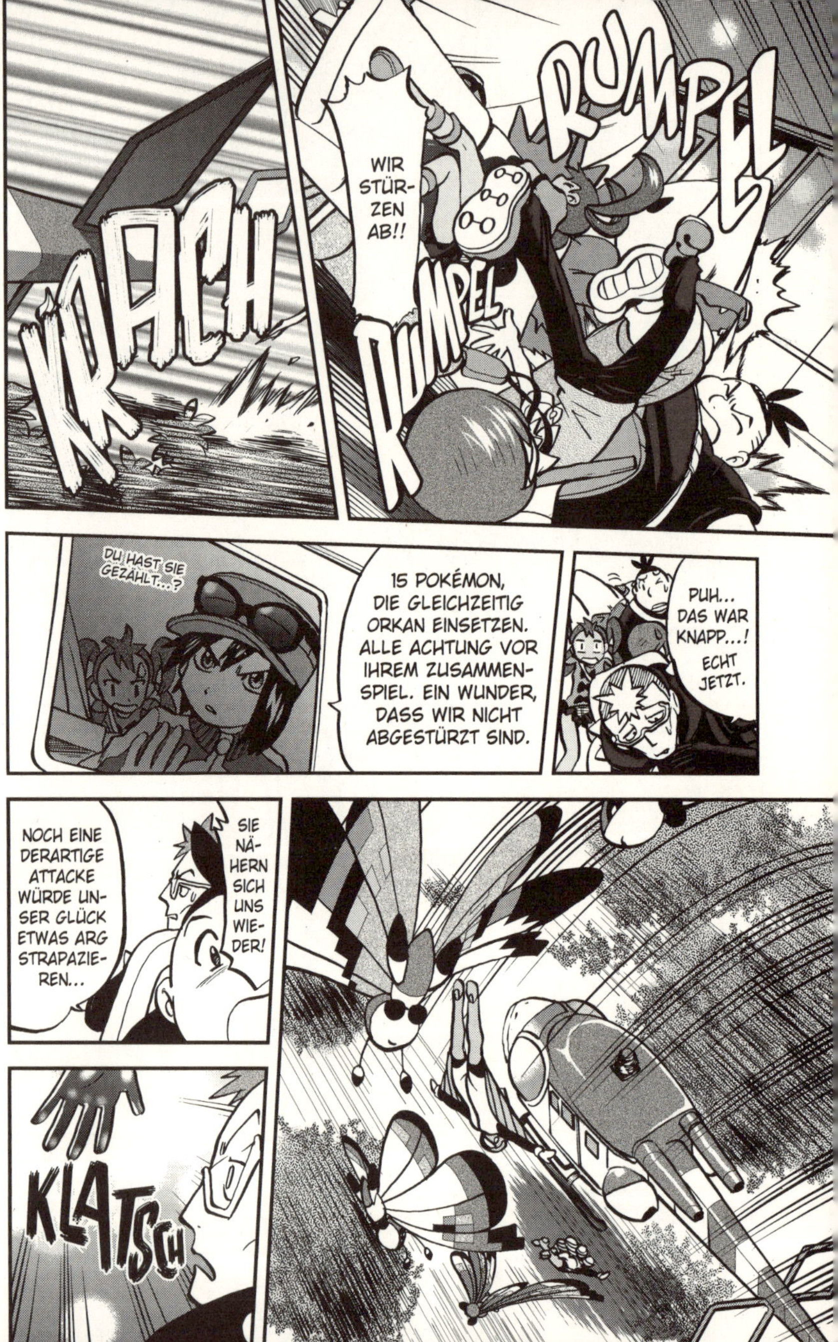
RUMPEL
WIR STÜRZEN AB!!
RUMPEL
KRACH
PUH... DAS WAR KNAPP...!
ECHT JETZT.
15 POKÉMON, DIE GLEICHZEITIG ORKAN EINSETZEN. ALLE ACHTUNG VOR IHREM ZUSAMMENSPIEL. EIN WUNDER, DASS WIR NICHT ABGESTÜRZT SIND.
DU HAST SIE GEZÄHLT...?
SIE NÄHERN SICH UNS WIEDER!
NOCH EINE DERARTIGE ATTACKE WÜRDE UNSER GLÜCK ETWAS ARG STRAPAZIEREN...
KLATSCH

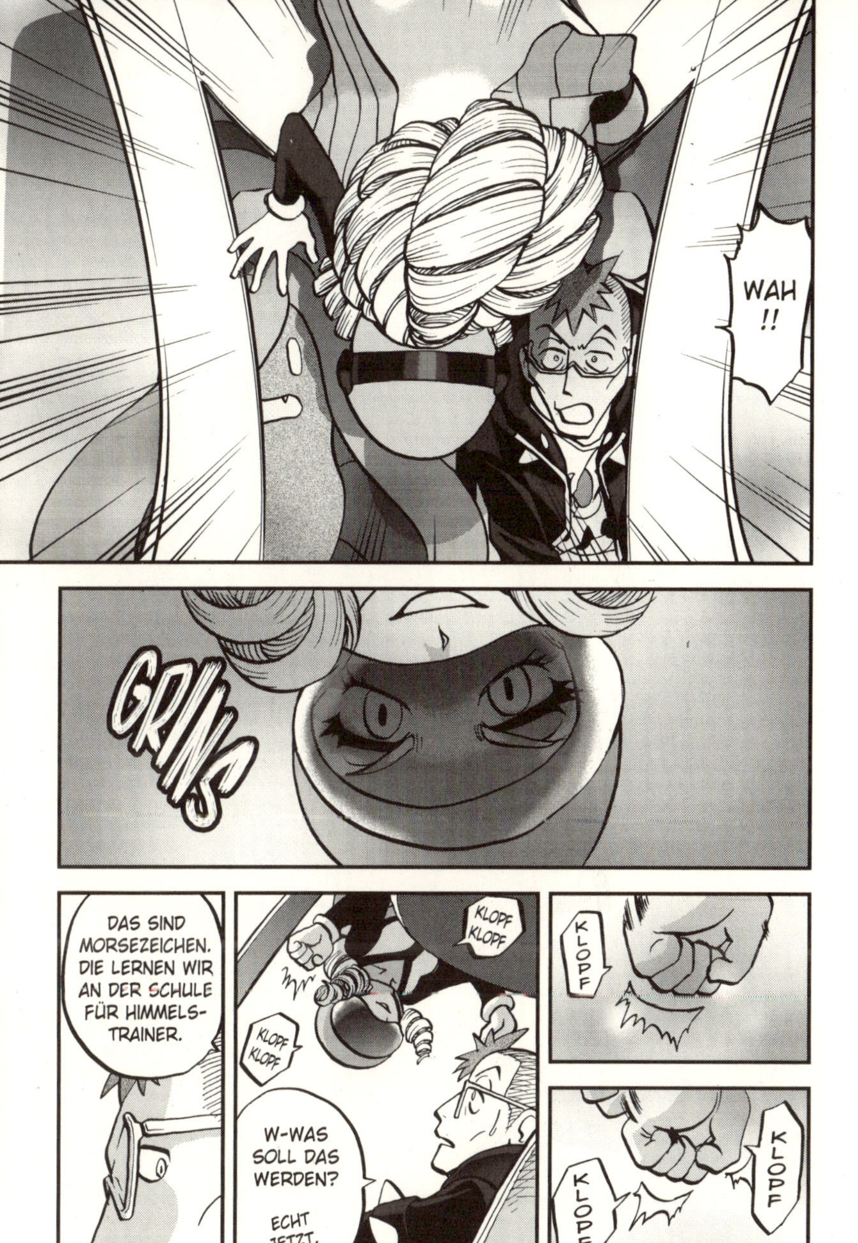
WAH !!
GRINS
KLOPF KLOPF
KLOPF
KLOPF KLOPF
DAS SIND MORSEZEICHEN. DIE LERNEN WIR AN DER SCHULE FÜR HIMMELS-TRAINER.
KLOPF KLOPF
KLOPF KLOPF
W-WAS SOLL DAS WERDEN?
ECHT JETZT.

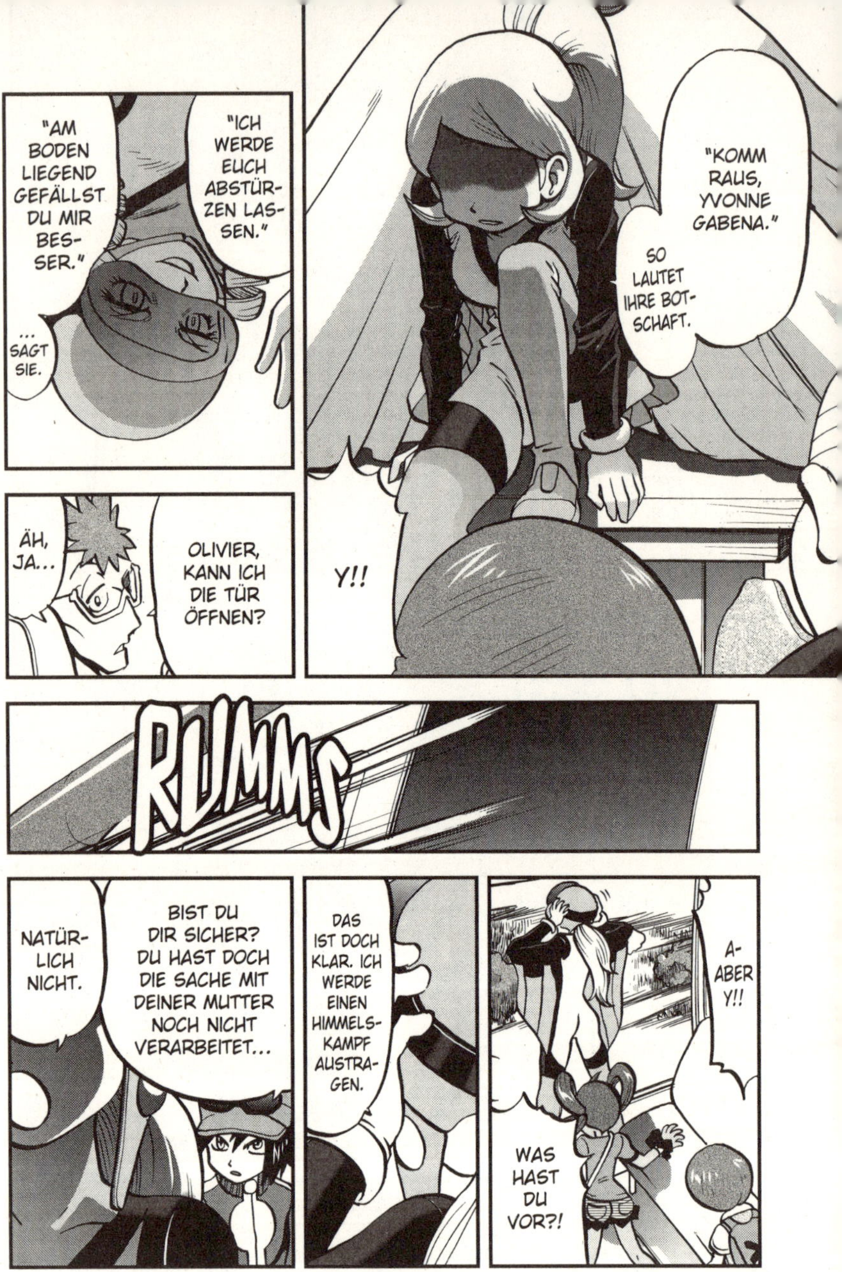
"KOMM RAUS, YVONNE GABENA."
SO LAUTET IHRE BOTSCHAFT.
"ICH WERDE EUCH ABSTÜRZEN LASSEN."
"AM BODEN LIEGEND GEFÄLLST DU MIR BESSER."
... SAGT SIE.
Y!!
OLIVIER, KANN ICH DIE TÜR ÖFFNEN?
ÄH, JA...
RUMMS
A-ABER Y!!
WAS HAST DU VOR?!
DAS IST DOCH KLAR. ICH WERDE EINEN HIMMELSKAMPF AUSTRAGEN.
BIST DU DIR SICHER? DU HAST DOCH DIE SACHE MIT DEINER MUTTER NOCH NICHT VERARBEITET...
NATÜRLICH NICHT.

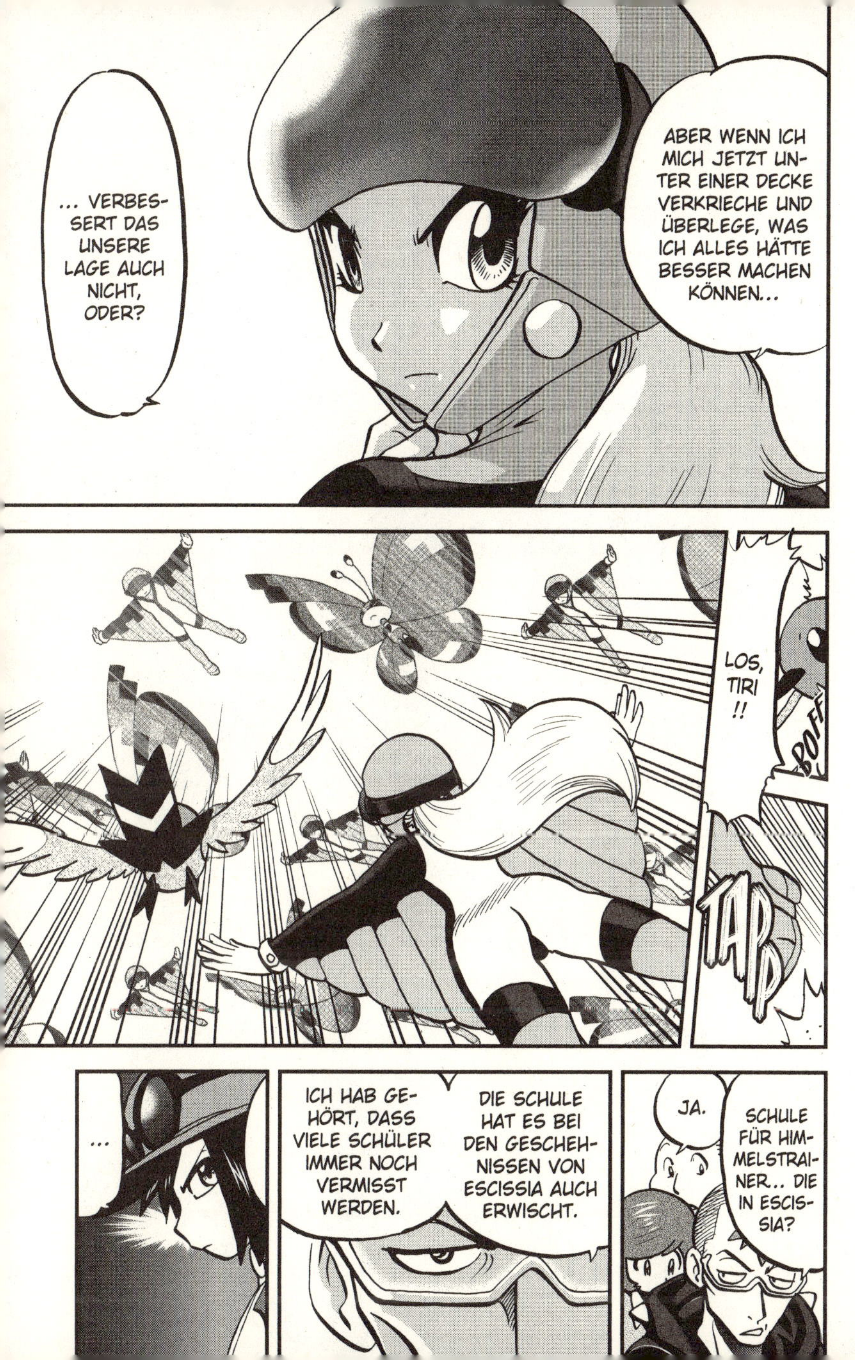
ABER WENN ICH MICH JETZT UNTER EINER DECKE VERKRIECHE UND ÜBERLEGE, WAS ICH ALLES HÄTTE BESSER MACHEN KÖNNEN...
... VERBESSERT DAS UNSERE LAGE AUCH NICHT, ODER?
LOS, TIRI !!
BOFF
TAPP
SCHULE FÜR HIMMELSTRAINER... DIE IN ESCISSIA?
JA.
DIE SCHULE HAT ES BEI DEN GESCHEHNISSEN VON ESCISSIA AUCH ERWISCHT.
ICH HAB GEHÖRT, DASS VIELE SCHÜLER IMMER NOCH VERMISST WERDEN.
...

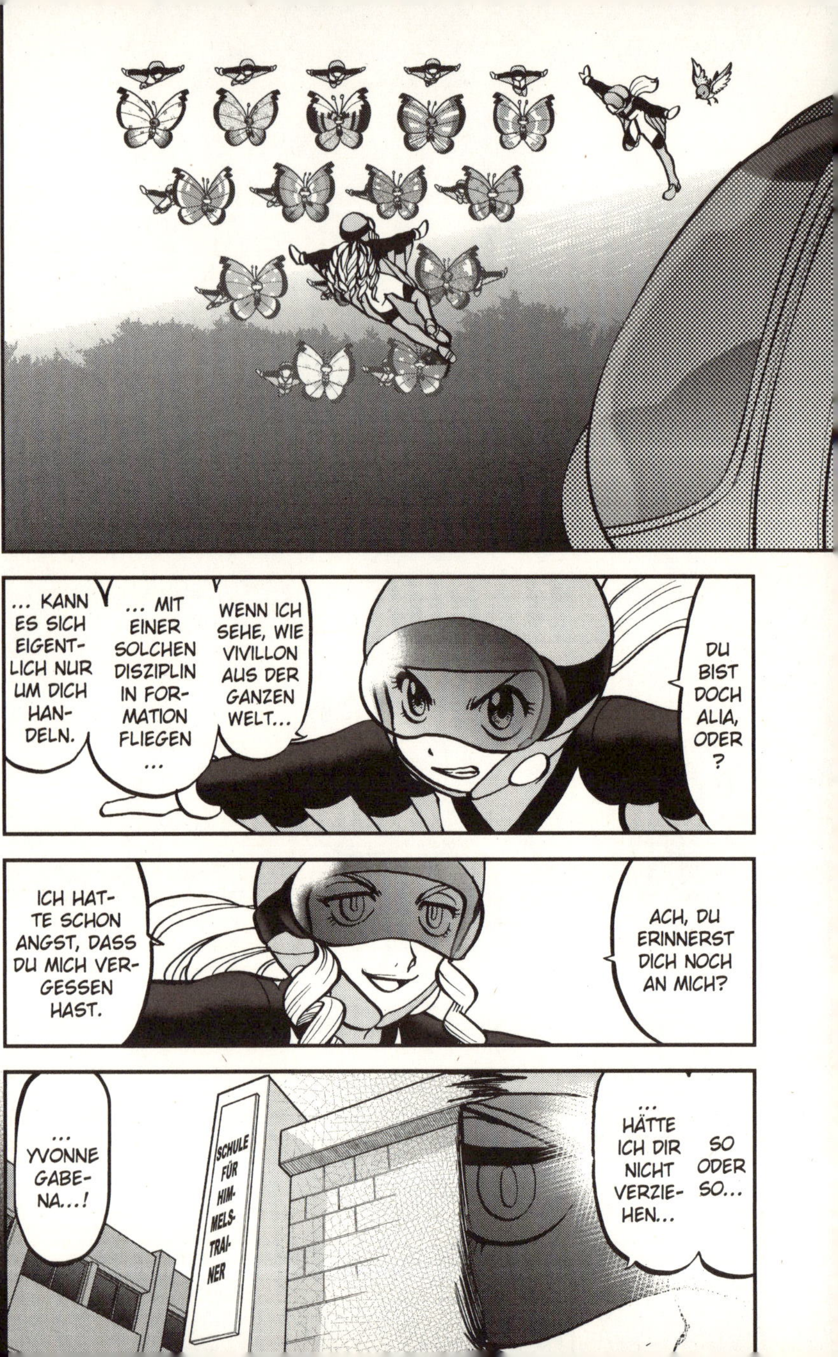
DU BIST DOCH ALIA, ODER?
WENN ICH SEHE, WIE VIVILLON AUS DER GANZEN WELT…
… MIT EINER SOLCHEN DISZIPLIN IN FORMATION FLIEGEN …
… KANN ES SICH EIGENTLICH NUR UM DICH HANDELN.
ACH, DU ERINNERST DICH NOCH AN MICH?
ICH HATTE SCHON ANGST, DASS DU MICH VERGESSEN HAST.
SO ODER SO…
… HÄTTE ICH DIR NICHT VERZIEHEN…
SCHULE FÜR HIMMELS-TRAINER
… YVONNE GABENA…!

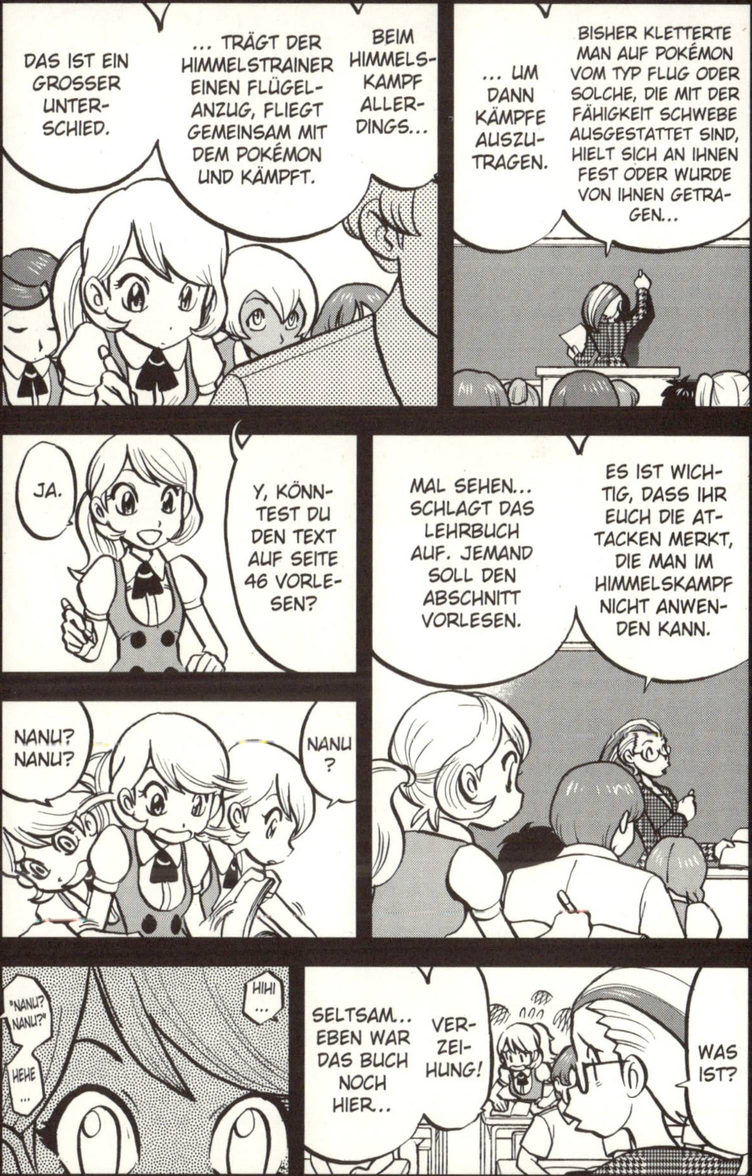
BISHER KLETTERTE MAN AUF POKÉMON VOM TYP FLUG ODER SOLCHE, DIE MIT DER FÄHIGKEIT SCHWEBE AUSGESTATTET SIND, HIELT SICH AN IHNEN FEST ODER WURDE VON IHNEN GETRAGEN...
... UM DANN KÄMPFE AUSZUTRAGEN.
BEIM HIMMELSKAMPF ALLERDINGS...
... TRÄGT DER HIMMELSTRAINER EINEN FLÜGELANZUG, FLIEGT GEMEINSAM MIT DEM POKÉMON UND KÄMPFT.
DAS IST EIN GROSSER UNTERSCHIED.
ES IST WICHTIG, DASS IHR EUCH DIE ATTACKEN MERKT, DIE MAN IM HIMMELSKAMPF NICHT ANWENDEN KANN.
MAL SEHEN... SCHLAGT DAS LEHRBUCH AUF. JEMAND SOLL DEN ABSCHNITT VORLESEN.
Y, KÖNNTEST DU DEN TEXT AUF SEITE 46 VORLESEN?
JA.
NANU?
NANU? NANU?
WAS IST?
VERZEIHUNG!
SELTSAM... EBEN WAR DAS BUCH NOCH HIER...
HIHI...
"NANU? NANU?"
HEHE...

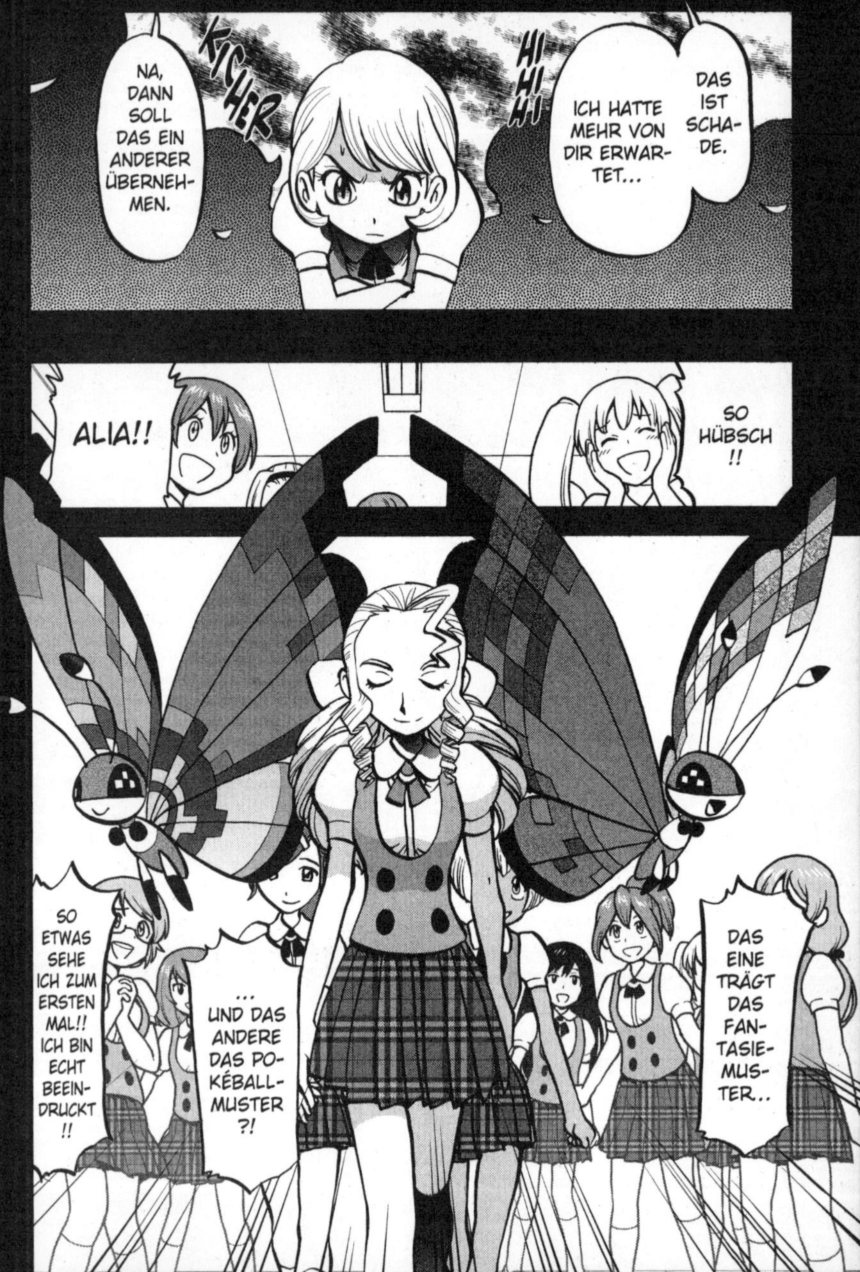
DAS IST SCHADE.
ICH HATTE MEHR VON DIR ERWARTET…
HI HI HI
KICHER
NA, DANN SOLL DAS EIN ANDERER ÜBERNEHMEN.
SO HÜBSCH!!
ALIA!!
DAS EINE TRÄGT DAS FANTASIEMUSTER..
… UND DAS ANDERE DAS POKÉBALLMUSTER?!
SO ETWAS SEHE ICH ZUM ERSTEN MAL!! ICH BIN ECHT BEEINDRUCKT!!

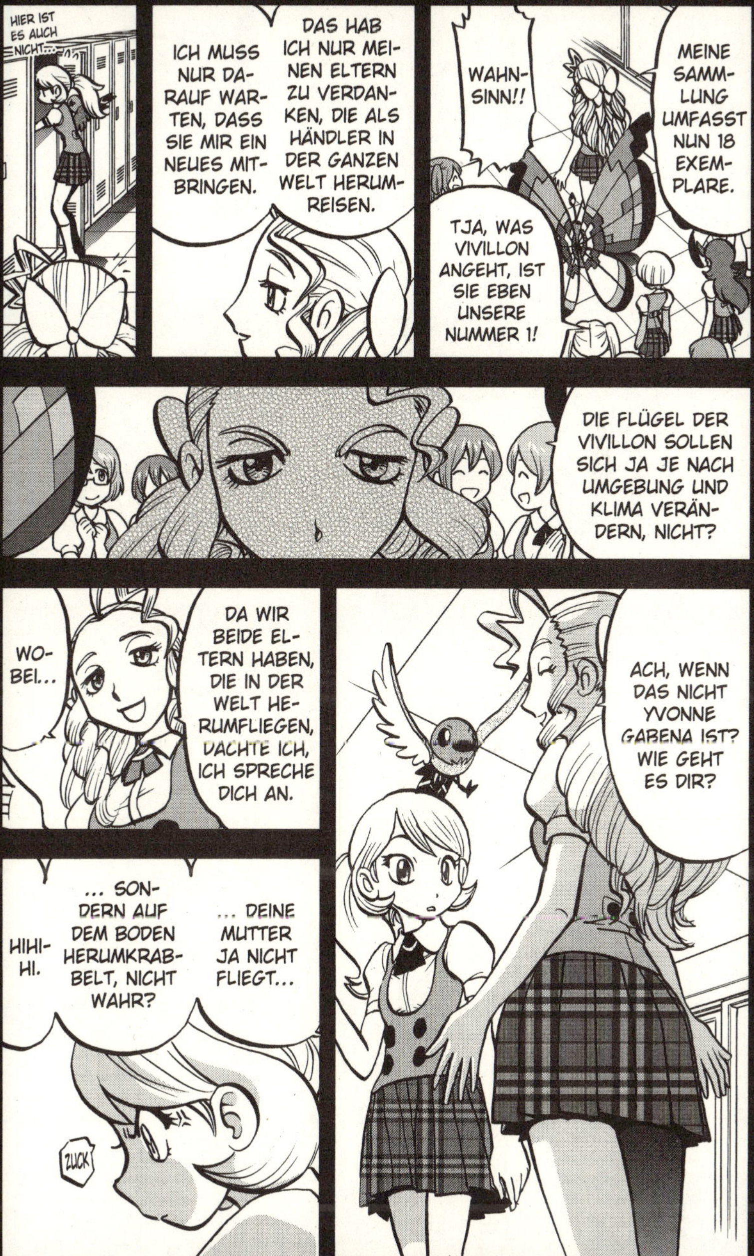
HIER IST ES AUCH NICHT…
ICH MUSS NUR DARAUF WARTEN, DASS SIE MIR EIN NEUES MITBRINGEN.
DAS HAB ICH NUR MEINEN ELTERN ZU VERDANKEN, DIE ALS HÄNDLER IN DER GANZEN WELT HERUMREISEN.
MEINE SAMMLUNG UMFASST NUN 18 EXEMPLARE.
WAHNSINN!!
TJA, WAS VIVILLON ANGEHT, IST SIE EBEN UNSERE NUMMER 1!
DIE FLÜGEL DER VIVILLON SOLLEN SICH JA JE NACH UMGEBUNG UND KLIMA VERÄNDERN, NICHT?
ACH, WENN DAS NICHT YVONNE GABENA IST? WIE GEHT ES DIR?
DA WIR BEIDE ELTERN HABEN, DIE IN DER WELT HERUMFLIEGEN, DACHTE ICH, ICH SPRECHE DICH AN.
WOBEI…
… DEINE MUTTER JA NICHT FLIEGT…
… SONDERN AUF DEM BODEN HERUMKRABBELT, NICHT WAHR?
HIHIHI.
ZUCK

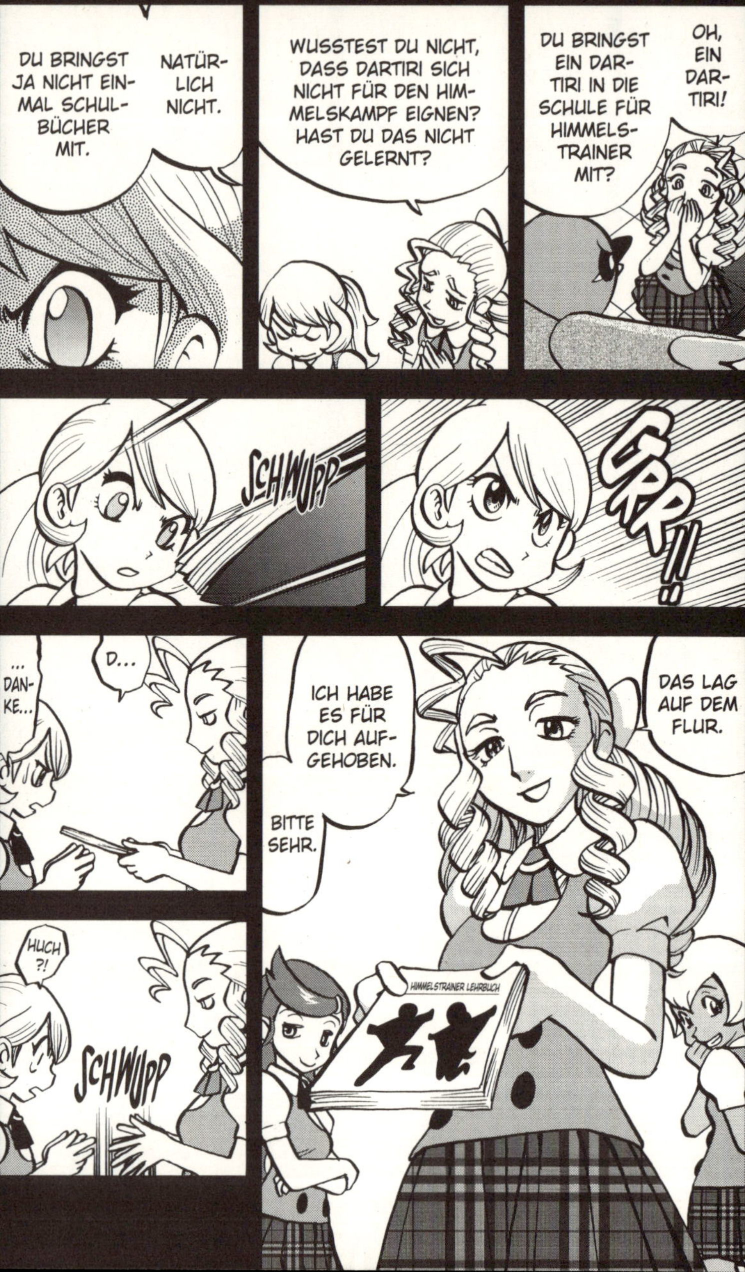
OH, EIN DAR-TIRI!
DU BRINGST EIN DAR-TIRI IN DIE SCHULE FÜR HIMMELS-TRAINER MIT?
WUSSTEST DU NICHT, DASS DARTIRI SICH NICHT FÜR DEN HIM-MELSKAMPF EIGNEN? HAST DU DAS NICHT GELERNT?
NATÜR-LICH NICHT.
DU BRINGST JA NICHT EIN-MAL SCHUL-BÜCHER MIT.
GRR!!
SCHWUPP
DAS LAG AUF DEM FLUR.
ICH HABE ES FÜR DICH AUF-GEHOBEN.
BITTE SEHR.
HIMMELSTRAINER LEHRBUCH
D...
... DAN-KE...
HUCH ?!
SCHWUPP

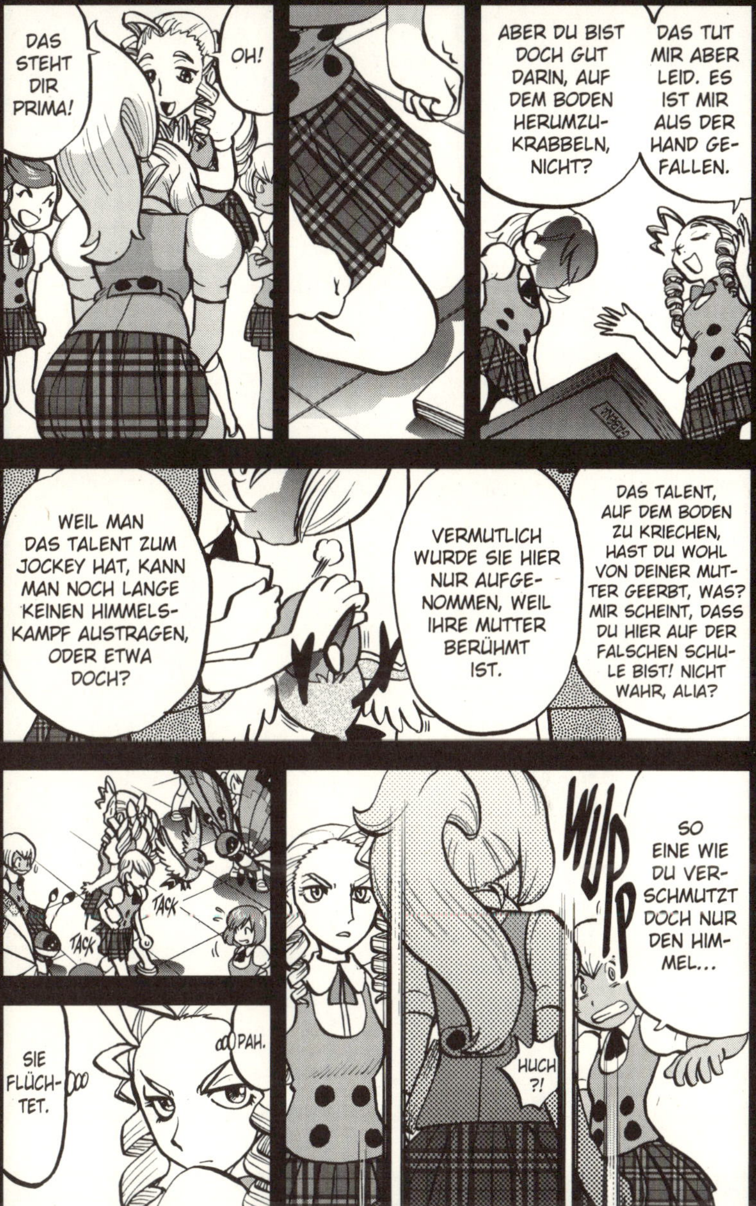
DAS STEHT DIR PRIMA!
OH!
DAS TUT MIR ABER LEID. ES IST MIR AUS DER HAND GEFALLEN.
ABER DU BIST DOCH GUT DARIN, AUF DEM BODEN HERUMZUKRABBELN, NICHT?
DAS TALENT, AUF DEM BODEN ZU KRIECHEN, HAST DU WOHL VON DEINER MUTTER GEERBT, WAS? MIR SCHEINT, DASS DU HIER AUF DER FALSCHEN SCHULE BIST! NICHT WAHR, ALIA?
VERMUTLICH WURDE SIE HIER NUR AUFGENOMMEN, WEIL IHRE MUTTER BERÜHMT IST.
WEIL MAN DAS TALENT ZUM JOCKEY HAT, KANN MAN NOCH LANGE KEINEN HIMMELSKAMPF AUSTRAGEN, ODER ETWA DOCH?
TACK
TACK
WUPP
SO EINE WIE DU VERSCHMUTZT DOCH NUR DEN HIMMEL...
HUCH?!
PAH.
SIE FLÜCHTET.

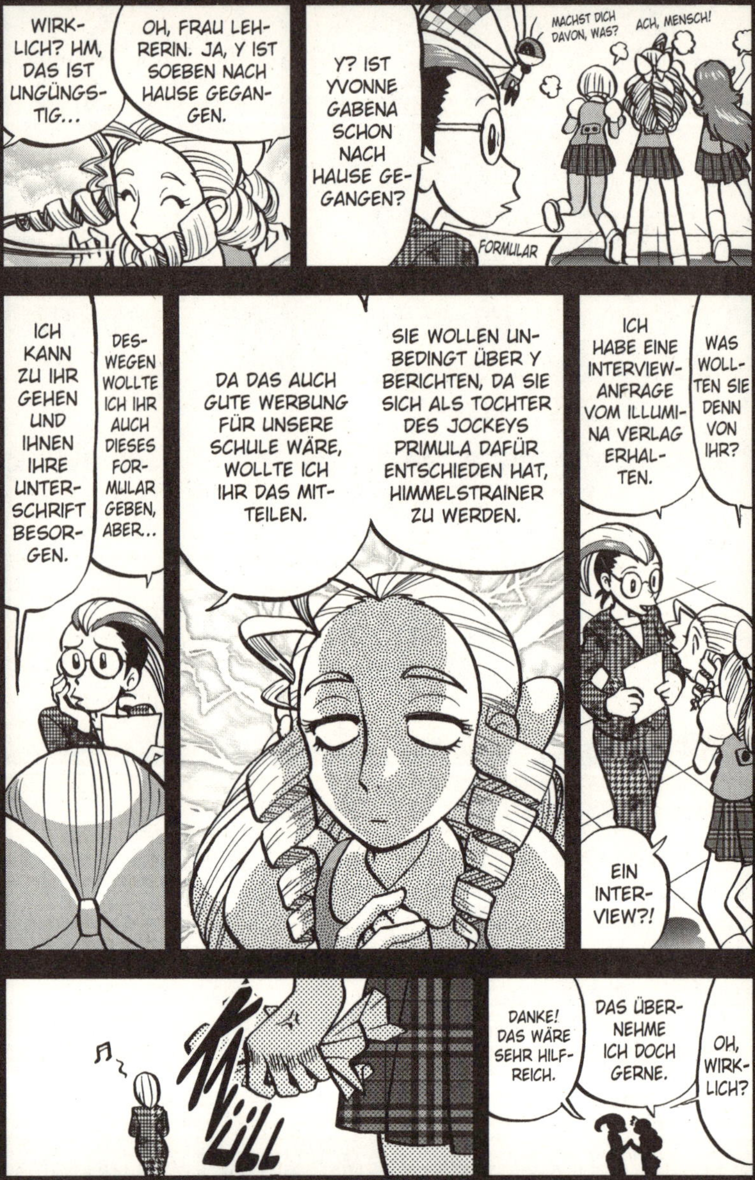

Y? IST YVONNE GABENA SCHON NACH HAUSE GEGANGEN?
ACH, MENSCH!
MACHST DICH DAVON, WAS?
FORMULAR
OH, FRAU LEHRERIN. JA, Y IST SOEBEN NACH HAUSE GEGANGEN.
WIRKLICH? HM, DAS IST UNGÜNGSTIG…
WAS WOLLTEN SIE DENN VON IHR?
ICH HABE EINE INTERVIEW-ANFRAGE VOM ILLUMINA VERLAG ERHALTEN.
EIN INTERVIEW?!
SIE WOLLEN UNBEDINGT ÜBER Y BERICHTEN, DA SIE SICH ALS TOCHTER DES JOCKEYS PRIMULA DAFÜR ENTSCHIEDEN HAT, HIMMELSTRAINER ZU WERDEN.
DA DAS AUCH GUTE WERBUNG FÜR UNSERE SCHULE WÄRE, WOLLTE ICH IHR DAS MITTEILEN.
DESWEGEN WOLLTE ICH IHR AUCH DIESES FORMULAR GEBEN, ABER…
ICH KANN ZU IHR GEHEN UND IHNEN IHRE UNTERSCHRIFT BESORGEN.
OH, WIRKLICH?
DAS ÜBERNEHME ICH DOCH GERNE.
DANKE! DAS WÄRE SEHR HILFREICH.
KNÜLL

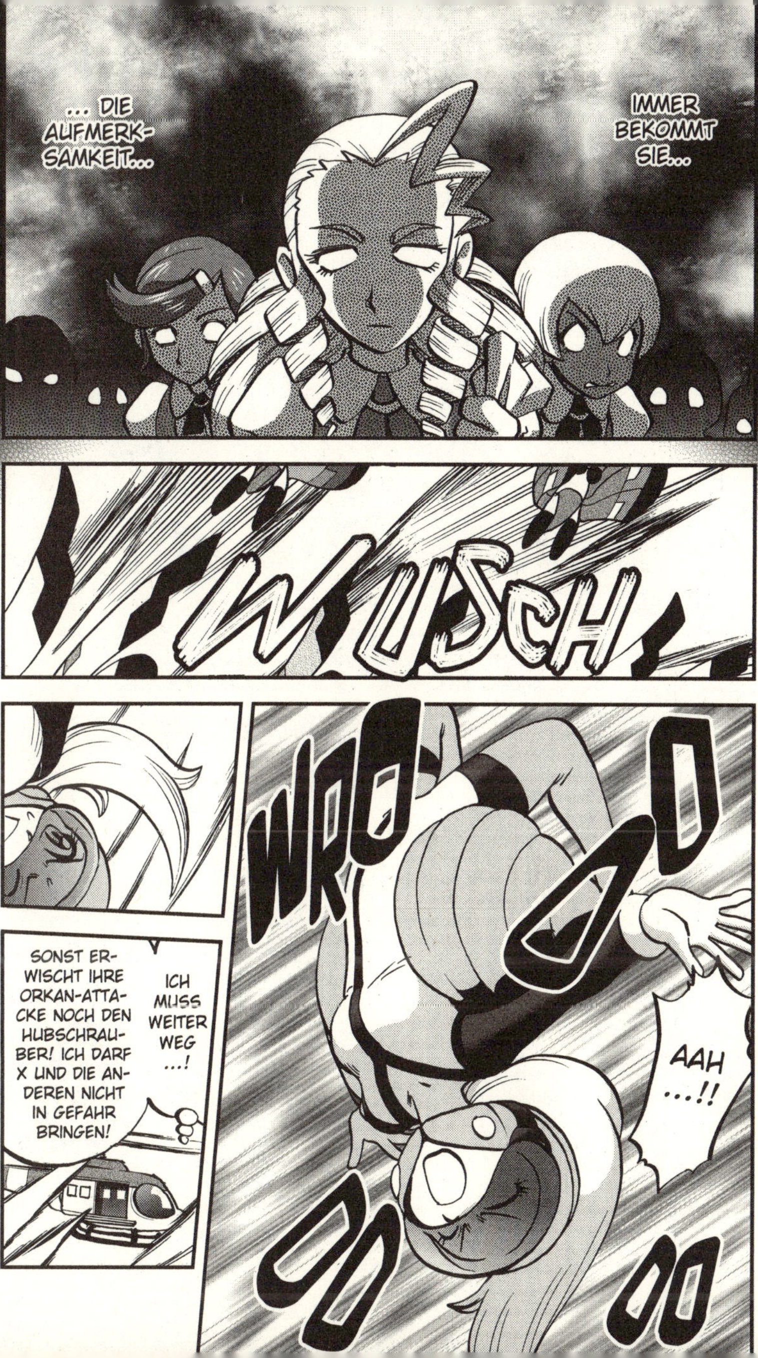
IMMER BEKOMMT SIE...
... DIE AUFMERK-SAMKEIT...
WUSCH
WROOOOOD
AAH ...!!
ICH MUSS WEITER WEG ...!
SONST ERWISCHT IHRE ORKAN-ATTACKE NOCH DEN HUBSCHRAUBER! ICH DARF X UND DIE ANDEREN NICHT IN GEFAHR BRINGEN!

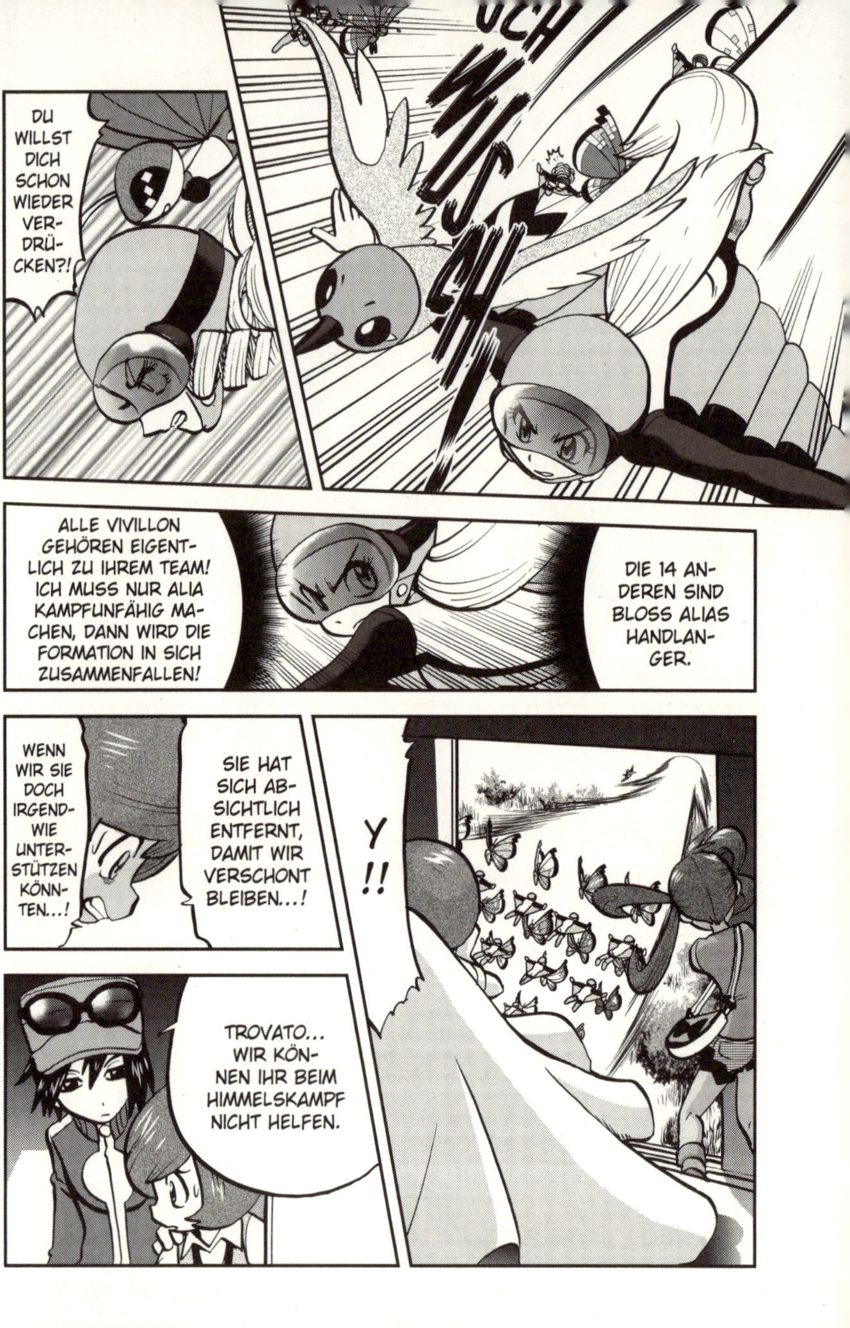

WUSCH
DU WILLST DICH SCHON WIEDER VERDRÜCKEN?!
DIE 14 ANDEREN SIND BLOSS ALIAS HANDLANGER.
ALLE VIVILLON GEHÖREN EIGENTLICH ZU IHREM TEAM! ICH MUSS NUR ALIA KAMPFUNFÄHIG MACHEN, DANN WIRD DIE FORMATION IN SICH ZUSAMMENFALLEN!
Y!!
SIE HAT SICH ABSICHTLICH ENTFERNT, DAMIT WIR VERSCHONT BLEIBEN…!
WENN WIR SIE DOCH IRGENDWIE UNTERSTÜTZEN KÖNNTEN…!
TROVATO… WIR KÖNNEN IHR BEIM HIMMELSKAMPF NICHT HELFEN.

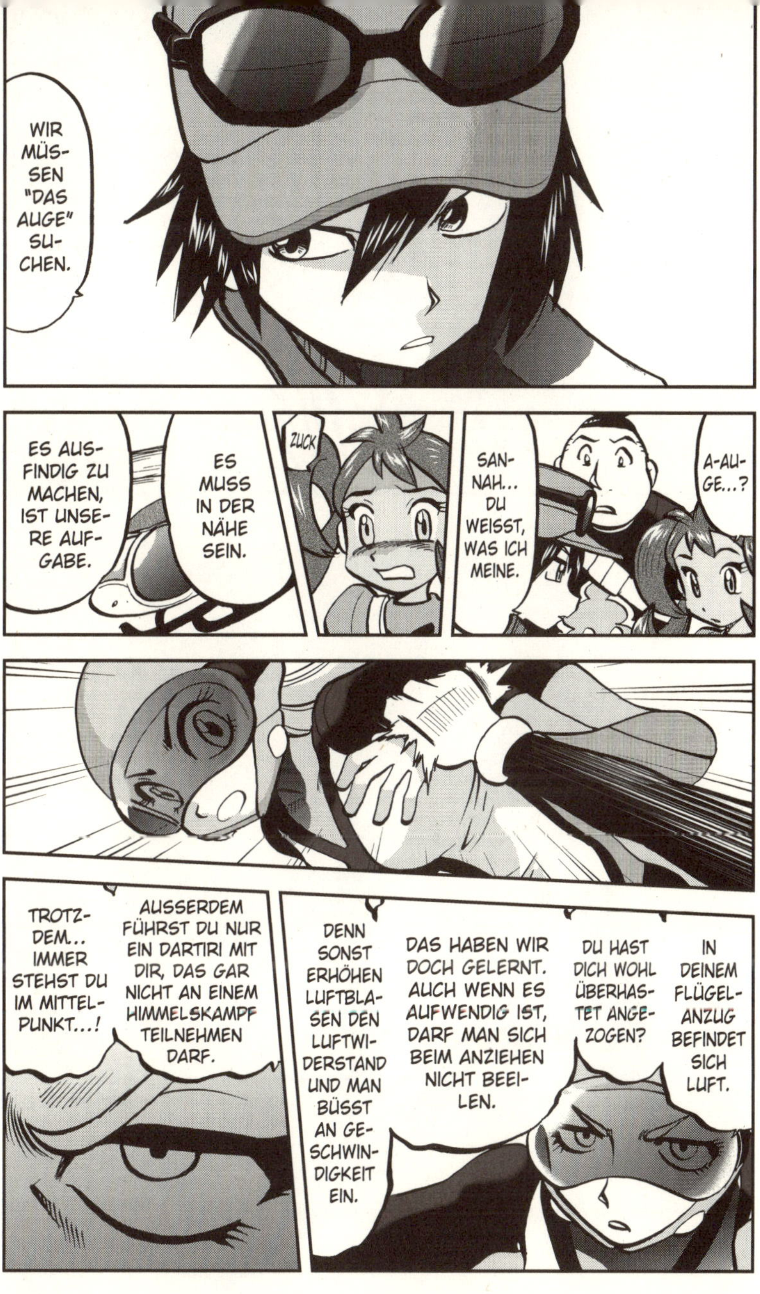
WIR MÜSSEN "DAS AUGE" SUCHEN.
ES AUSFINDIG ZU MACHEN, IST UNSERE AUFGABE.
ES MUSS IN DER NÄHE SEIN.
ZUCK
SANNAH... DU WEISST, WAS ICH MEINE.
A-AUGE...?
TROTZDEM... IMMER STEHST DU IM MITTELPUNKT...!
AUSSERDEM FÜHRST DU NUR EIN DARTIRI MIT DIR, DAS GAR NICHT AN EINEM HIMMELSKAMPF TEILNEHMEN DARF.
DENN SONST ERHÖHEN LUFTBLASEN DEN LUFTWIDERSTAND UND MAN BÜSST AN GESCHWINDIGKEIT EIN.
DAS HABEN WIR DOCH GELERNT. AUCH WENN ES AUFWENDIG IST, DARF MAN SICH BEIM ANZIEHEN NICHT BEEILEN.
DU HAST DICH WOHL ÜBERHASTET ANGEZOGEN?
IN DEINEM FLÜGELANZUG BEFINDET SICH LUFT.

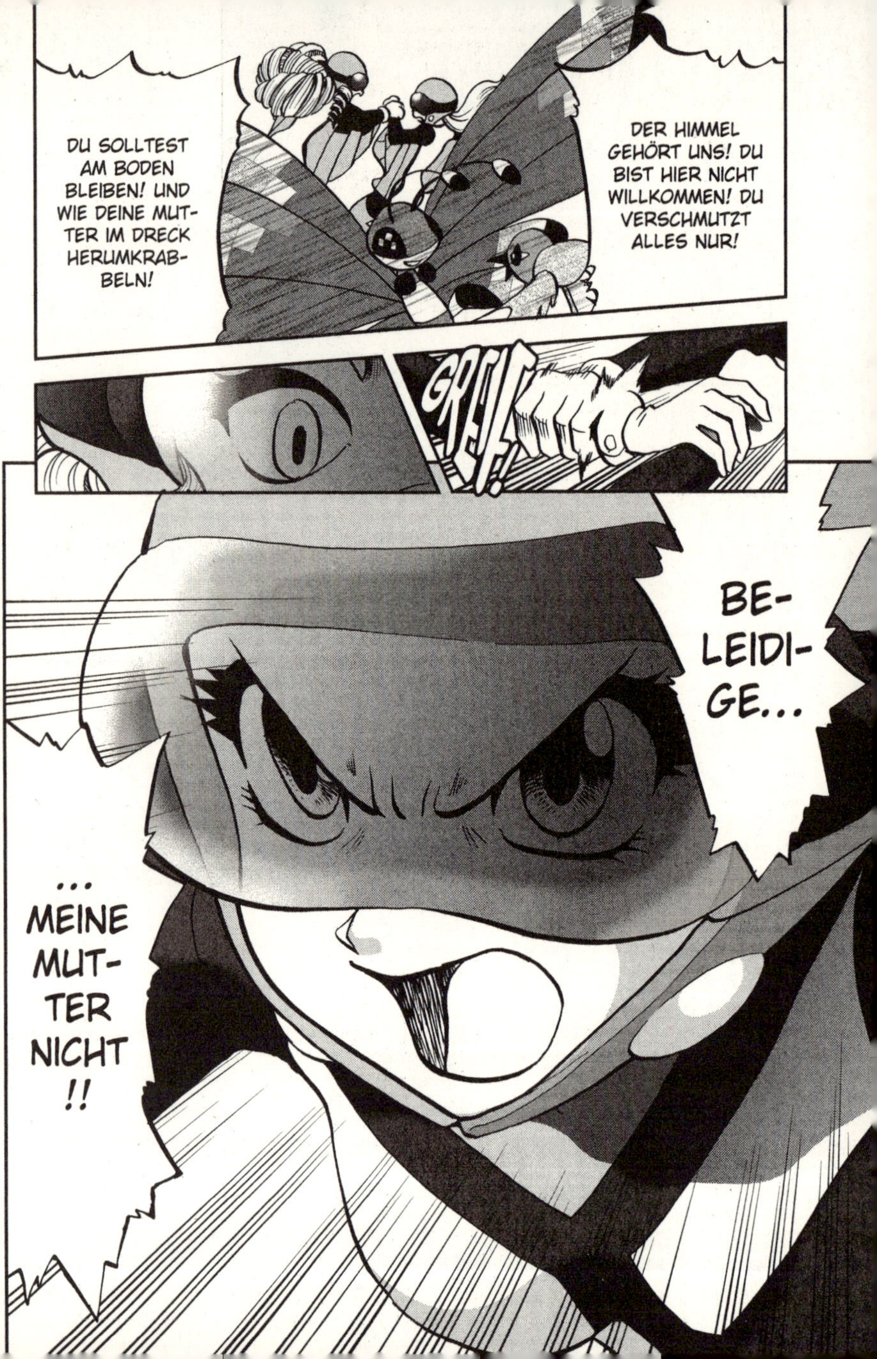
DER HIMMEL GEHÖRT UNS! DU BIST HIER NICHT WILLKOMMEN! DU VERSCHMUTZT ALLES NUR!
DU SOLLTEST AM BODEN BLEIBEN! UND WIE DEINE MUT-TER IM DRECK HERUMKRAB-BELN!
GREIF!
BE-LEIDI-GE...
... MEINE MUT-TER NICHT !!

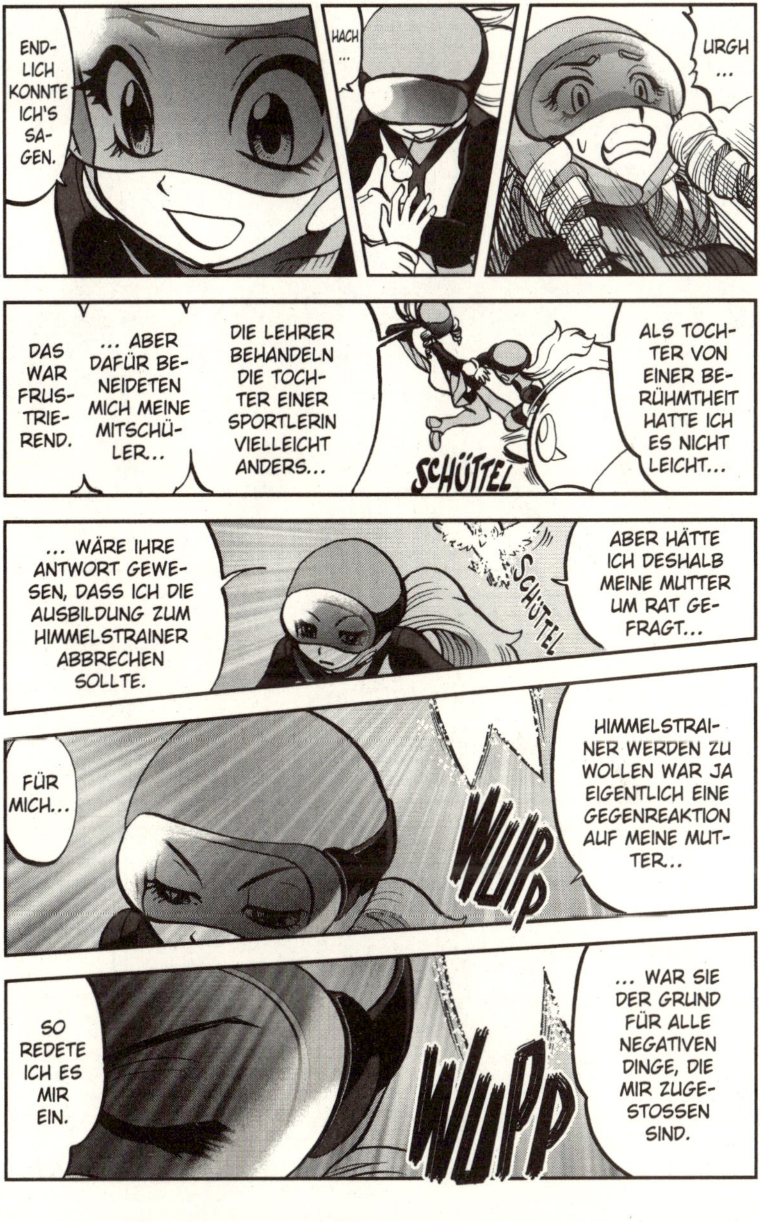
URGH …
HACH …
END-LICH KONNTE ICH'S SA-GEN.
ALS TOCH-TER VON EINER BE-RÜHMTHEIT HATTE ICH ES NICHT LEICHT…
SCHÜTTEL
DIE LEHRER BEHANDELN DIE TOCH-TER EINER SPORTLERIN VIELLEICHT ANDERS…
… ABER DAFÜR BE-NEIDETEN MICH MEINE MITSCHÜ-LER…
DAS WAR FRUS-TRIE-REND.
ABER HÄTTE ICH DESHALB MEINE MUTTER UM RAT GE-FRAGT…
SCHÜTTEL
… WÄRE IHRE ANTWORT GEWE-SEN, DASS ICH DIE AUSBILDUNG ZUM HIMMELSTRAINER ABBRECHEN SOLLTE.
HIMMELSTRAI-NER WERDEN ZU WOLLEN WAR JA EIGENTLICH EINE GEGENREAKTION AUF MEINE MUT-TER..
WUPP
FÜR MICH…
… WAR SIE DER GRUND FÜR ALLE NEGATIVEN DINGE, DIE MIR ZUGE-STOSSEN SIND.
WUPP
SO REDETE ICH ES MIR EIN.

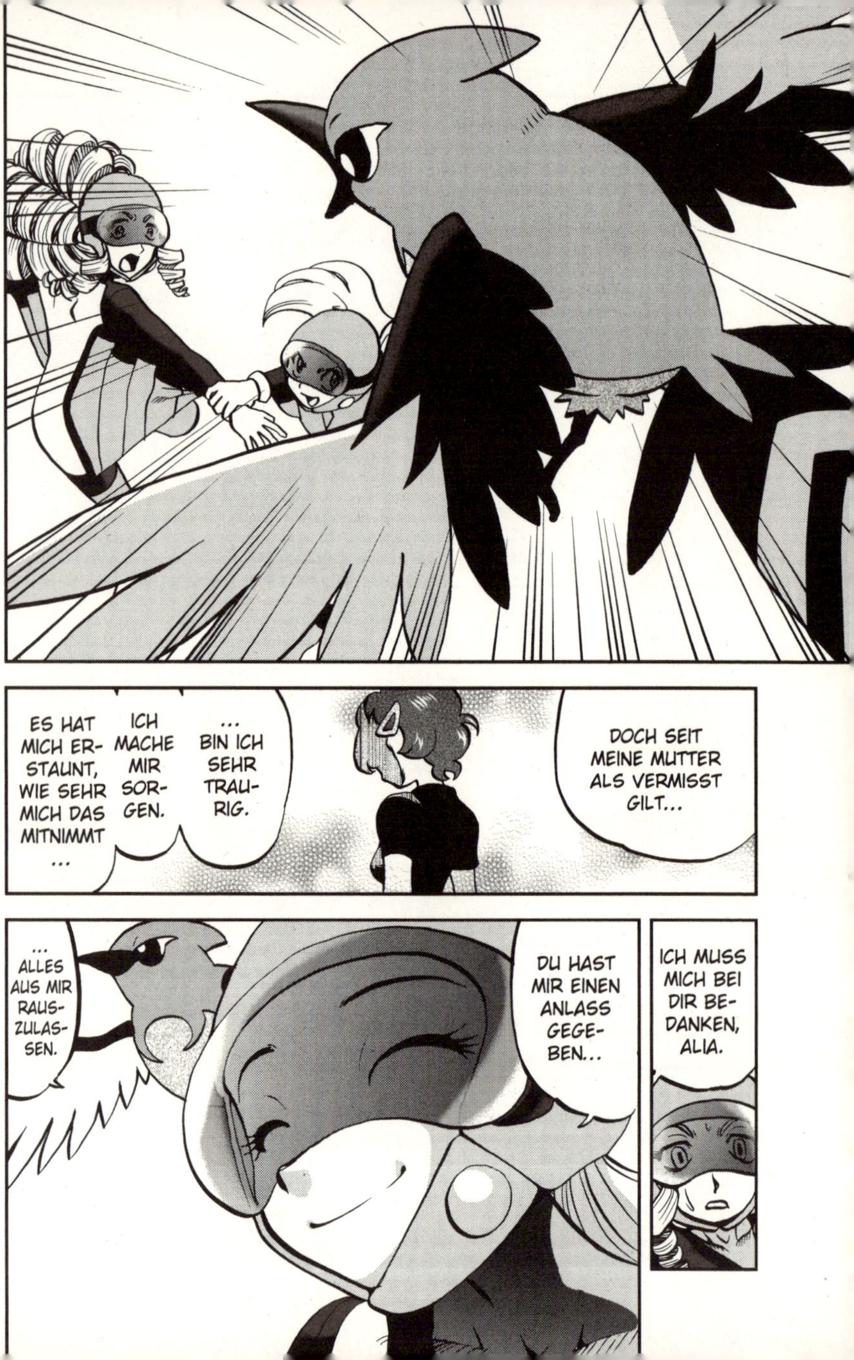
DOCH SEIT MEINE MUTTER ALS VERMISST GILT…
… BIN ICH SEHR TRAU-RIG.
ICH MACHE MIR SOR-GEN.
ES HAT MICH ER-STAUNT, WIE SEHR MICH DAS MITNIMMT …
ICH MUSS MICH BEI DIR BE-DANKEN, ALIA.
DU HAST MIR EINEN ANLASS GEGE-BEN…
… ALLES AUS MIR RAUS-ZULAS-SEN.

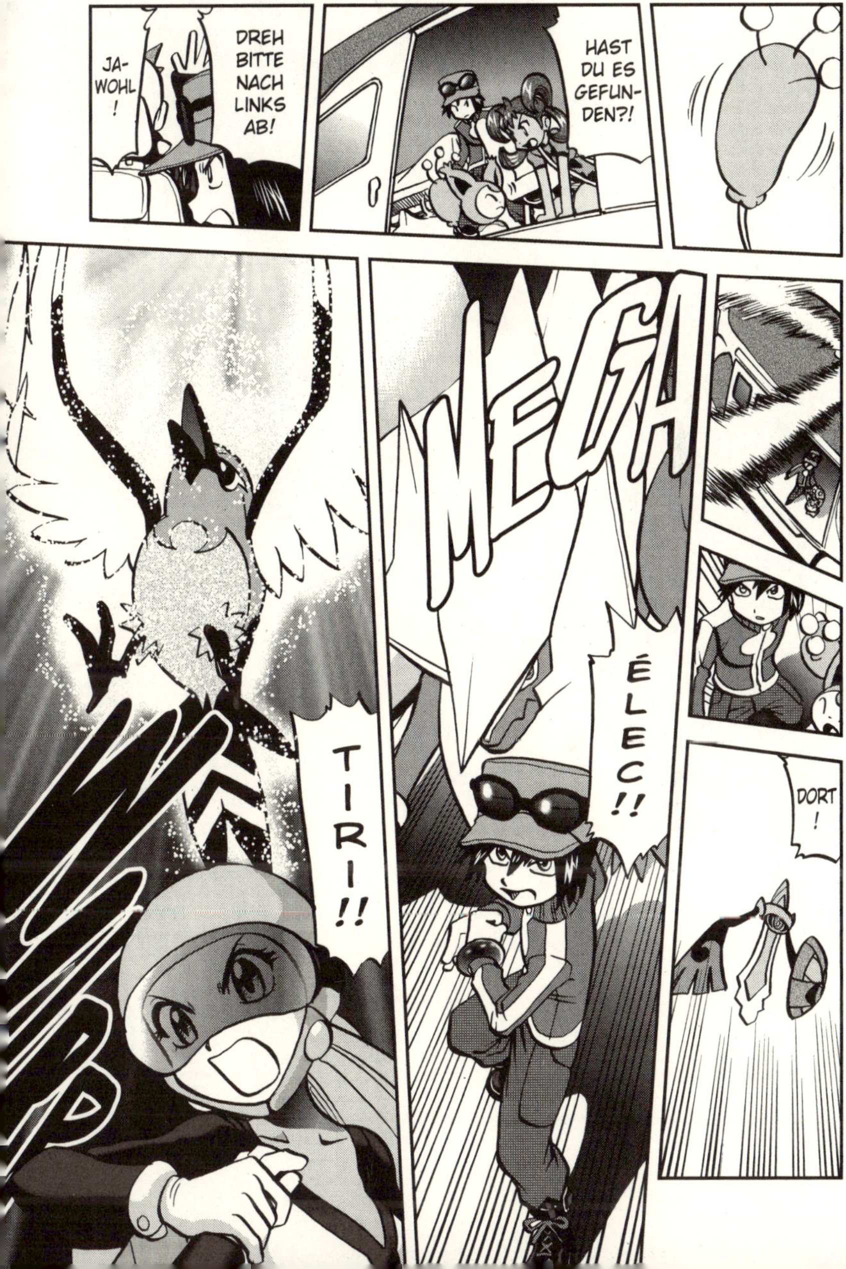
HAST DU ES GEFUNDEN?!
DREH BITTE NACH LINKS AB!
JA-WOHL!
DORT!
MEGA
ÉLEC!!
TIRI!!

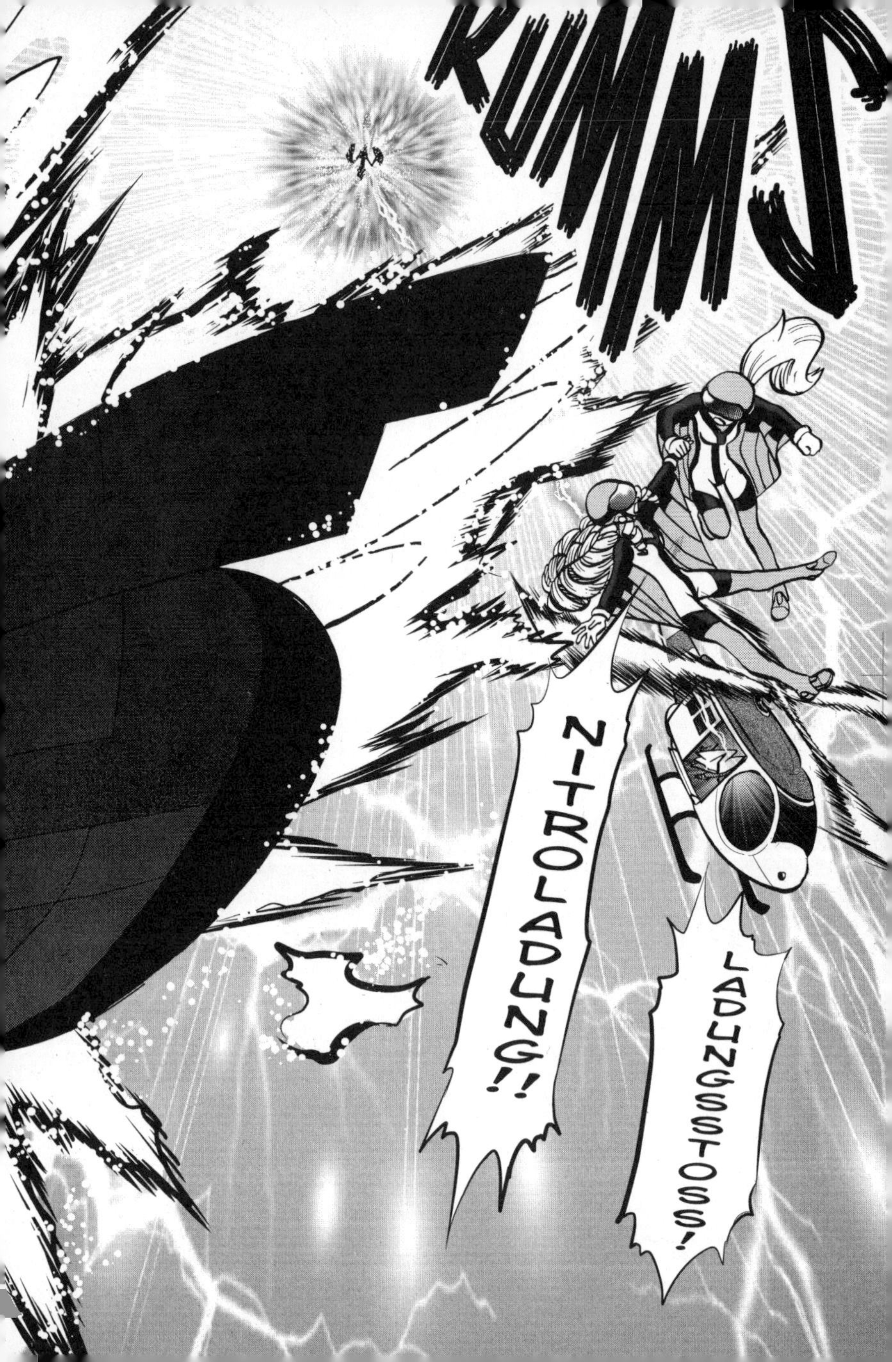
LADUNGSSTOSS!
NITROLADUNG!!

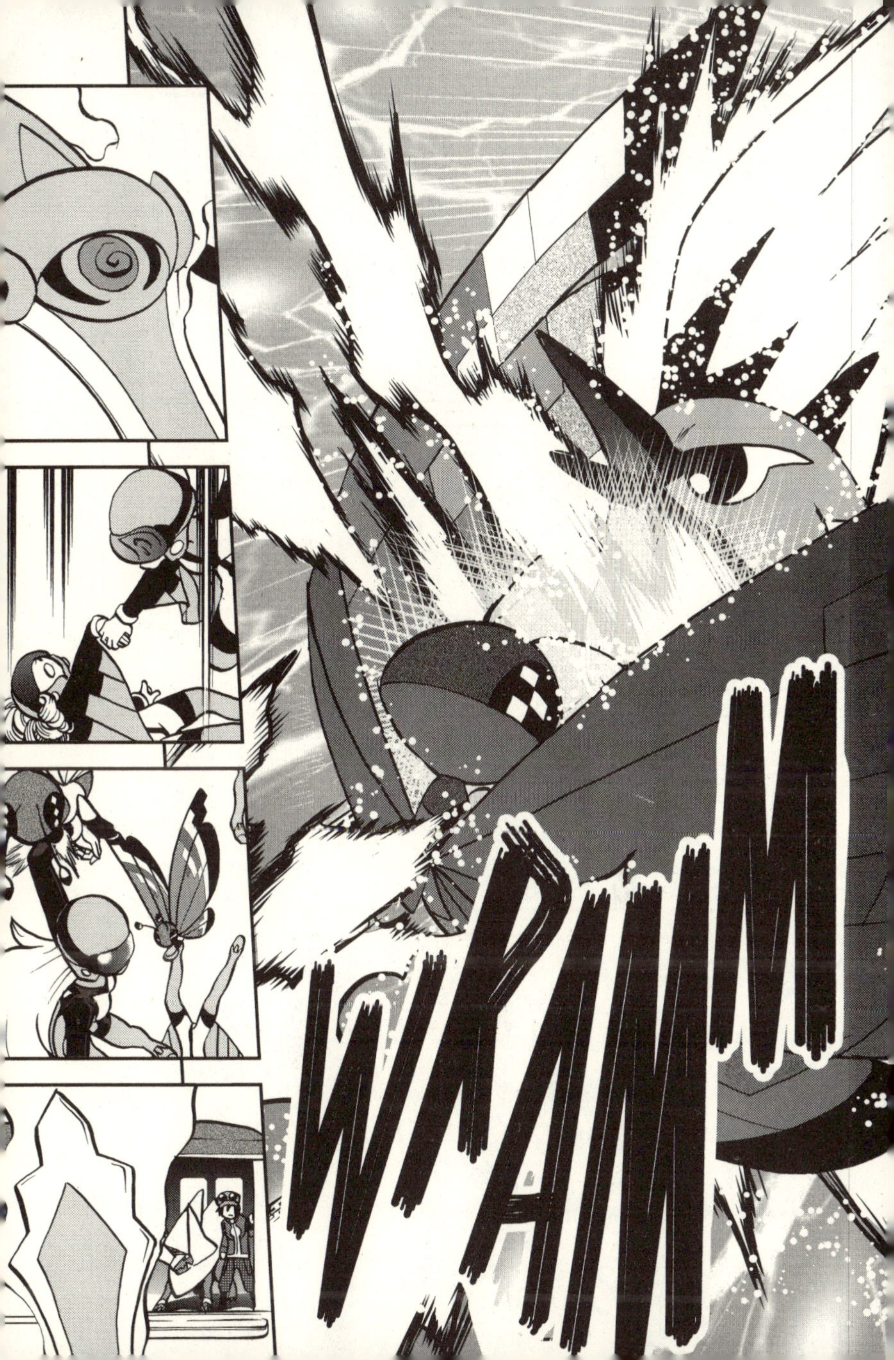
WHAMM

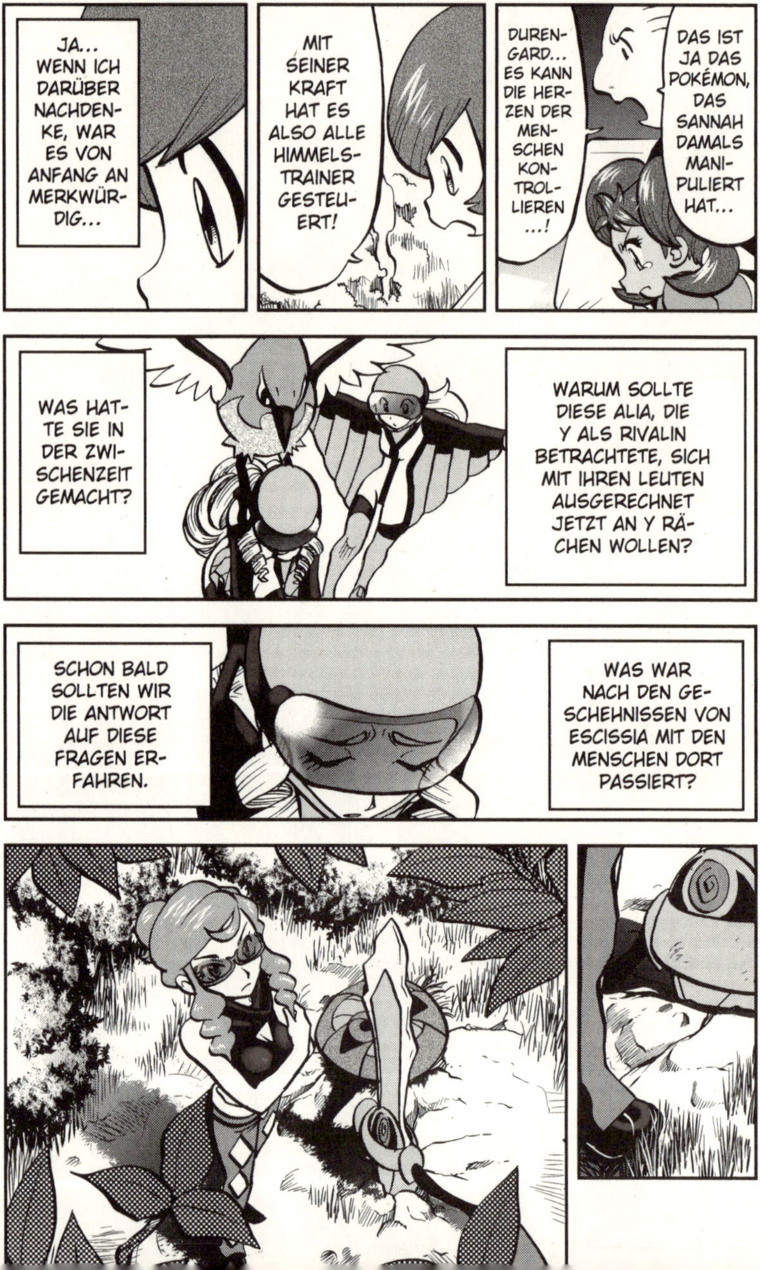
JA... WENN ICH DARÜBER NACHDEN-KE, WAR ES VON ANFANG AN MERKWÜR-DIG...
MIT SEINER KRAFT HAT ES ALSO ALLE HIMMELS-TRAINER GESTEU-ERT!
DUREN-GARD... ES KANN DIE HER-ZEN DER MEN-SCHEN KON-TROL-LIEREN ...!
DAS IST JA DAS POKÉMON, DAS SANNAH DAMALS MANI-PULIERT HAT...
WAS HAT-TE SIE IN DER ZWI-SCHENZEIT GEMACHT?
WARUM SOLLTE DIESE ALIA, DIE Y ALS RIVALIN BETRACHTETE, SICH MIT IHREN LEUTEN AUSGERECHNET JETZT AN Y RÄ-CHEN WOLLEN?
SCHON BALD SOLLTEN WIR DIE ANTWORT AUF DIESE FRAGEN ER-FAHREN.
WAS WAR NACH DEN GE-SCHEHNISSEN VON ESCISSIA MIT DEN MENSCHEN DORT PASSIERT?

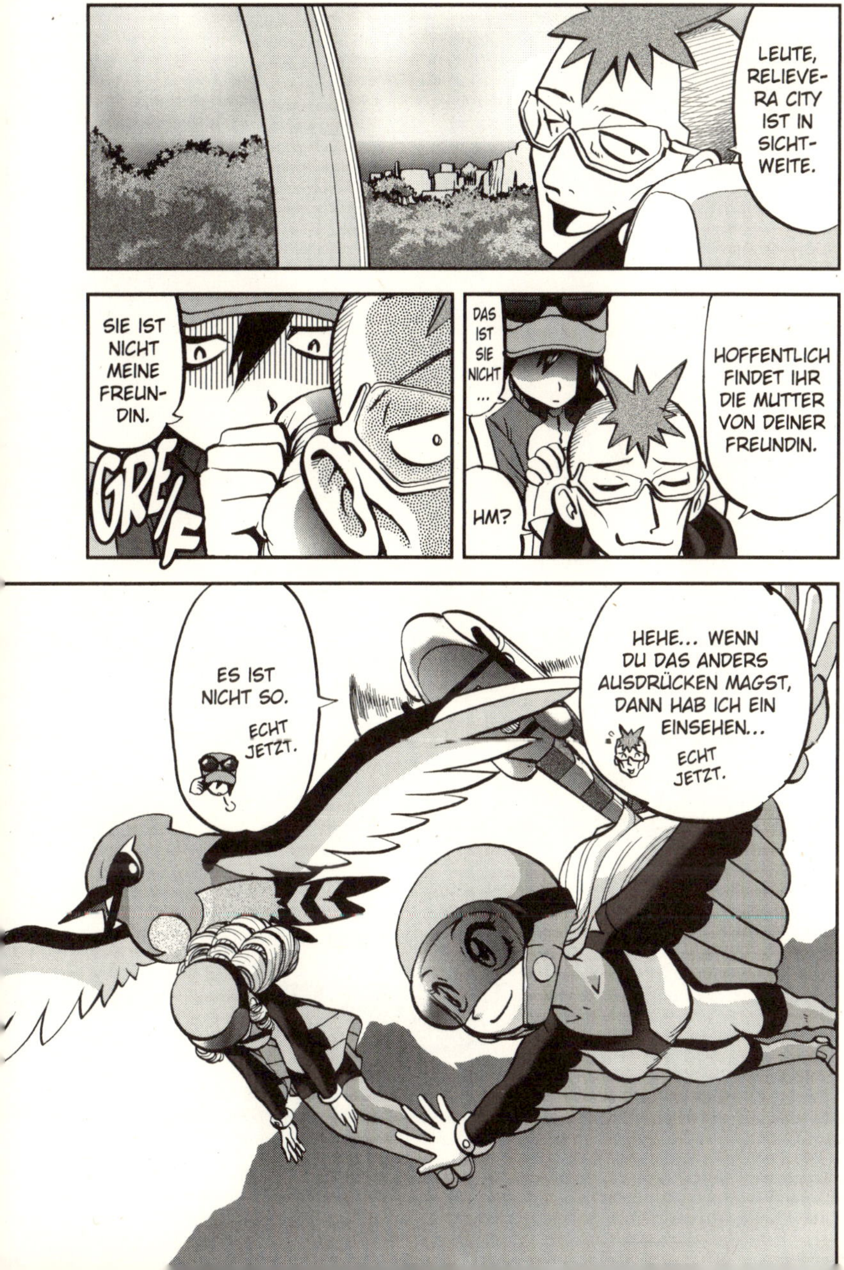
LEUTE, RELIEVE-RA CITY IST IN SICHT-WEITE.
HOFFENTLICH FINDET IHR DIE MUTTER VON DEINER FREUNDIN.
HM?
DAS IST SIE NICHT ...
SIE IST NICHT MEINE FREUN-DIN.
GREIF
HEHE... WENN DU DAS ANDERS AUSDRÜCKEN MAGST, DANN HAB ICH EIN EINSEHEN...
ECHT JETZT.
ES IST NICHT SO.
ECHT JETZT.

GEGENWÄRTIGER AUF-
ENTHALTSORT

ROUTE 8
HIMMEL ÜBER DEM
MURAILLE-KÜSTENPFAD*

DER REIZ DIESER ROUTE LIEGT IM KONTRAST ZWISCHEN DEN SCHWINDELERREGEND HOHEN KLIPPEN UND DEM WEITEN STRAND.

*REISE ÜBER LUFTWEG

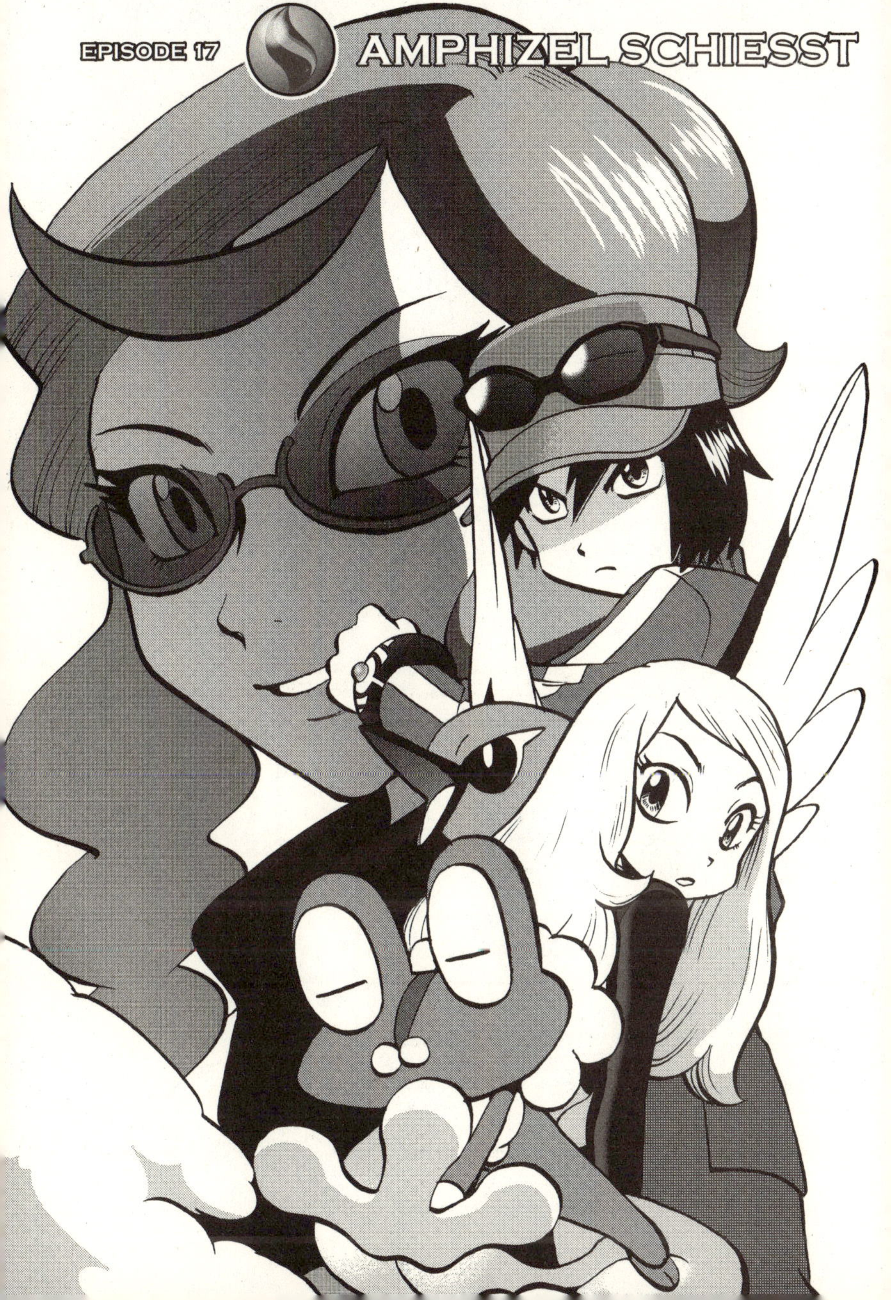
EPISODE 17
AMPHIZEL SCHIESST

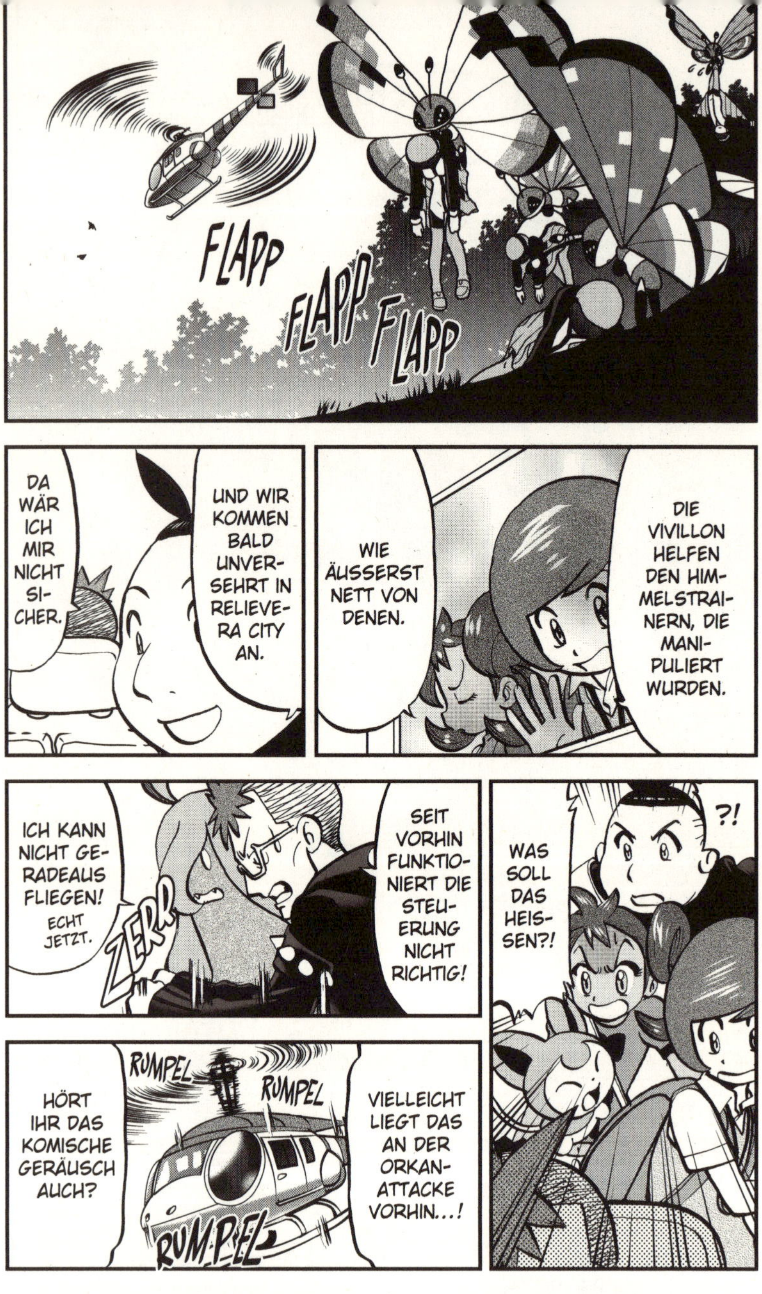
FLAPP
FLAPP
FLAPP
DIE VIVILLON HELFEN DEN HIMMELSTRAINERN, DIE MANIPULIERT WURDEN.
WIE ÄUSSERST NETT VON DENEN.
UND WIR KOMMEN BALD UNVERSEHRT IN RELIEVERA CITY AN.
DA WÄR ICH MIR NICHT SICHER.
?!
WAS SOLL DAS HEISSEN?!
SEIT VORHIN FUNKTIONIERT DIE STEUERUNG NICHT RICHTIG!
ICH KANN NICHT GERADEAUS FLIEGEN!
ECHT JETZT.
ZERR
VIELLEICHT LIEGT DAS AN DER ORKANATTACKE VORHIN…!
HÖRT IHR DAS KOMISCHE GERÄUSCH AUCH?
RUMPEL
RUMPEL
RUMPEL

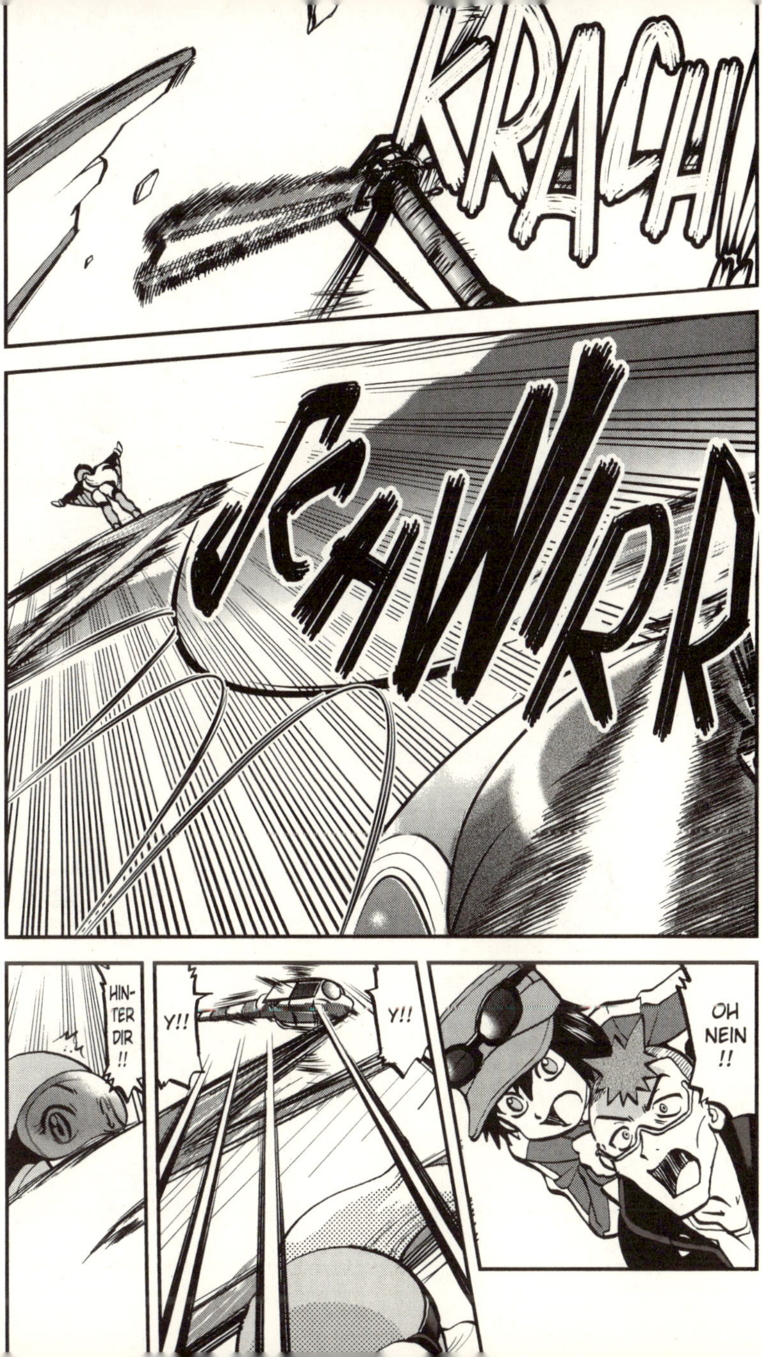
KRACH
SCHWRR
OH NEIN !!
Y!!
Y!!
HIN-TER DIR !!

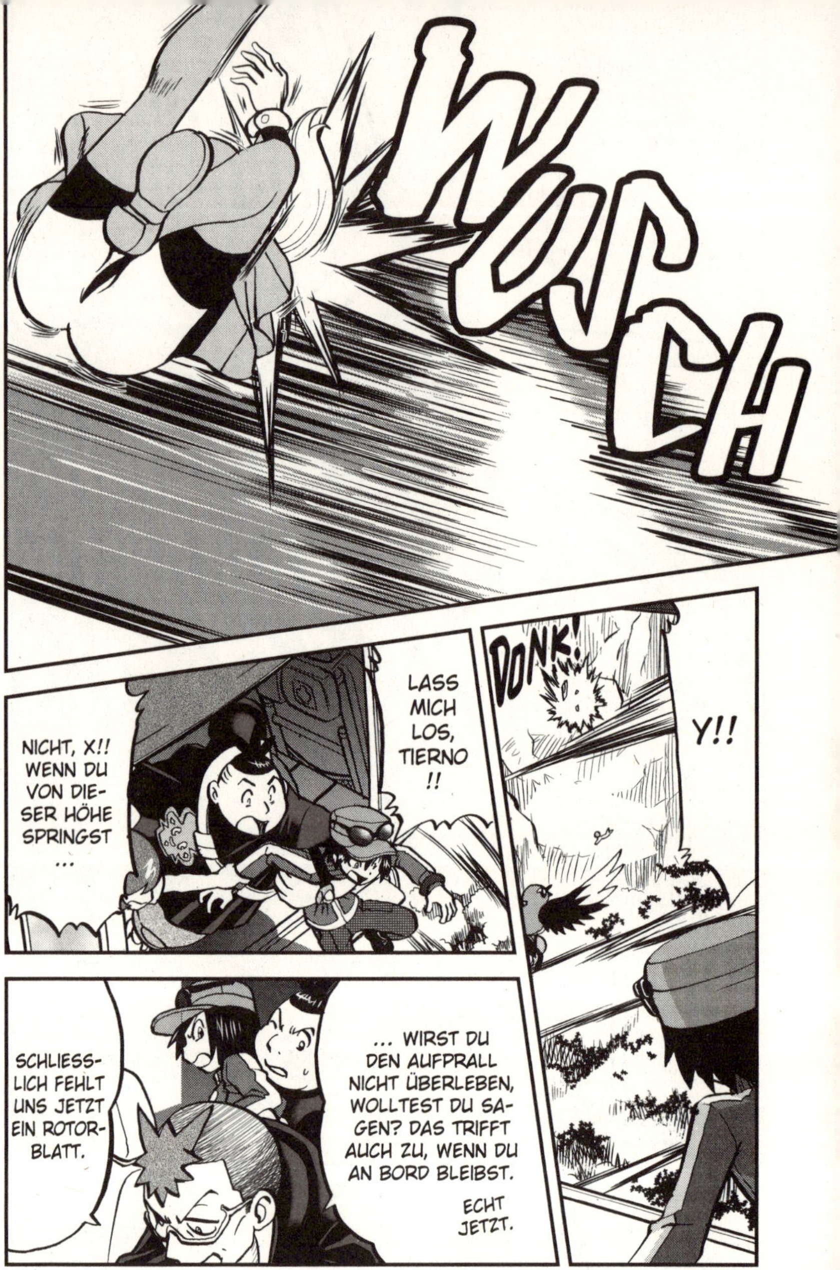
WUSCH
DONK!
Y!!
LASS MICH LOS, TIERNO!!
NICHT, X!! WENN DU VON DIE-SER HÖHE SPRINGST …
… WIRST DU DEN AUFPRALL NICHT ÜBERLEBEN, WOLLTEST DU SA-GEN? DAS TRIFFT AUCH ZU, WENN DU AN BORD BLEIBST.
ECHT JETZT.
SCHLIESS-LICH FEHLT UNS JETZT EIN ROTOR-BLATT.

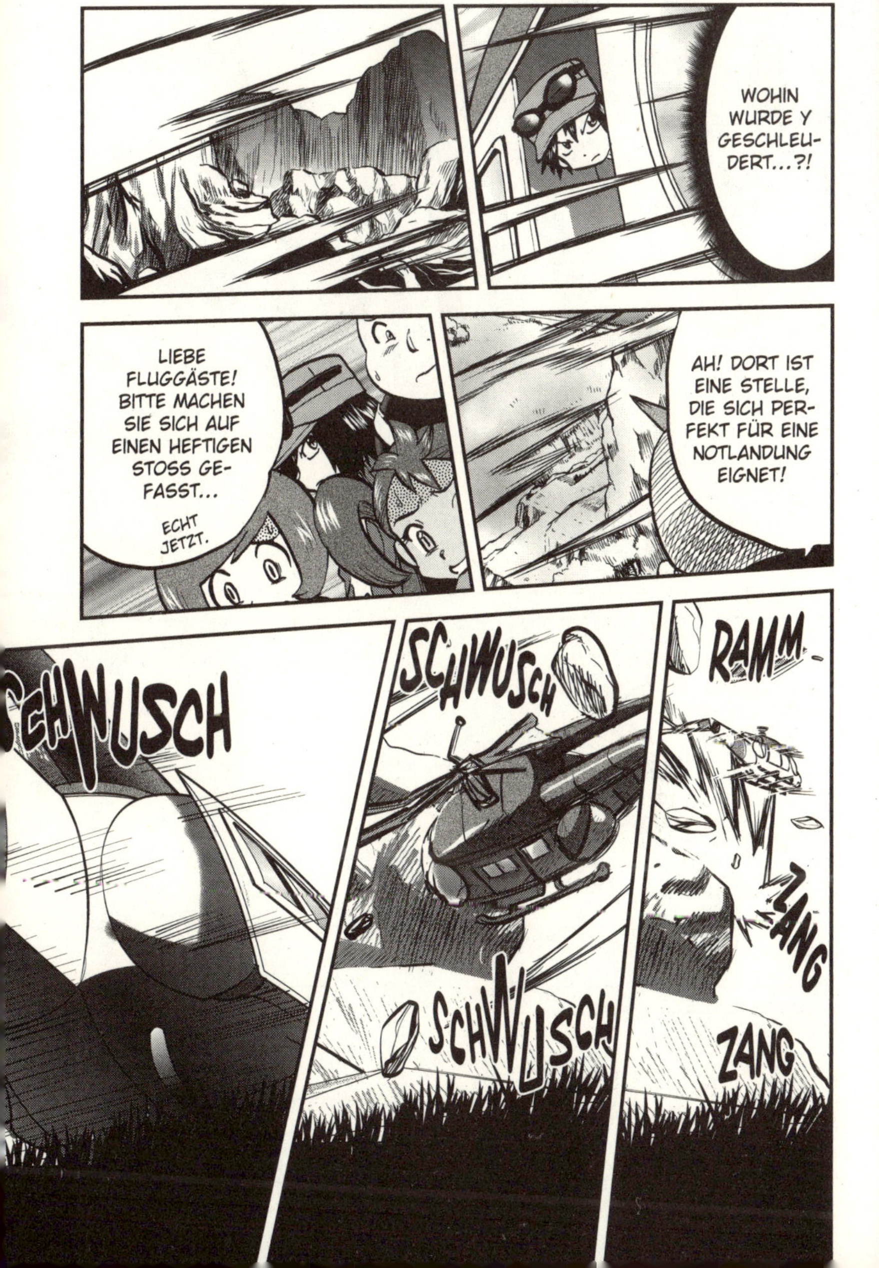
WOHIN WURDE Y GESCHLEU-DERT...?!
AH! DORT IST EINE STELLE, DIE SICH PER-FEKT FÜR EINE NOTLANDUNG EIGNET!
LIEBE FLUGGÄSTE! BITTE MACHEN SIE SICH AUF EINEN HEFTIGEN STOSS GE-FASST...
ECHT JETZT.
RAMM
ZANG
ZANG
SCHWUSCH
SCHWUSCH
SCHWUSCH

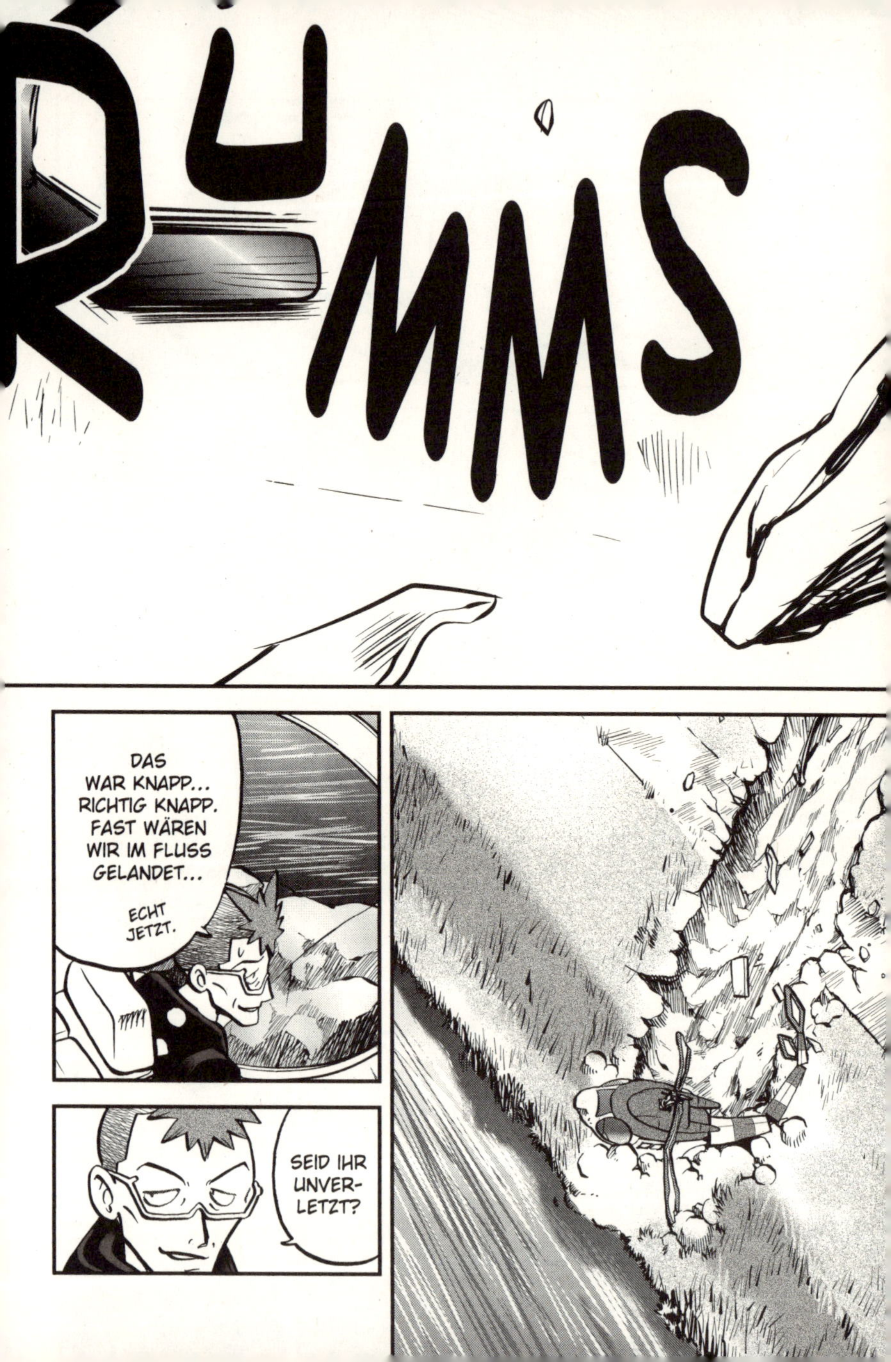
RUMMS
DAS WAR KNAPP... RICHTIG KNAPP. FAST WÄREN WIR IM FLUSS GELANDET...
ECHT JETZT.
SEID IHR UNVER-LETZT?

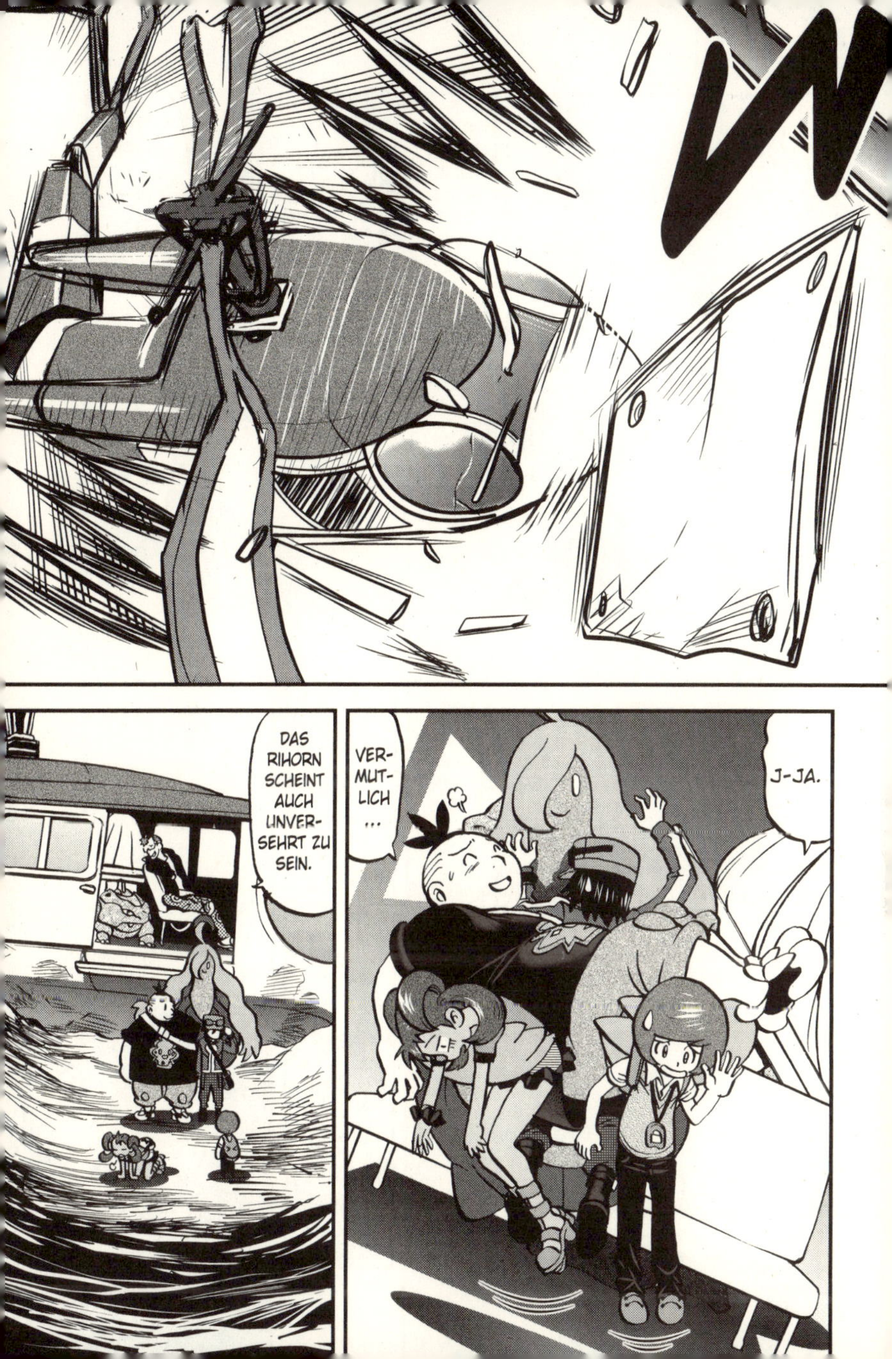
J-JA.
VER-MUT-LICH ...
DAS RIHORN SCHEINT AUCH UNVER-SEHRT ZU SEIN.

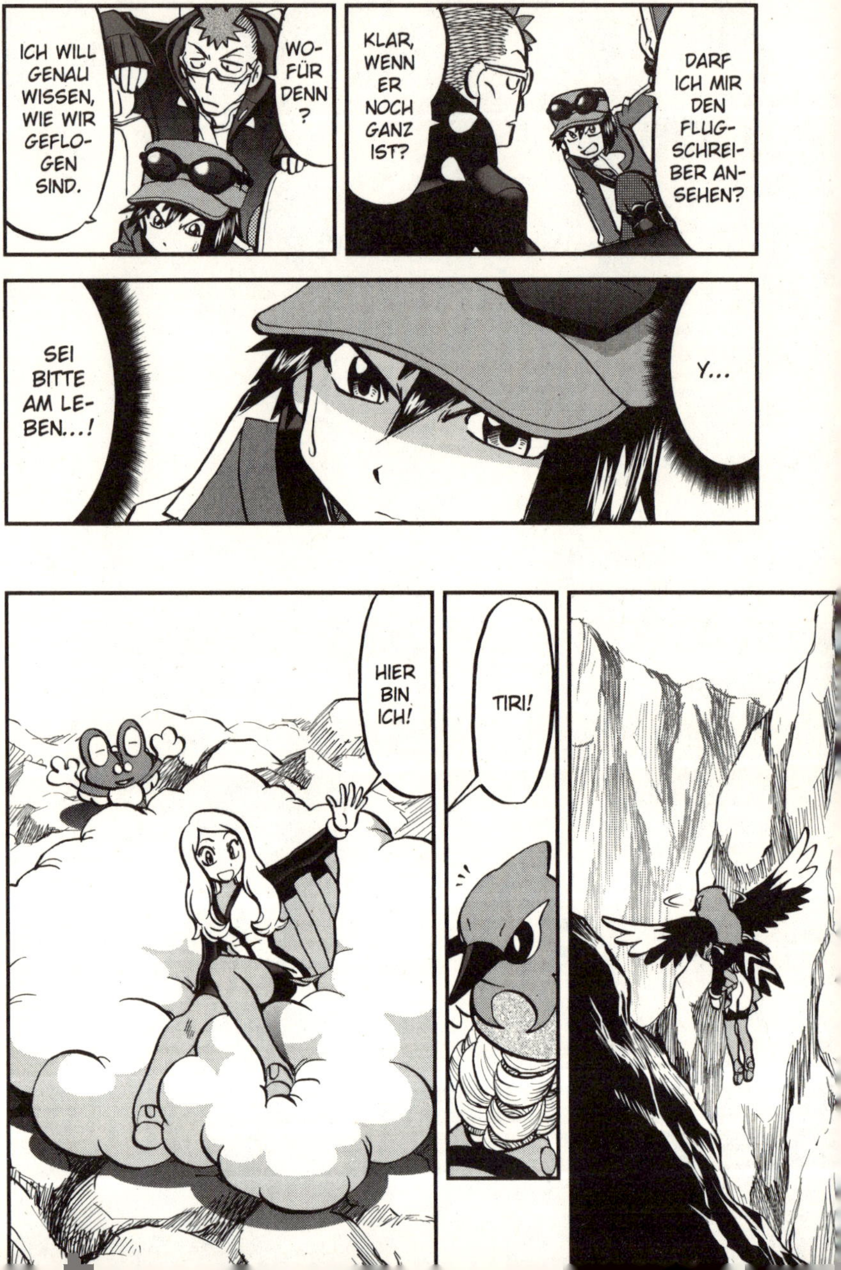
DARF ICH MIR DEN FLUG-SCHREIBER ANSEHEN?
KLAR, WENN ER NOCH GANZ IST?
WO-FÜR DENN?
ICH WILL GENAU WISSEN, WIE WIR GEFLO-GEN SIND.
Y...
SEI BITTE AM LE-BEN...!
TIRI!
HIER BIN ICH!

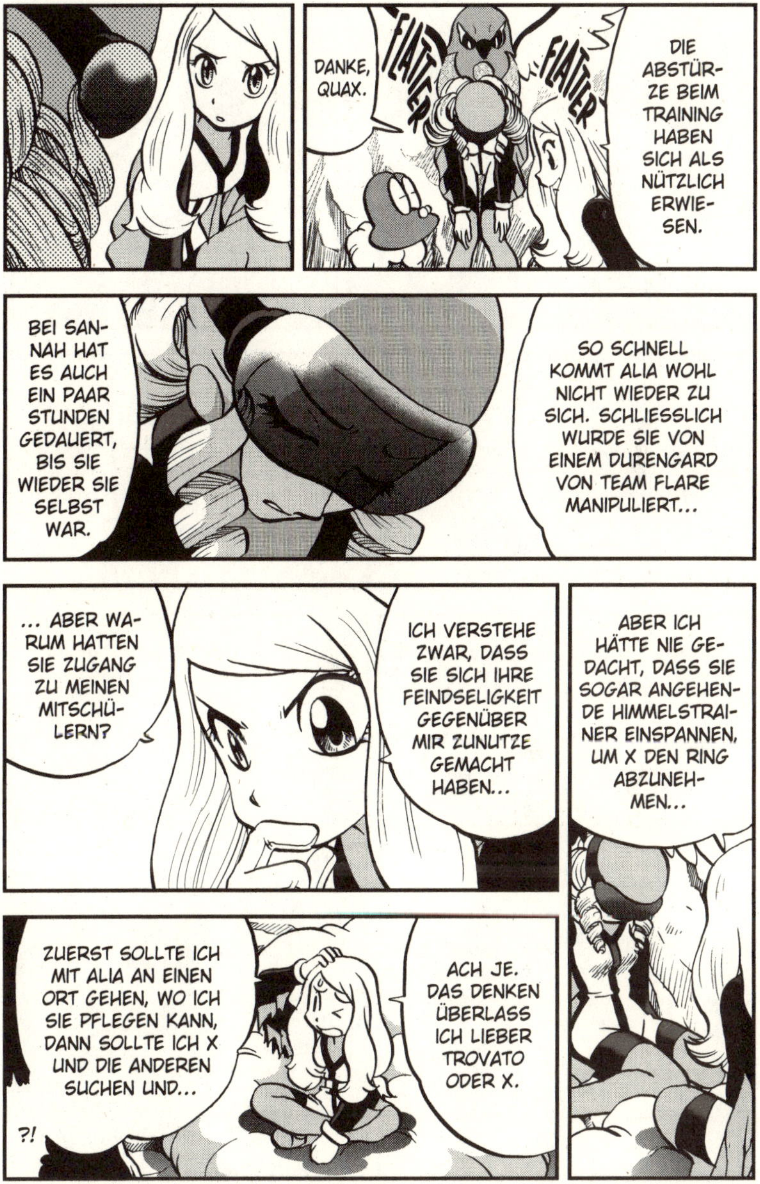
DANKE, QUAX.
FLATTER
FLATTER
DIE ABSTÜRZE BEIM TRAINING HABEN SICH ALS NÜTZLICH ERWIESEN.
BEI SANNAH HAT ES AUCH EIN PAAR STUNDEN GEDAUERT, BIS SIE WIEDER SIE SELBST WAR.
SO SCHNELL KOMMT ALIA WOHL NICHT WIEDER ZU SICH. SCHLIESSLICH WURDE SIE VON EINEM DURENGARD VON TEAM FLARE MANIPULIERT...
... ABER WARUM HATTEN SIE ZUGANG ZU MEINEN MITSCHÜLERN?
ICH VERSTEHE ZWAR, DASS SIE SICH IHRE FEINDSELIGKEIT GEGENÜBER MIR ZUNUTZE GEMACHT HABEN...
ABER ICH HÄTTE NIE GEDACHT, DASS SIE SOGAR ANGEHENDE HIMMELSTRAINER EINSPANNEN, UM X DEN RING ABZUNEHMEN...
ZUERST SOLLTE ICH MIT ALIA AN EINEN ORT GEHEN, WO ICH SIE PFLEGEN KANN, DANN SOLLTE ICH X UND DIE ANDEREN SUCHEN UND...
ACH JE. DAS DENKEN ÜBERLASS ICH LIEBER TROVATO ODER X.
?!

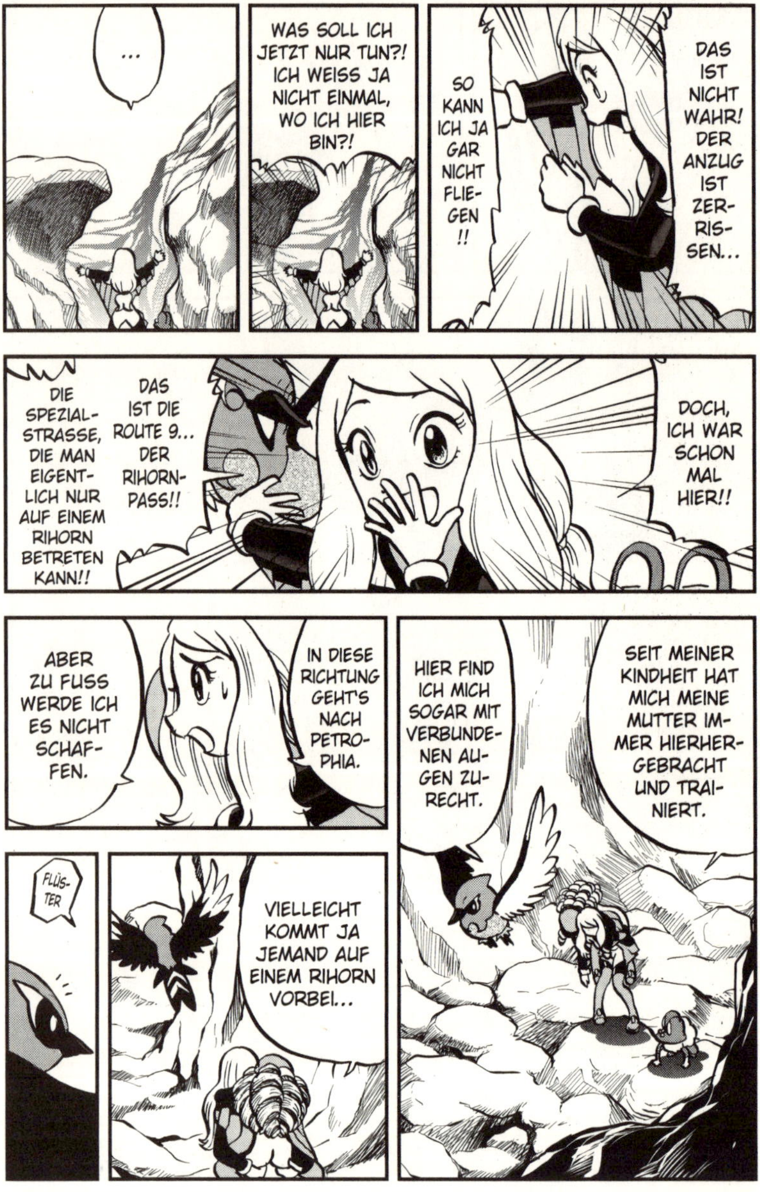
...
WAS SOLL ICH JETZT NUR TUN?! ICH WEISS JA NICHT EINMAL, WO ICH HIER BIN?!
SO KANN ICH JA GAR NICHT FLIEGEN!!
DAS IST NICHT WAHR! DER ANZUG IST ZERRISSEN...
DIE SPEZIALSTRASSE, DIE MAN EIGENTLICH NUR AUF EINEM RIHORN BETRETEN KANN!!
DAS IST DIE ROUTE 9... DER RIHORN-PASS!!
DOCH, ICH WAR SCHON MAL HIER!!
ABER ZU FUSS WERDE ICH ES NICHT SCHAFFEN.
IN DIESE RICHTUNG GEHT'S NACH PETROPHIA.
HIER FIND ICH MICH SOGAR MIT VERBUNDENEN AUGEN ZURECHT.
SEIT MEINER KINDHEIT HAT MICH MEINE MUTTER IMMER HIERHERGEBRACHT UND TRAINIERT.
FLÜSTER
VIELLEICHT KOMMT JA JEMAND AUF EINEM RIHORN VORBEI...

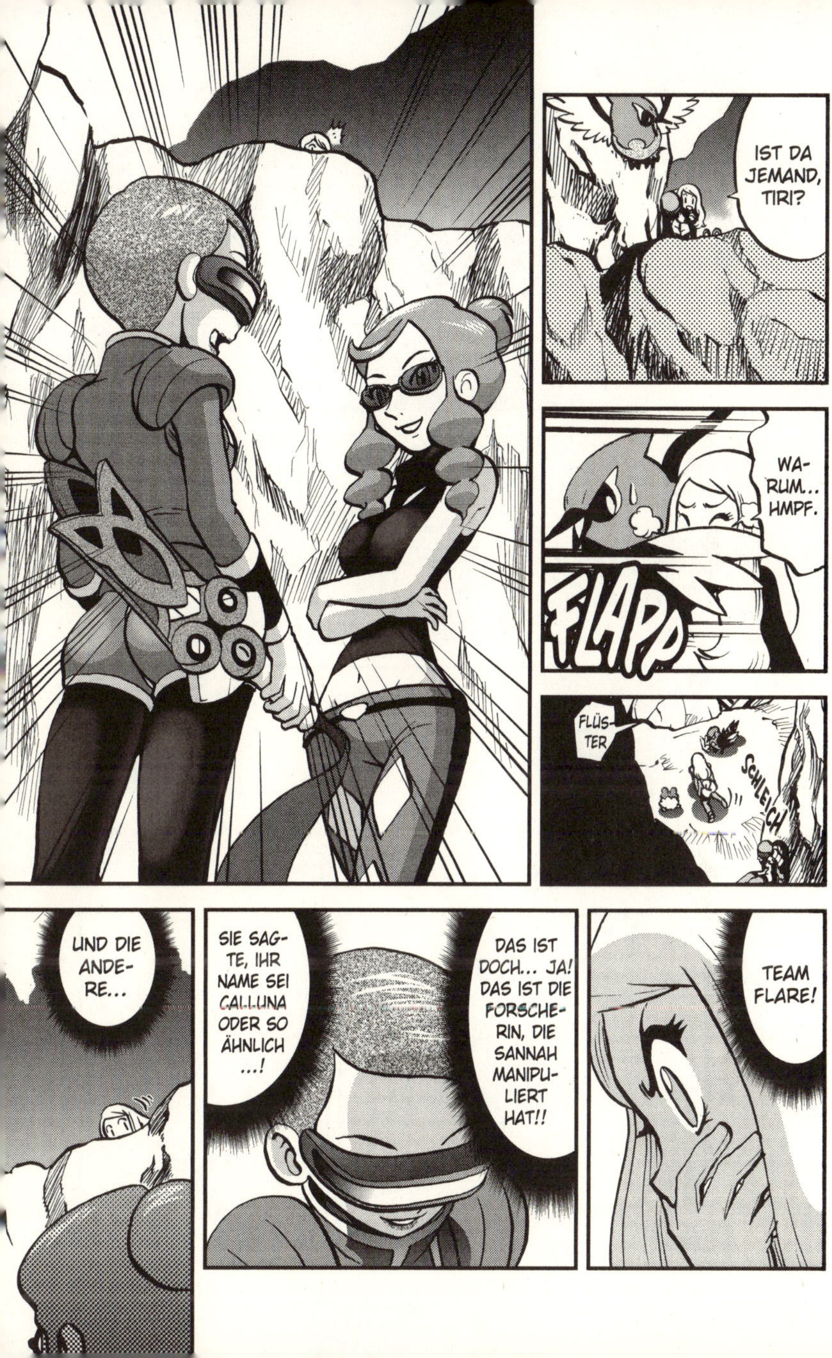
IST DA JEMAND, TIRI?
WARUM... HMPF.
FLAPP
FLÜSTER
SCHLEICH
UND DIE ANDERE...
SIE SAGTE, IHR NAME SEI CALLUNA ODER SO ÄHNLICH ...!
DAS IST DOCH... JA! DAS IST DIE FORSCHERIN, DIE SANNAH MANIPULIERT HAT!!
TEAM FLARE!

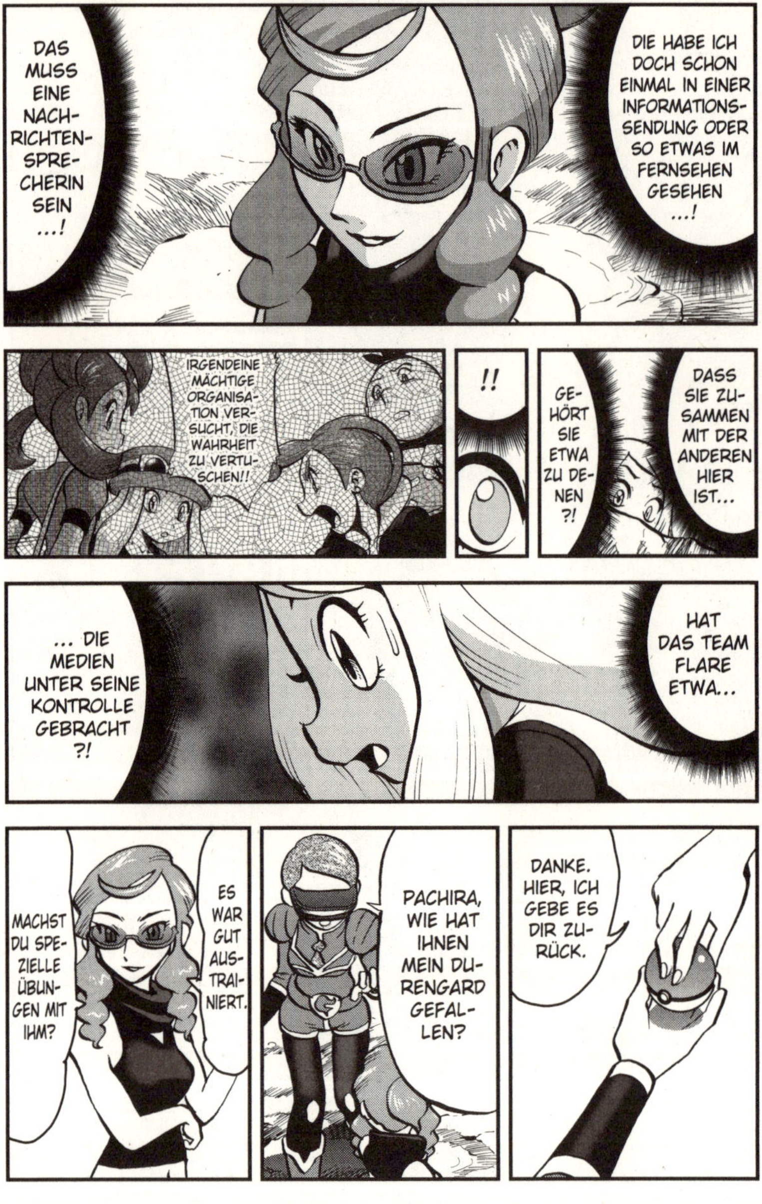
DIE HABE ICH DOCH SCHON EINMAL IN EINER INFORMATIONS-SENDUNG ODER SO ETWAS IM FERNSEHEN GESEHEN ...!
DAS MUSS EINE NACHRICHTEN-SPRECHERIN SEIN ...!
DASS SIE ZUSAMMEN MIT DER ANDEREN HIER IST...
GEHÖRT SIE ETWA ZU DENEN ?!
!!
IRGENDEINE MÄCHTIGE ORGANISATION VERSUCHT, DIE WAHRHEIT ZU VERTUSCHEN!!
HAT DAS TEAM FLARE ETWA...
... DIE MEDIEN UNTER SEINE KONTROLLE GEBRACHT ?!
DANKE. HIER, ICH GEBE ES DIR ZURÜCK.
PACHIRA, WIE HAT IHNEN MEIN DURENGARD GEFALLEN?
ES WAR GUT AUSTRAINIERT.
MACHST DU SPEZIELLE ÜBUNGEN MIT IHM?

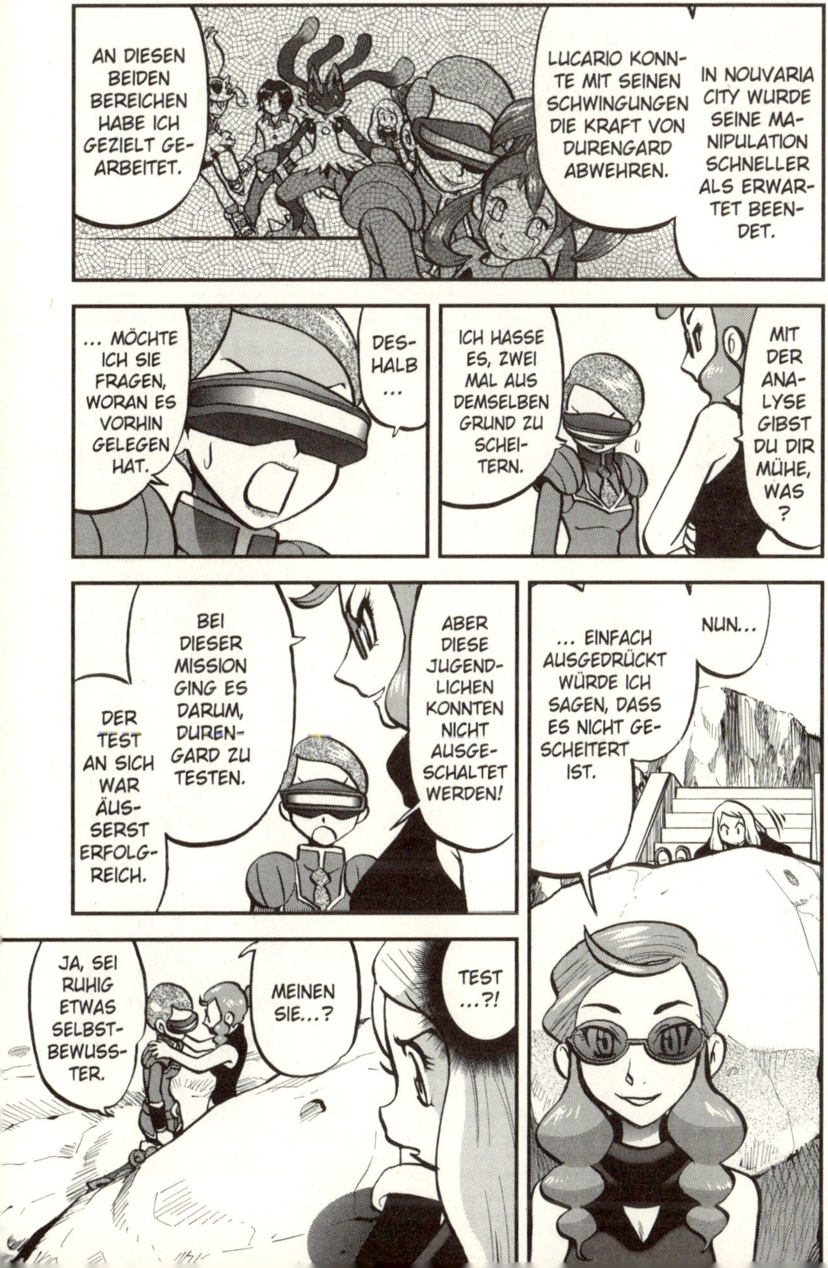
IN NOUVARIA CITY WURDE SEINE MANIPULATION SCHNELLER ALS ERWARTET BEENDET.
LUCARIO KONNTE MIT SEINEN SCHWINGUNGEN DIE KRAFT VON DURENGARD ABWEHREN.
AN DIESEN BEIDEN BEREICHEN HABE ICH GEZIELT GEARBEITET.
MIT DER ANALYSE GIBST DU DIR MÜHE, WAS?
ICH HASSE ES, ZWEI MAL AUS DEMSELBEN GRUND ZU SCHEITERN.
DESHALB …
… MÖCHTE ICH SIE FRAGEN, WORAN ES VORHIN GELEGEN HAT.
NUN…
… EINFACH AUSGEDRÜCKT WÜRDE ICH SAGEN, DASS ES NICHT GESCHEITERT IST.
ABER DIESE JUGENDLICHEN KONNTEN NICHT AUSGESCHALTET WERDEN!
BEI DIESER MISSION GING ES DARUM, DURENGARD ZU TESTEN.
DER TEST AN SICH WAR ÄUSSERST ERFOLGREICH.
TEST …?!
MEINEN SIE…?
JA, SEI RUHIG ETWAS SELBSTBEWUSSTER.

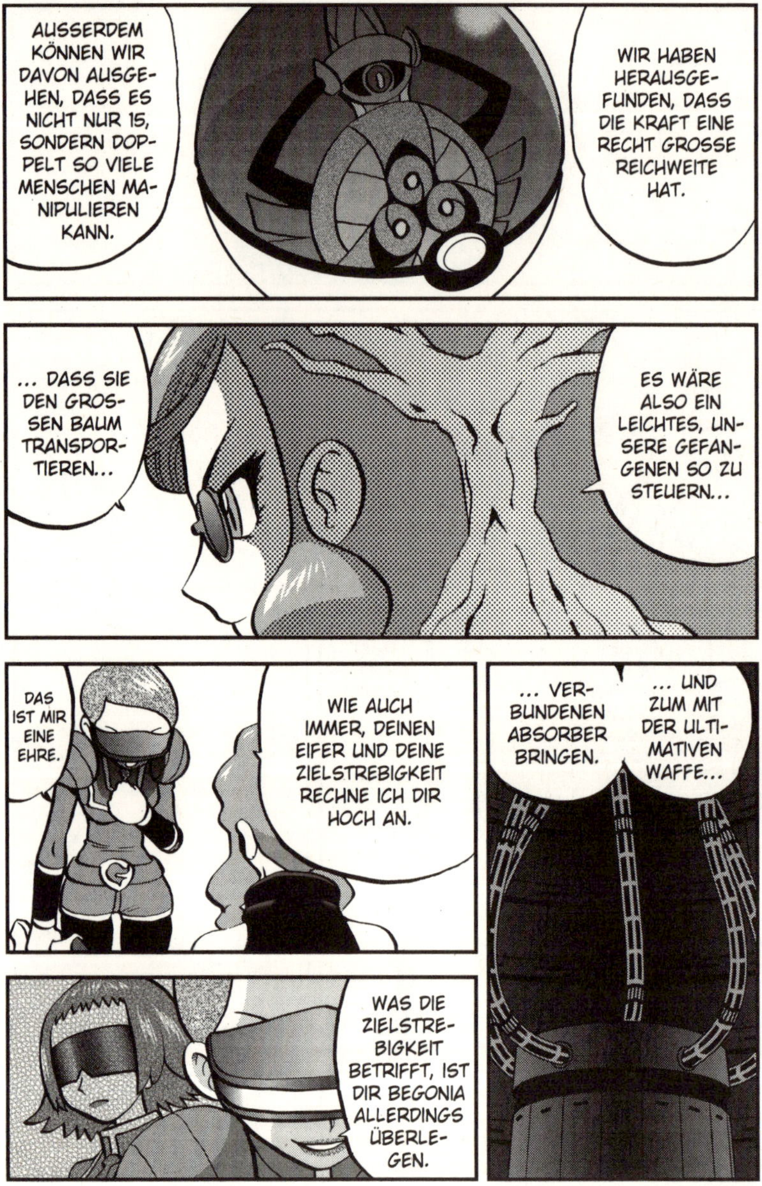
WIR HABEN HERAUSGEFUNDEN, DASS DIE KRAFT EINE RECHT GROSSE REICHWEITE HAT.
AUSSERDEM KÖNNEN WIR DAVON AUSGEHEN, DASS ES NICHT NUR 15, SONDERN DOPPELT SO VIELE MENSCHEN MANIPULIEREN KANN.
ES WÄRE ALSO EIN LEICHTES, UNSERE GEFANGENEN SO ZU STEUERN...
... DASS SIE DEN GROSSEN BAUM TRANSPORTIEREN...
... UND ZUM MIT DER ULTIMATIVEN WAFFE...
... VERBUNDENEN ABSORBER BRINGEN.
WIE AUCH IMMER, DEINEN EIFER UND DEINE ZIELSTREBIGKEIT RECHNE ICH DIR HOCH AN.
DAS IST MIR EINE EHRE.
WAS DIE ZIELSTREBIGKEIT BETRIFFT, IST DIR BEGONIA ALLERDINGS ÜBERLEGEN.

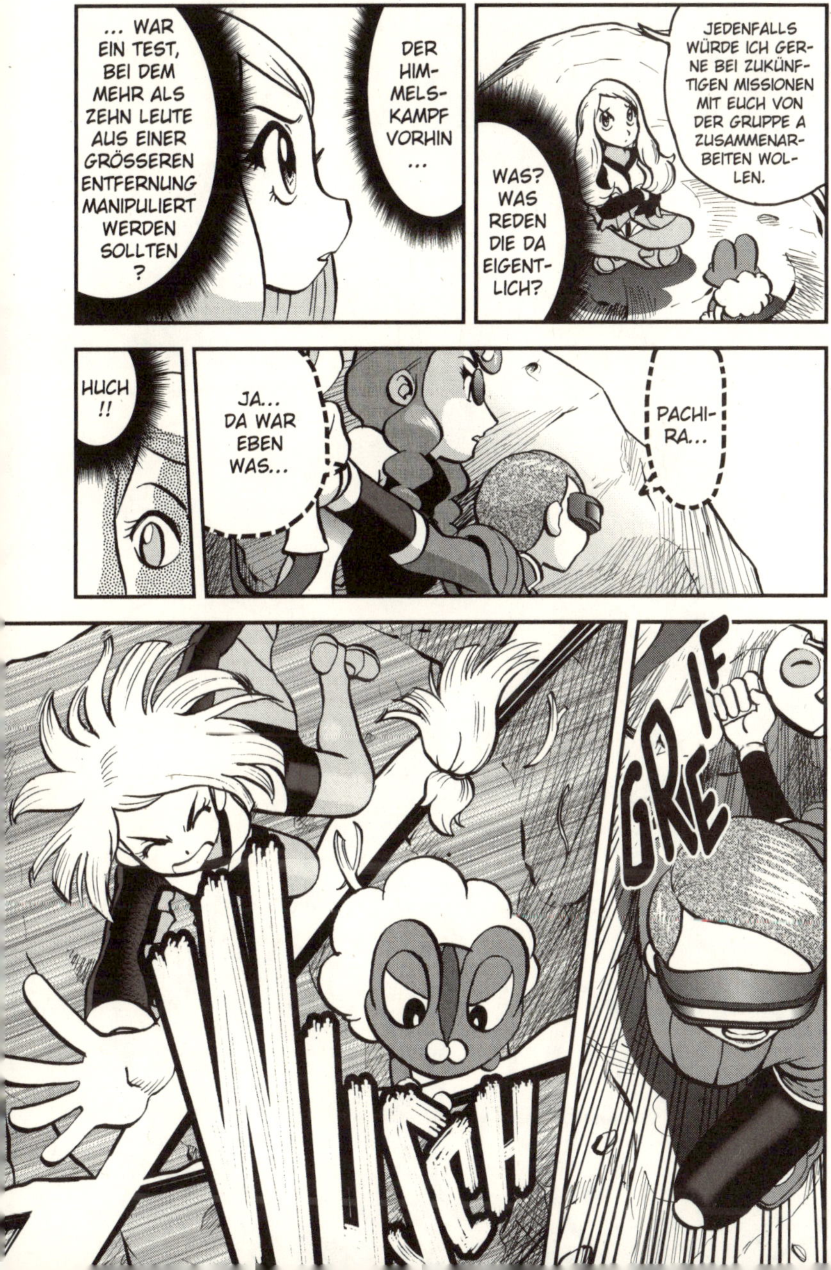

JEDENFALLS WÜRDE ICH GERNE BEI ZUKÜNFTIGEN MISSIONEN MIT EUCH VON DER GRUPPE A ZUSAMMENARBEITEN WOLLEN.
WAS? WAS REDEN DIE DA EIGENTLICH?
DER HIMMELSKAMPF VORHIN …
… WAR EIN TEST, BEI DEM MEHR ALS ZEHN LEUTE AUS EINER GRÖSSEREN ENTFERNUNG MANIPULIERT WERDEN SOLLTEN?
PACHIRA…
JA… DA WAR EBEN WAS…
HUCH!!
GREIF

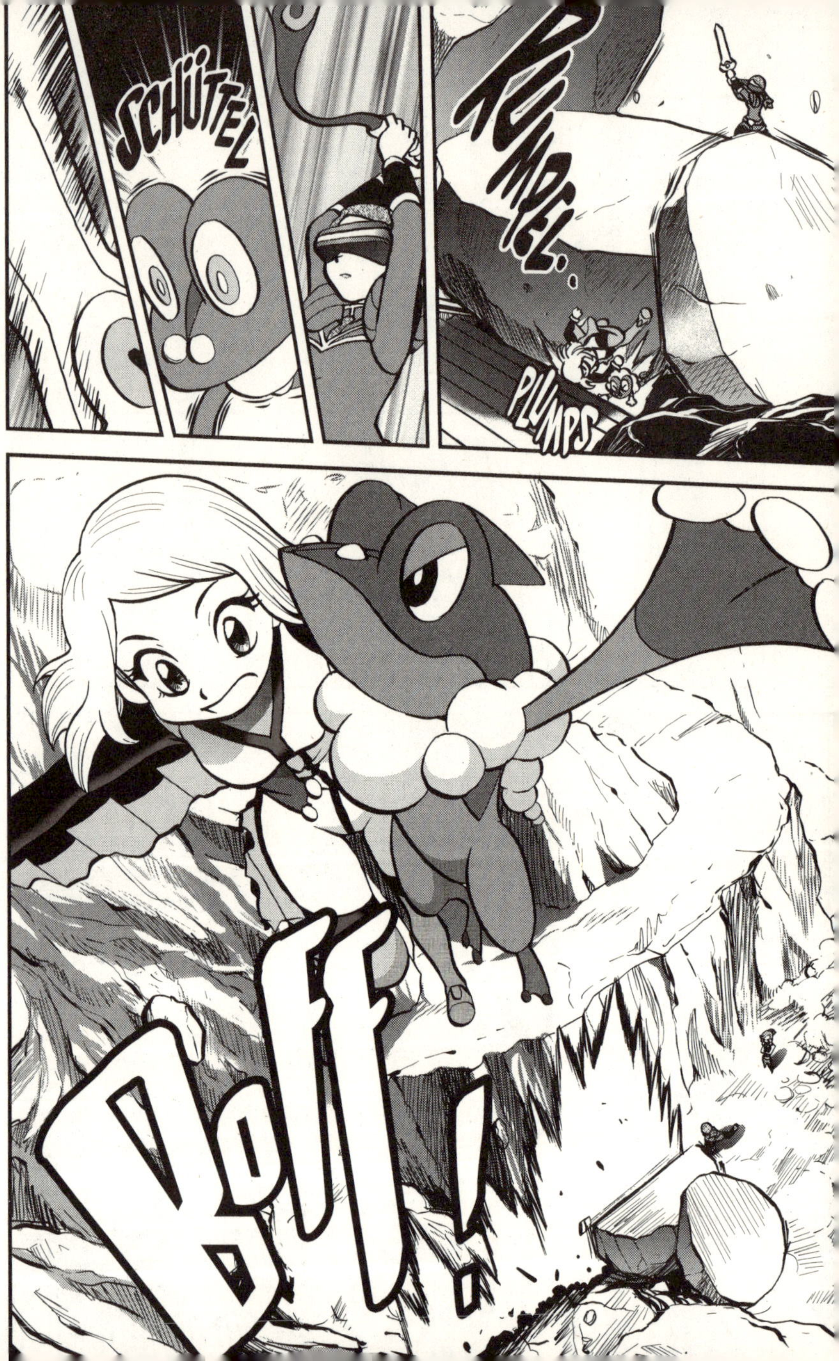
SCHÜTTEL
RUMPEL
PLUMPS
BOFF!

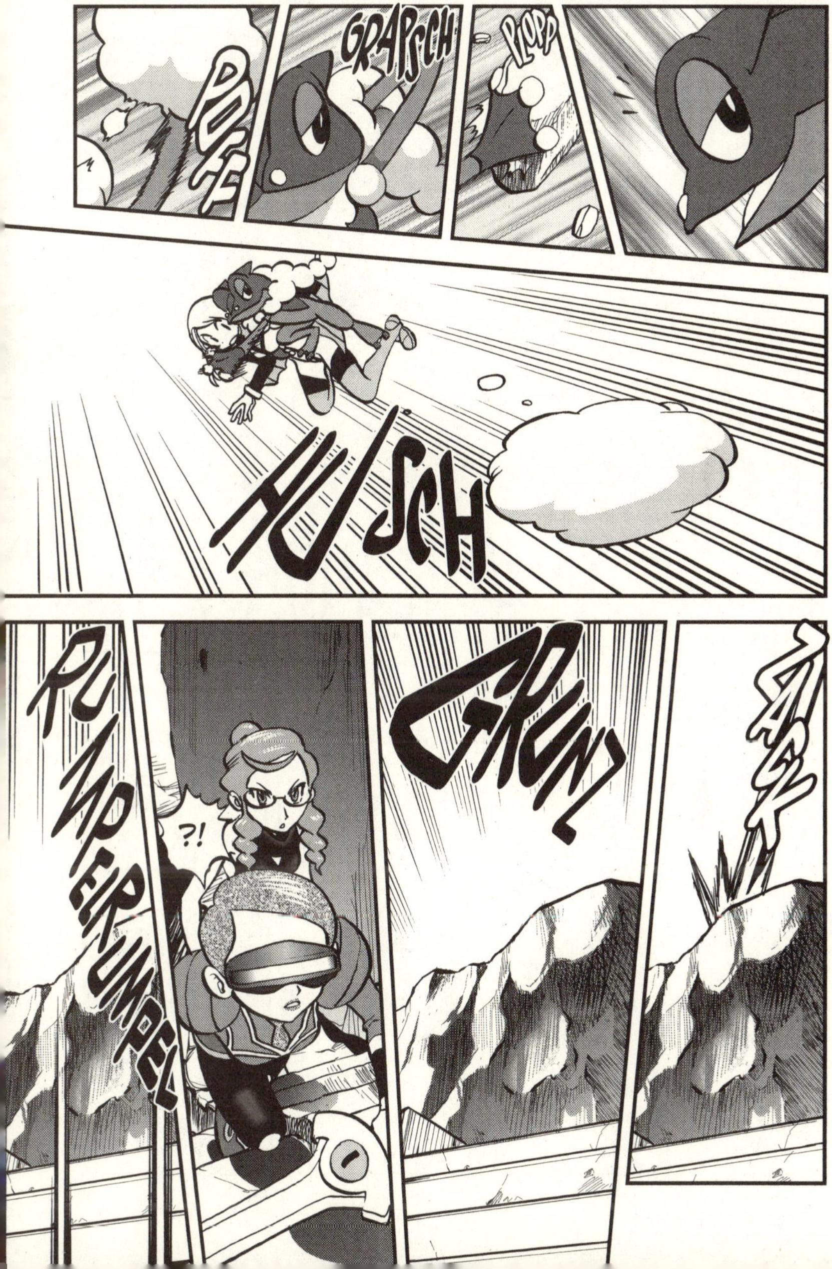

POOF
GRAPSCH
PLOPP
HUSCH
RUMPELRUMPEL
?!
GRRUMMPL
ZACK

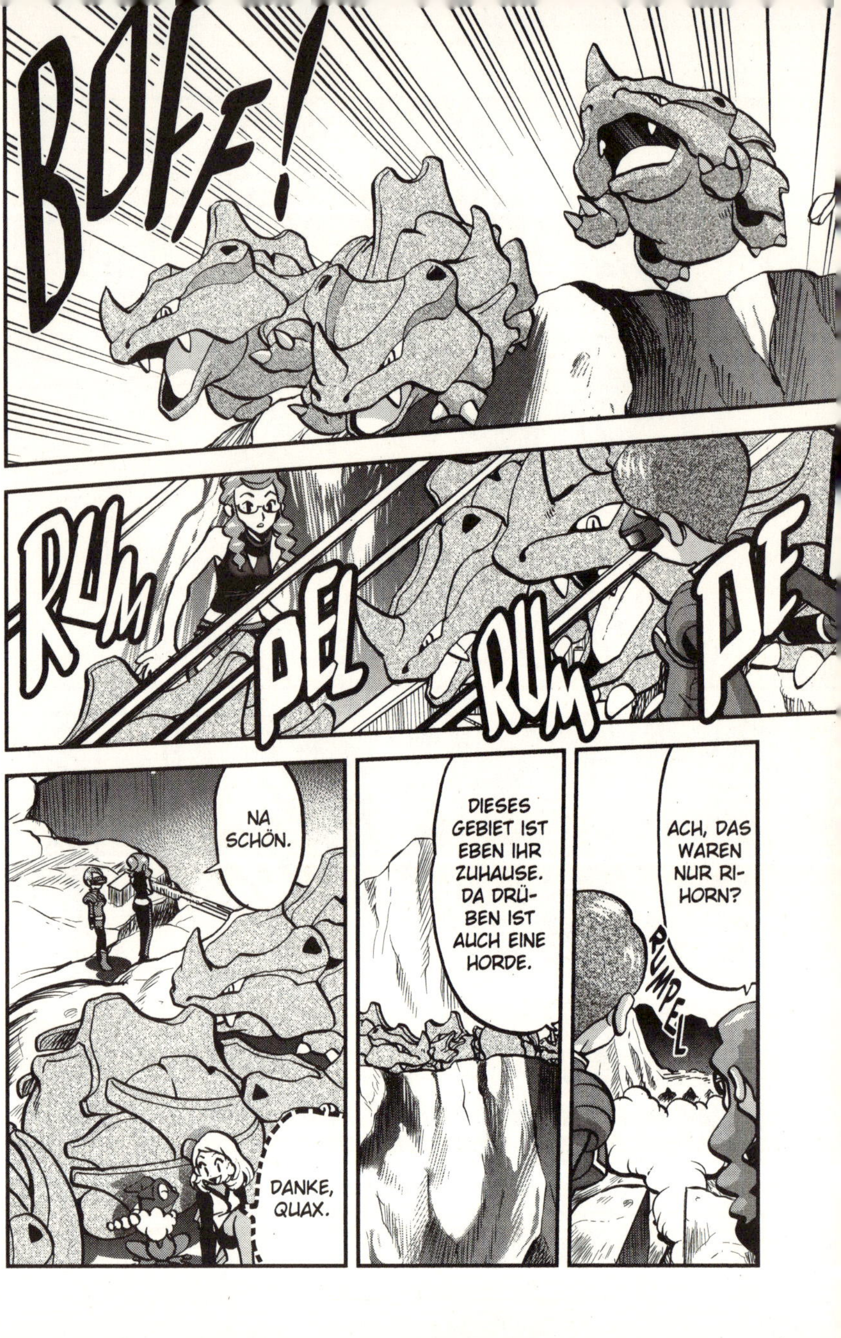
BOFF!
RUMPEL RUMPEL
NA SCHÖN.
DANKE, QUAX.
DIESES GEBIET IST EBEN IHR ZUHAUSE. DA DRÜBEN IST AUCH EINE HORDE.
ACH, DAS WAREN NUR RI-HORN?
RUMPEL

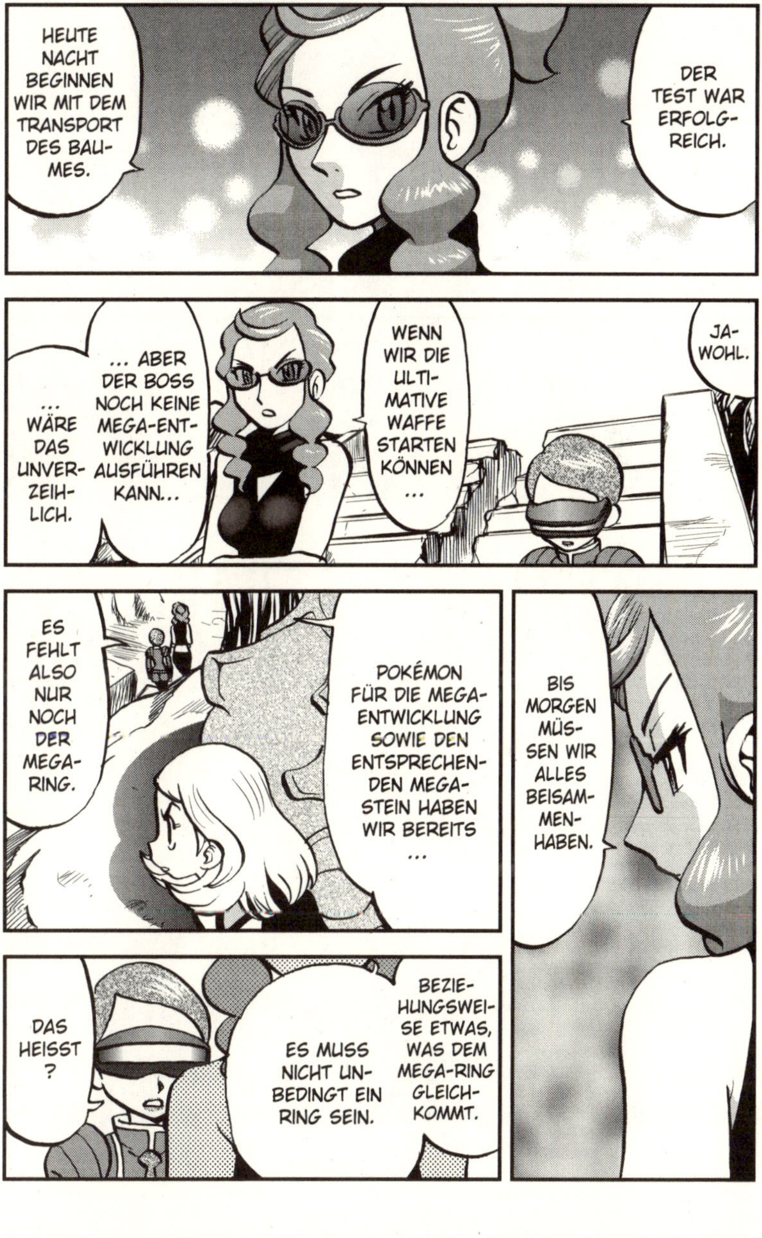
DER TEST WAR ERFOLGREICH.
HEUTE NACHT BEGINNEN WIR MIT DEM TRANSPORT DES BAUMES.
JAWOHL.
WENN WIR DIE ULTIMATIVE WAFFE STARTEN KÖNNEN …
… ABER DER BOSS NOCH KEINE MEGA-ENTWICKLUNG AUSFÜHREN KANN…
… WÄRE DAS UNVERZEIHLICH.
BIS MORGEN MÜSSEN WIR ALLES BEISAMMENHABEN.
POKÉMON FÜR DIE MEGA-ENTWICKLUNG SOWIE DEN ENTSPRECHENDEN MEGASTEIN HABEN WIR BEREITS …
ES FEHLT ALSO NUR NOCH DER MEGA-RING.
DAS HEISST ?
ES MUSS NICHT UNBEDINGT EIN RING SEIN.
BEZIEHUNGSWEISE ETWAS, WAS DEM MEGA-RING GLEICHKOMMT.

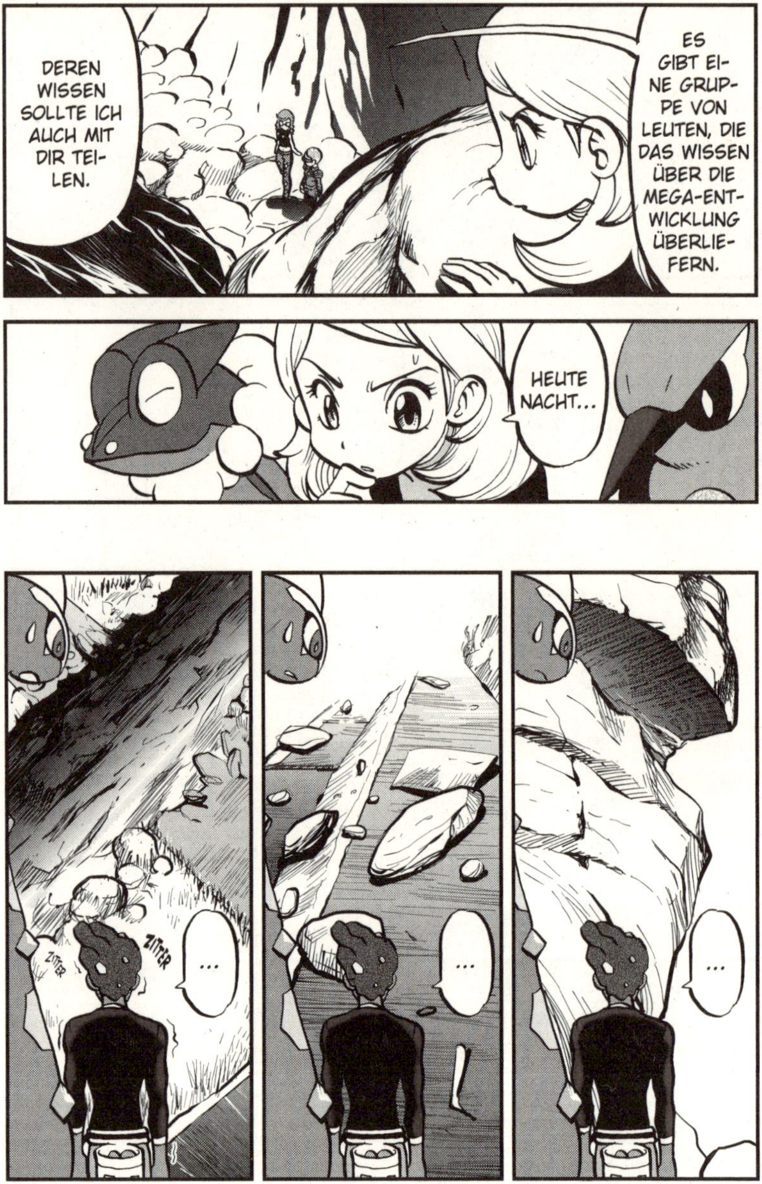
ES GIBT EINE GRUPPE VON LEUTEN, DIE DAS WISSEN ÜBER DIE MEGA-ENTWICKLUNG ÜBERLIEFERN.
DEREN WISSEN SOLLTE ICH AUCH MIT DIR TEILEN.
HEUTE NACHT…
…
ZITTER
ZITTER
…
…

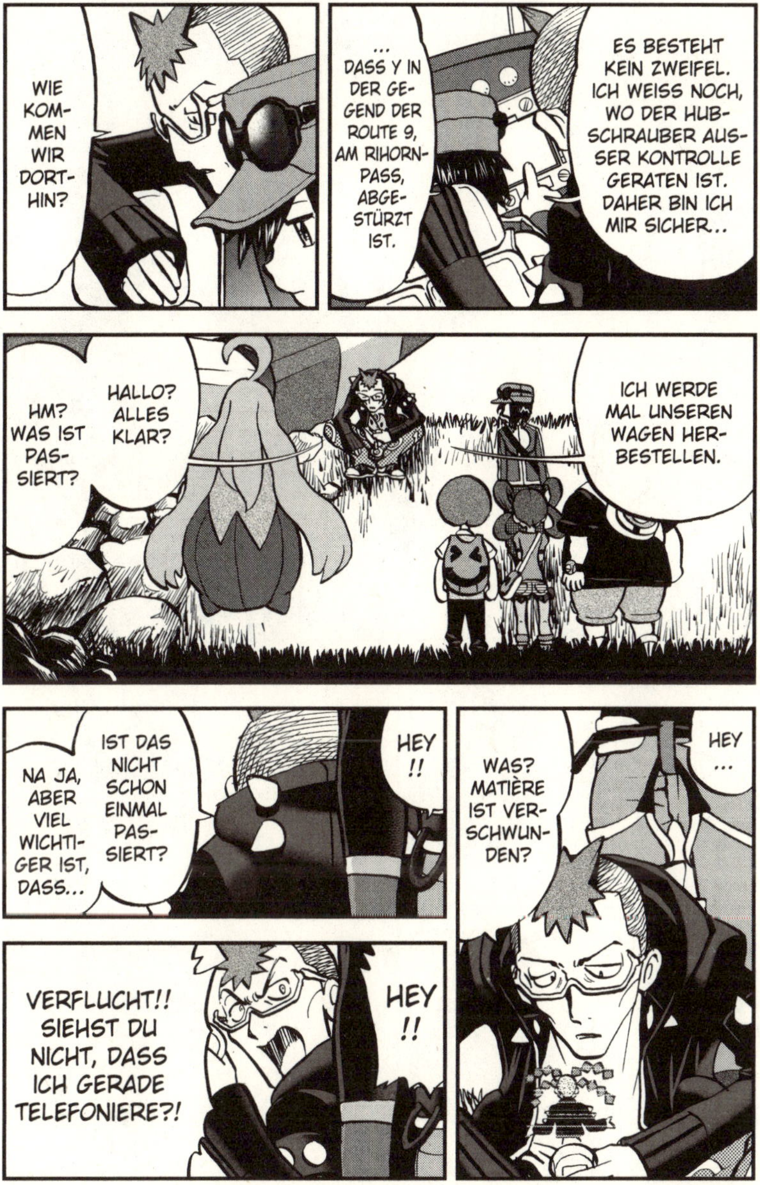
ES BESTEHT KEIN ZWEIFEL. ICH WEISS NOCH, WO DER HUBSCHRAUBER AUSSER KONTROLLE GERATEN IST. DAHER BIN ICH MIR SICHER...
... DASS Y IN DER GEGEND DER ROUTE 9, AM RIHORNPASS, ABGESTÜRZT IST.
WIE KOMMEN WIR DORTHIN?
ICH WERDE MAL UNSEREN WAGEN HERBESTELLEN.
HALLO? ALLES KLAR?
HM? WAS IST PASSIERT?
HEY ...
WAS? MATIÈRE IST VERSCHWUNDEN?
HEY !!
IST DAS NICHT SCHON EINMAL PASSIERT?
NA JA, ABER VIEL WICHTIGER IST, DASS...
HEY !!
VERFLUCHT!! SIEHST DU NICHT, DASS ICH GERADE TELEFONIERE?!

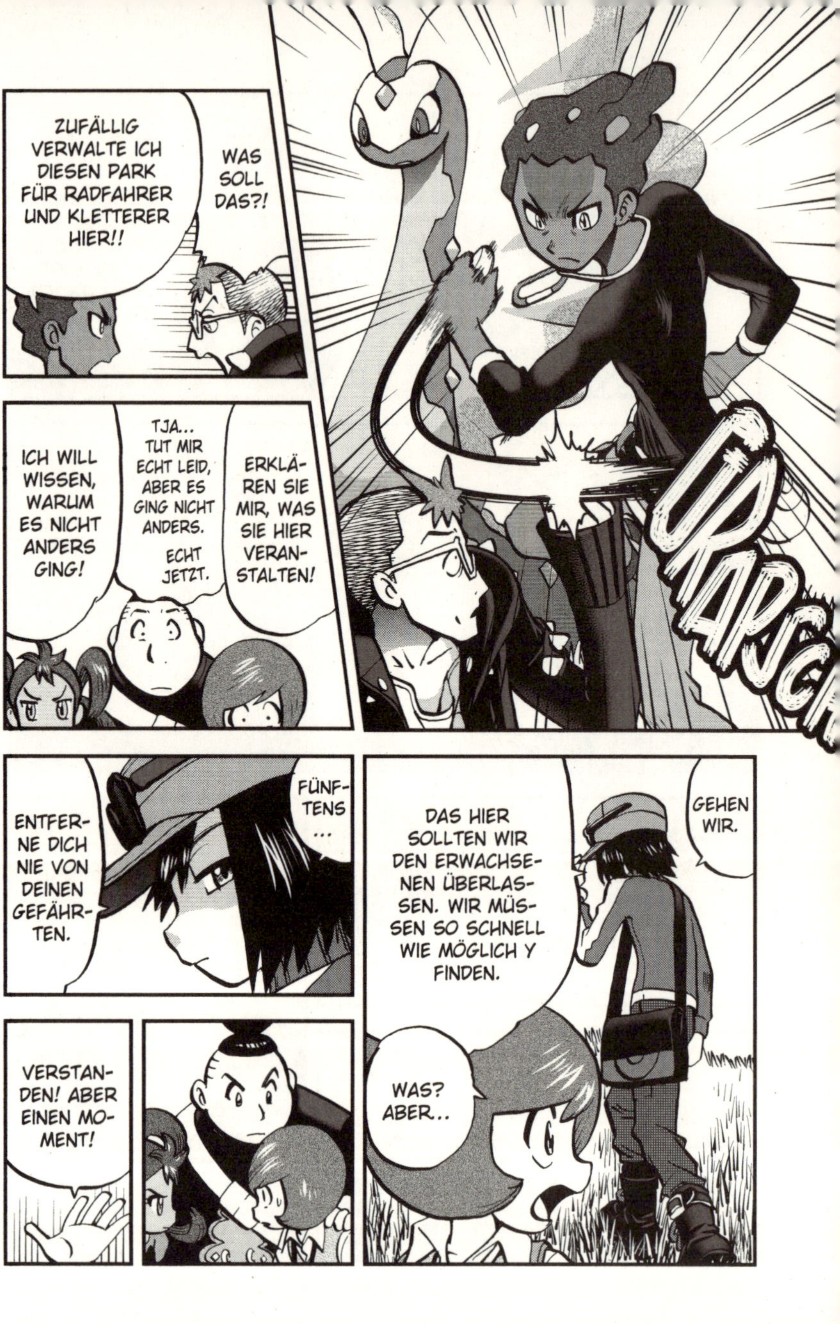
DRAPSCH
WAS SOLL DAS?!
ZUFÄLLIG VERWALTE ICH DIESEN PARK FÜR RADFAHRER UND KLETTERER HIER!!
ERKLÄREN SIE MIR, WAS SIE HIER VERANSTALTEN!
TJA… TUT MIR ECHT LEID, ABER ES GING NICHT ANDERS.
ECHT JETZT.
ICH WILL WISSEN, WARUM ES NICHT ANDERS GING!
GEHEN WIR.
DAS HIER SOLLTEN WIR DEN ERWACHSENEN ÜBERLASSEN. WIR MÜSSEN SO SCHNELL WIE MÖGLICH Y FINDEN.
FÜNFTENS …
ENTFERNE DICH NIE VON DEINEN GEFÄHRTEN.
WAS? ABER…
VERSTANDEN! ABER EINEN MOMENT!

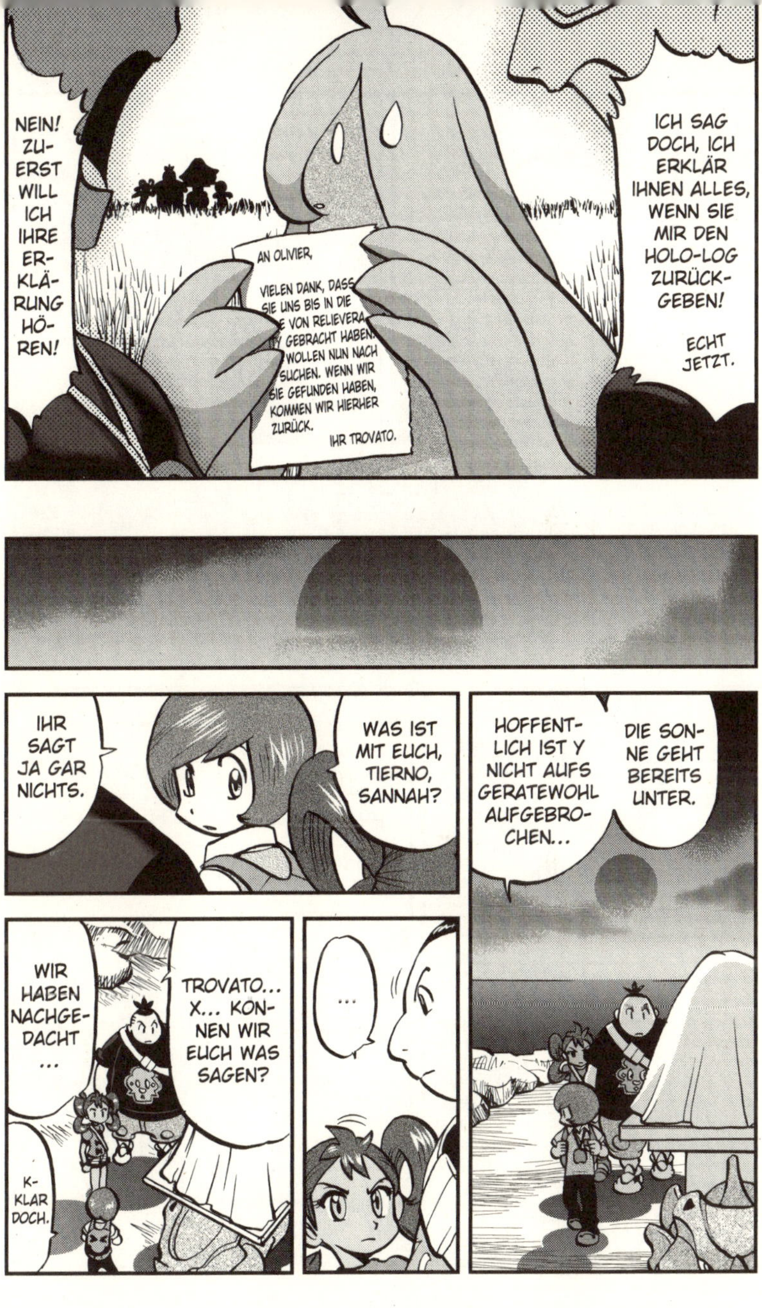
ICH SAG DOCH, ICH ERKLÄR IHNEN ALLES, WENN SIE MIR DEN HOLO-LOG ZURÜCKGEBEN!
ECHT JETZT.
NEIN! ZUERST WILL ICH IHRE ERKLÄRUNG HÖREN!
AN OLIVIER,
VIELEN DANK, DASS
SIE UNS BIS IN DIE
VON RELIEVERA
GEBRACHT HABEN.
WOLLEN NUN NACH
SUCHEN. WENN WIR
SIE GEFUNDEN HABEN,
KOMMEN WIR HIERHER
ZURÜCK.
IHR TROVATO.
DIE SONNE GEHT BEREITS UNTER.
HOFFENTLICH IST Y NICHT AUFS GERATEWOHL AUFGEBROCHEN…
WAS IST MIT EUCH, TIERNO, SANNAH?
IHR SAGT JA GAR NICHTS.
…
TROVATO… X… KÖNNEN WIR EUCH WAS SAGEN?
WIR HABEN NACHGEDACHT …
K-KLAR DOCH.

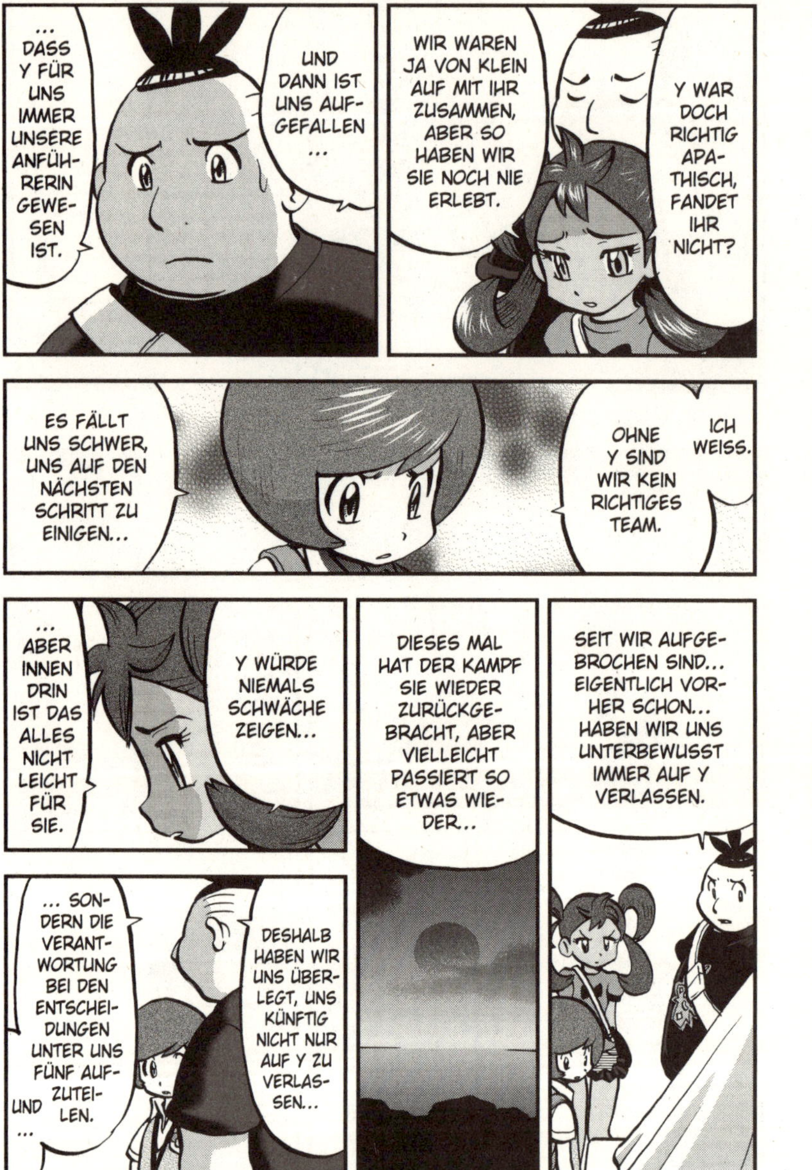
Y WAR DOCH RICHTIG APA-THISCH, FANDET IHR NICHT?
WIR WAREN JA VON KLEIN AUF MIT IHR ZUSAMMEN, ABER SO HABEN WIR SIE NOCH NIE ERLEBT.
UND DANN IST UNS AUF-GEFALLEN …
… DASS Y FÜR UNS IMMER UNSERE ANFÜH-RERIN GEWE-SEN IST.
ICH WEISS.
OHNE Y SIND WIR KEIN RICHTIGES TEAM.
ES FÄLLT UNS SCHWER, UNS AUF DEN NÄCHSTEN SCHRITT ZU EINIGEN…
SEIT WIR AUFGE-BROCHEN SIND… EIGENTLICH VOR-HER SCHON… HABEN WIR UNS UNTERBEWUSST IMMER AUF Y VERLASSEN.
DIESES MAL HAT DER KAMPF SIE WIEDER ZURÜCKGE-BRACHT, ABER VIELLEICHT PASSIERT SO ETWAS WIE-DER…
Y WÜRDE NIEMALS SCHWÄCHE ZEIGEN…
… ABER INNEN DRIN IST DAS ALLES NICHT LEICHT FÜR SIE.
DESHALB HABEN WIR UNS ÜBER-LEGT, UNS KÜNFTIG NICHT NUR AUF Y ZU VERLAS-SEN…
… SON-DERN DIE VERANT-WORTUNG BEI DEN ENTSCHEI-DUNGEN UNTER UNS FÜNF AUF-ZUTEI-LEN.
UND …

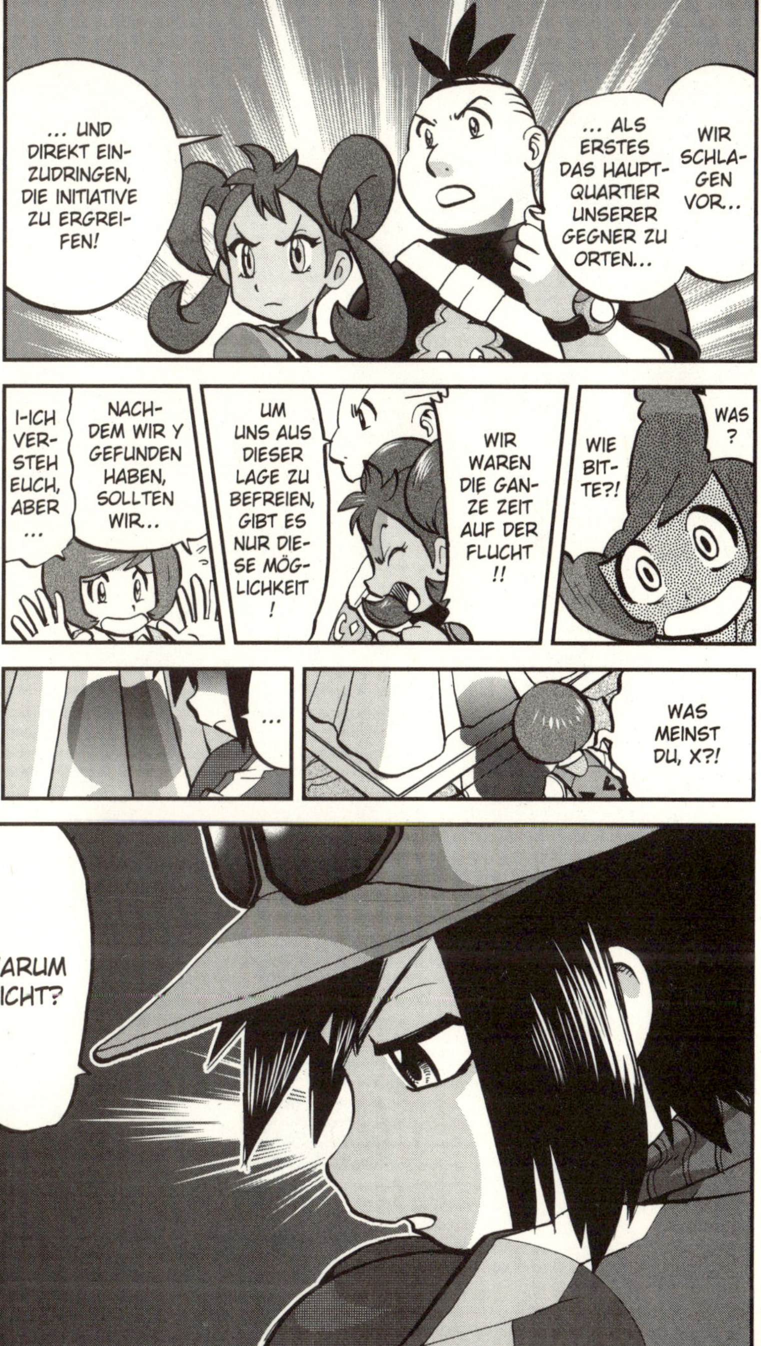
WIR SCHLAGEN VOR...
... ALS ERSTES DAS HAUPTQUARTIER UNSERER GEGNER ZU ORTEN...
... UND DIREKT EINZUDRINGEN, DIE INITIATIVE ZU ERGREIFEN!
WAS?
WIE BITTE?!
WIR WAREN DIE GANZE ZEIT AUF DER FLUCHT!!
UM UNS AUS DIESER LAGE ZU BEFREIEN, GIBT ES NUR DIESE MÖGLICHKEIT!
NACHDEM WIR Y GEFUNDEN HABEN, SOLLTEN WIR...
I-ICH VERSTEH EUCH, ABER ...
WAS MEINST DU, X?!
...
WARUM NICHT?

GEGENWÄRTIGER AUFENTHALTSORT

RELIEVERA CITY

DIESE STADT LIEGT ZWISCHEN DEM MEER UND DEN BERGEN. IN IHRER NÄHE GIBT ES EINE RADRENNSTRECKE.

ROUTE 8
MURAILLE-
KÜSTENPFAD

DER REIZ DIESER ROUTE LIEGT IM KONTRAST ZWISCHEN DEN SCHWINDELERREGEND HOHEN KLIPPEN UND DEM WEITEN STRAND.

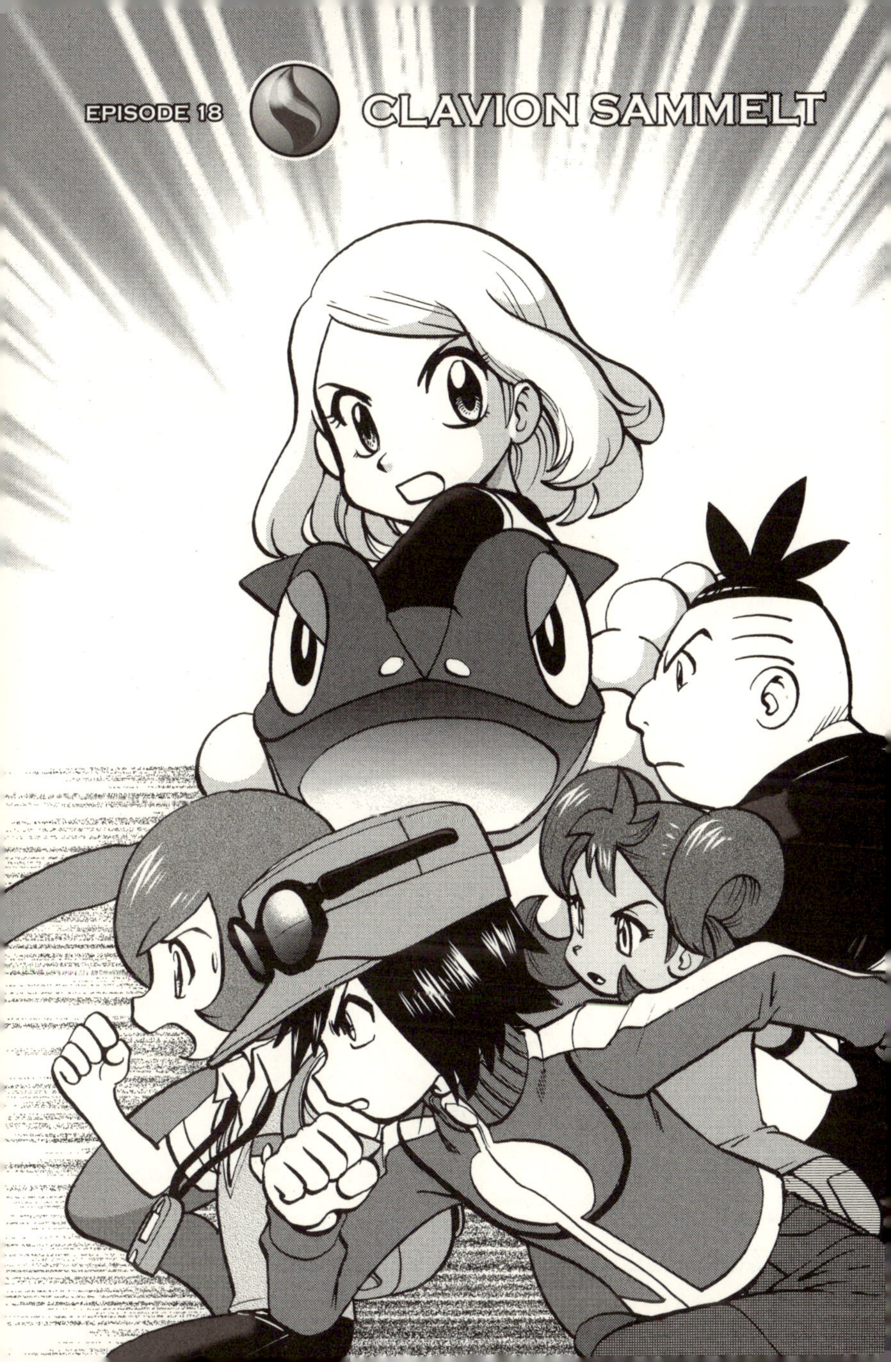
EPISODE 18
CLAVION SAMMELT

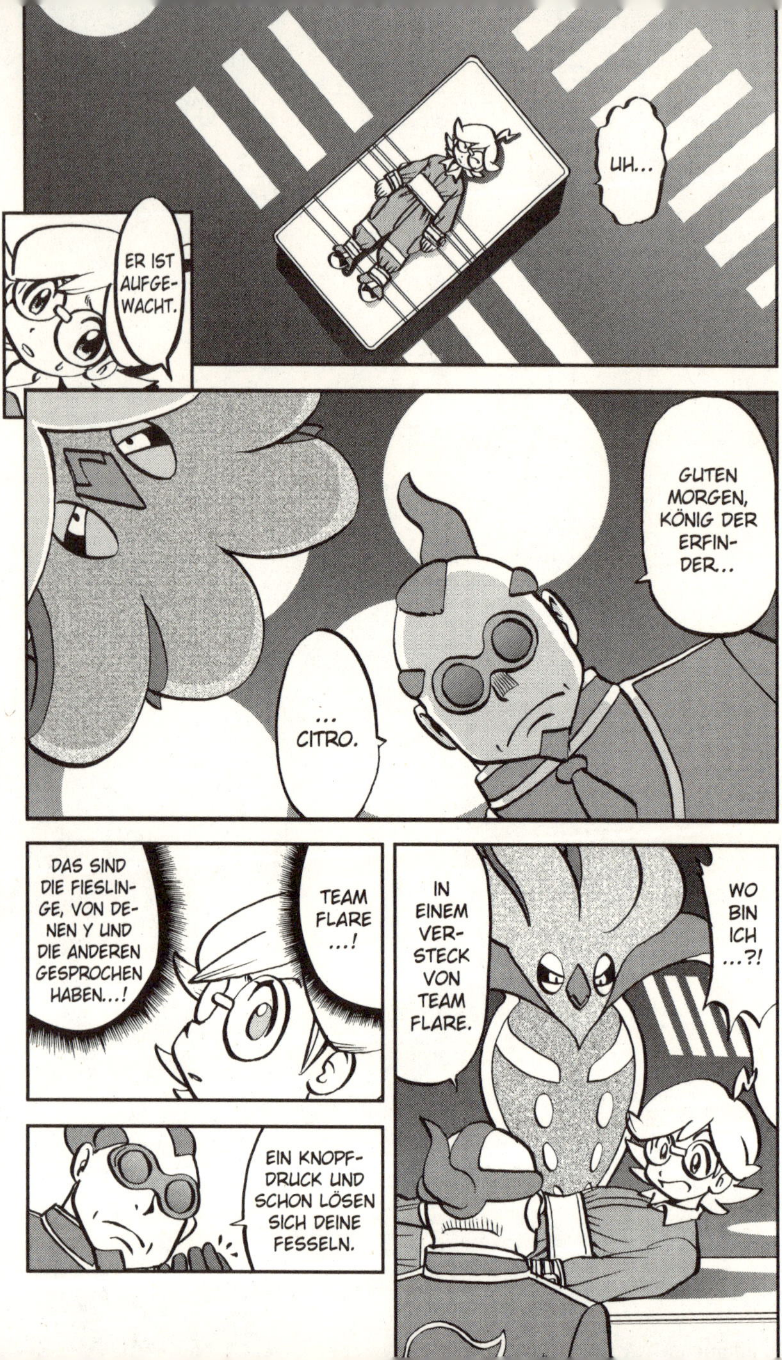
UH...
ER IST AUFGE-WACHT.
GUTEN MORGEN, KÖNIG DER ERFIN-DER...
... CITRO.
WO BIN ICH ...?!
IN EINEM VER-STECK VON TEAM FLARE.
TEAM FLARE ...!
DAS SIND DIE FIESLIN-GE, VON DE-NEN Y UND DIE ANDEREN GESPROCHEN HABEN...!
EIN KNOPF-DRUCK UND SCHON LÖSEN SICH DEINE FESSELN.

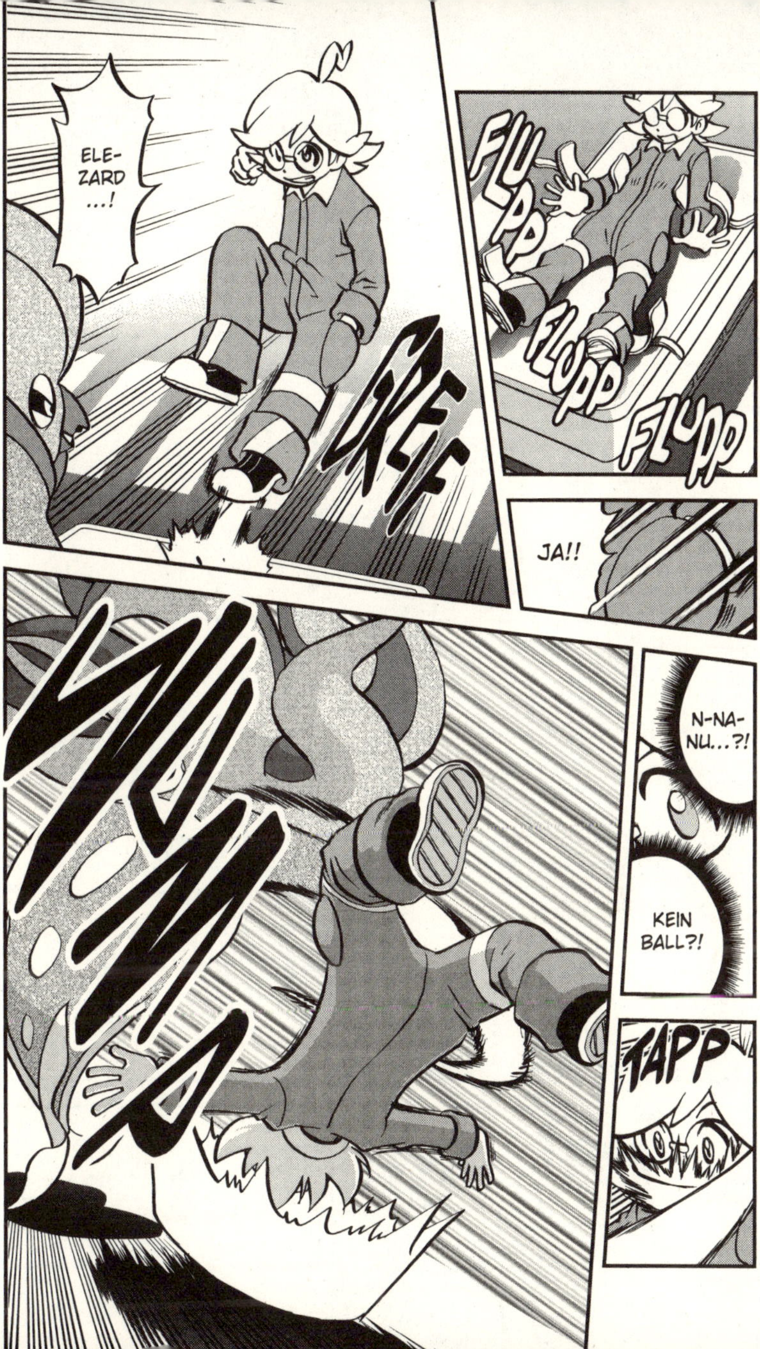
FLUPP
FLUPP
FLUPP
JA!!
ELE-
ZARD
...!
GREIF
N-NA-
NU...?!
KEIN
BALL?!
TAPP

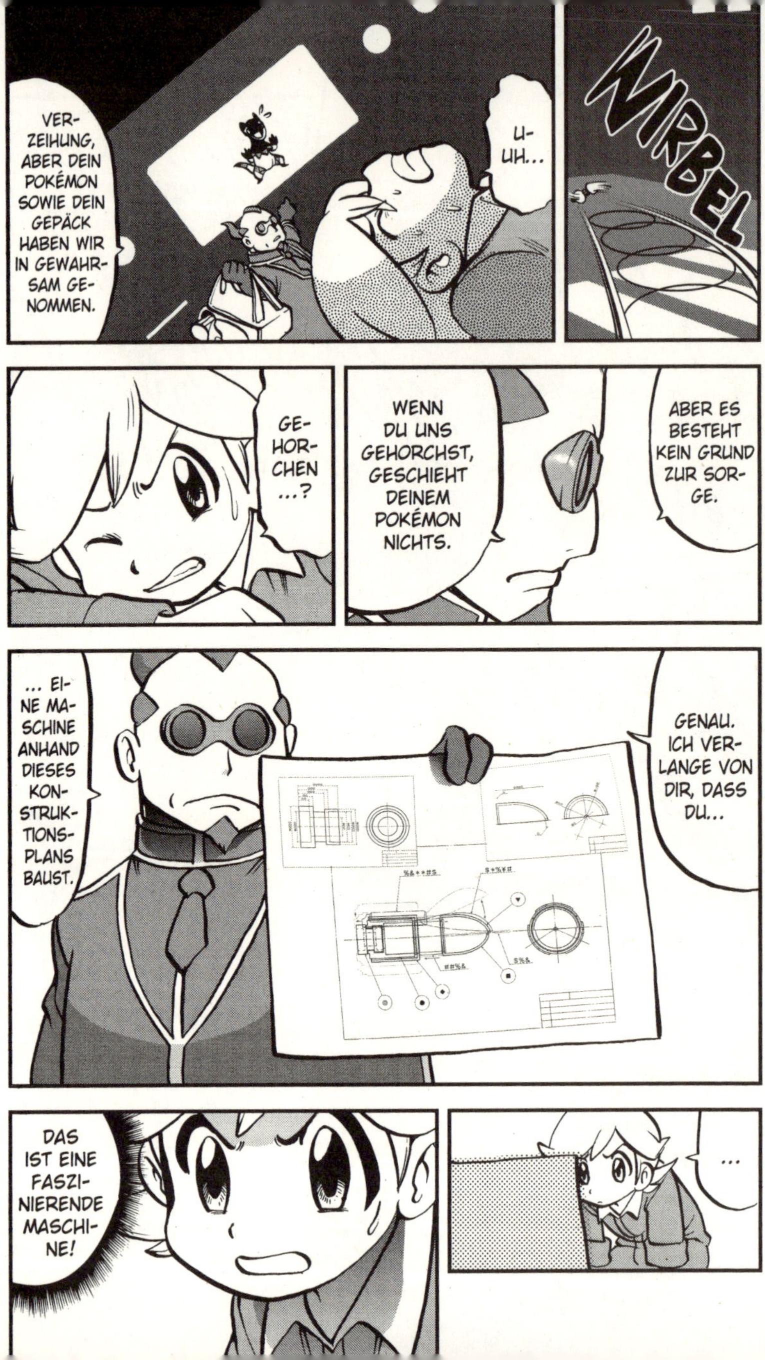
VERZEIHUNG, ABER DEIN POKÉMON SOWIE DEIN GEPÄCK HABEN WIR IN GEWAHRSAM GENOMMEN.
U-UH…
WIRBEL
GEHORCHEN …?
WENN DU UNS GEHORCHST, GESCHIEHT DEINEM POKÉMON NICHTS.
ABER ES BESTEHT KEIN GRUND ZUR SORGE.
GENAU. ICH VERLANGE VON DIR, DASS DU…
… EINE MASCHINE ANHAND DIESES KONSTRUKTIONSPLANS BAUST.
…
DAS IST EINE FASZINIERENDE MASCHINE!

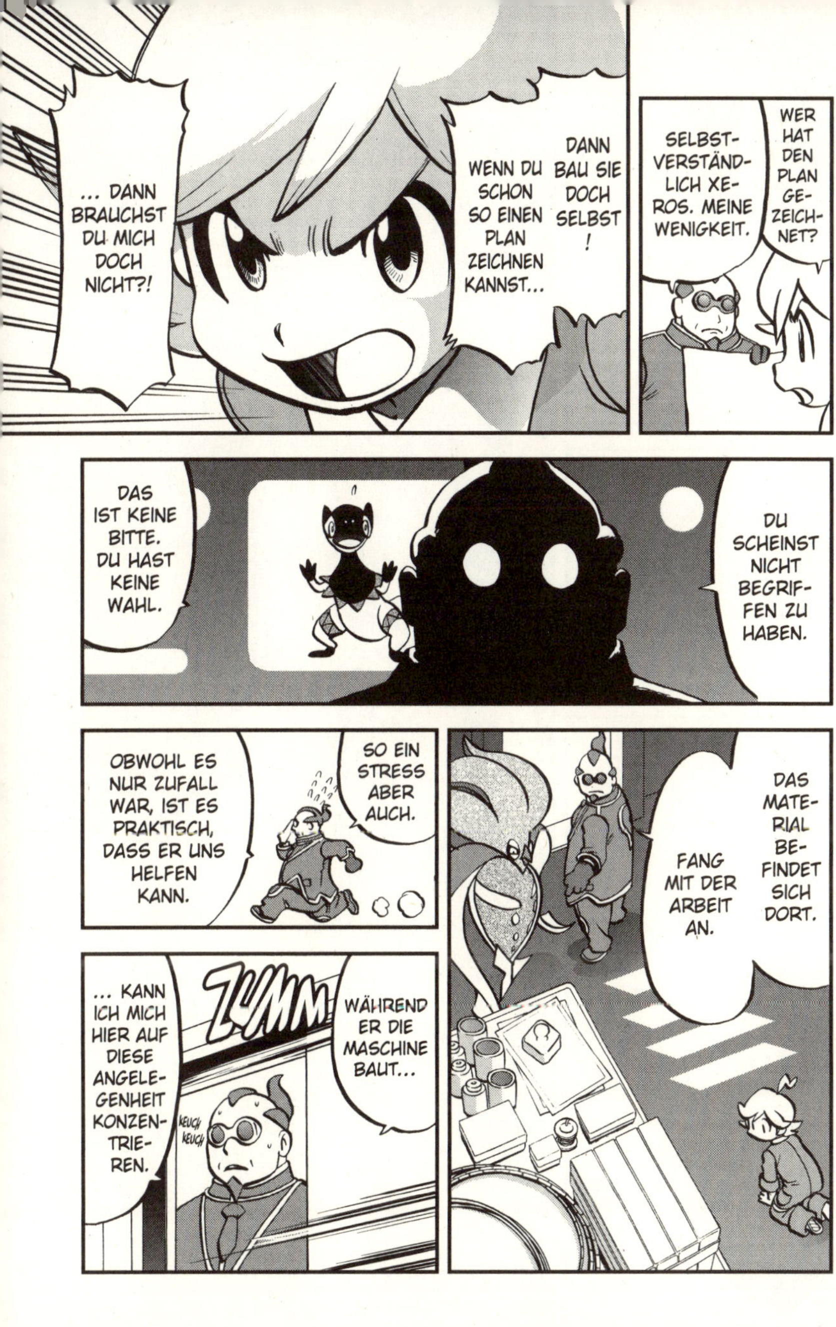
WER HAT DEN PLAN GEZEICHNET?
SELBSTVERSTÄNDLICH XEROS. MEINE WENIGKEIT.
DANN BAU SIE DOCH SELBST!
WENN DU SCHON SO EINEN PLAN ZEICHNEN KANNST…
… DANN BRAUCHST DU MICH DOCH NICHT?!
DU SCHEINST NICHT BEGRIFFEN ZU HABEN.
DAS IST KEINE BITTE. DU HAST KEINE WAHL.
DAS MATERIAL BEFINDET SICH DORT.
FANG MIT DER ARBEIT AN.
SO EIN STRESS ABER AUCH.
OBWOHL ES NUR ZUFALL WAR, IST ES PRAKTISCH, DASS ER UNS HELFEN KANN.
ZUMM
WÄHREND ER DIE MASCHINE BAUT…
… KANN ICH MICH HIER AUF DIESE ANGELEGENHEIT KONZENTRIEREN.
KEUCH KEUCH

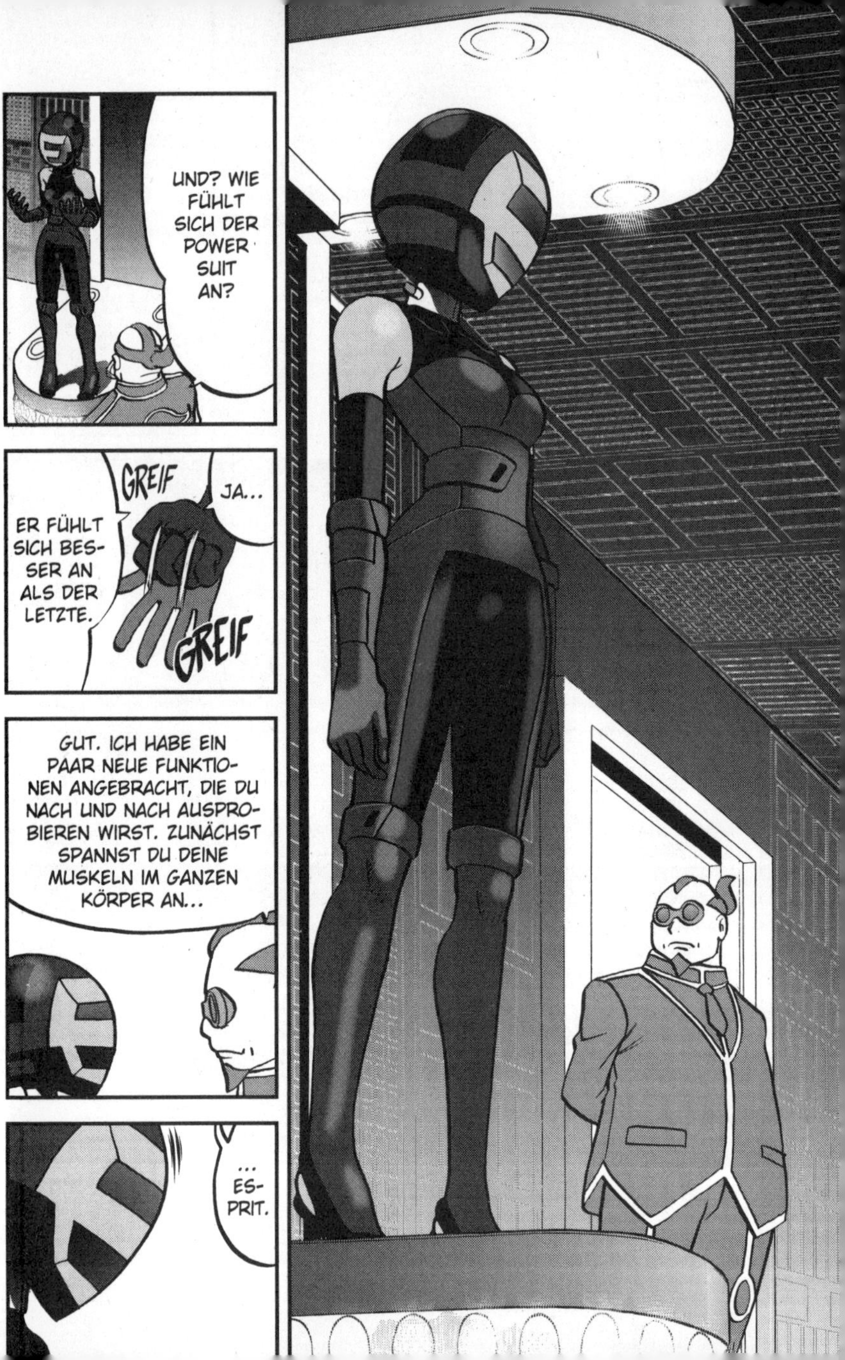
UND? WIE FÜHLT SICH DER POWER SUIT AN?
GREIF
JA...
ER FÜHLT SICH BES-SER AN ALS DER LETZTE.
GREIF
GUT. ICH HABE EIN PAAR NEUE FUNKTIO-NEN ANGEBRACHT, DIE DU NACH UND NACH AUSPRO-BIEREN WIRST. ZUNÄCHST SPANNST DU DEINE MUSKELN IM GANZEN KÖRPER AN...
... ES-PRIT.

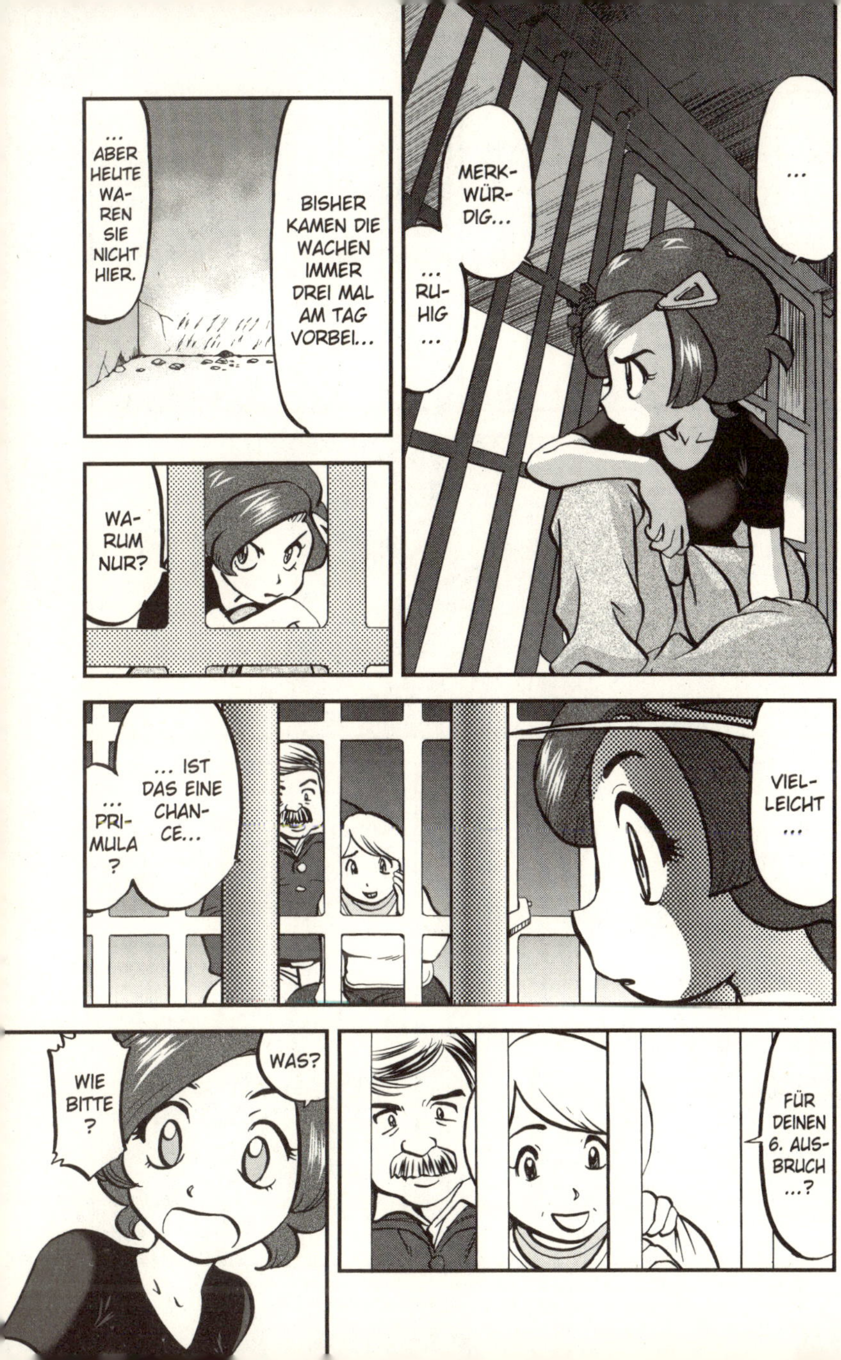
…
MERKWÜRDIG…
…RUHIG…
BISHER KAMEN DIE WACHEN IMMER DREI MAL AM TAG VORBEI…
…ABER HEUTE WAREN SIE NICHT HIER.
WARUM NUR?
VIELLEICHT…
…IST DAS EINE CHANCE…
…PRIMULA?
FÜR DEINEN 6. AUSBRUCH…?
WAS?
WIE BITTE?

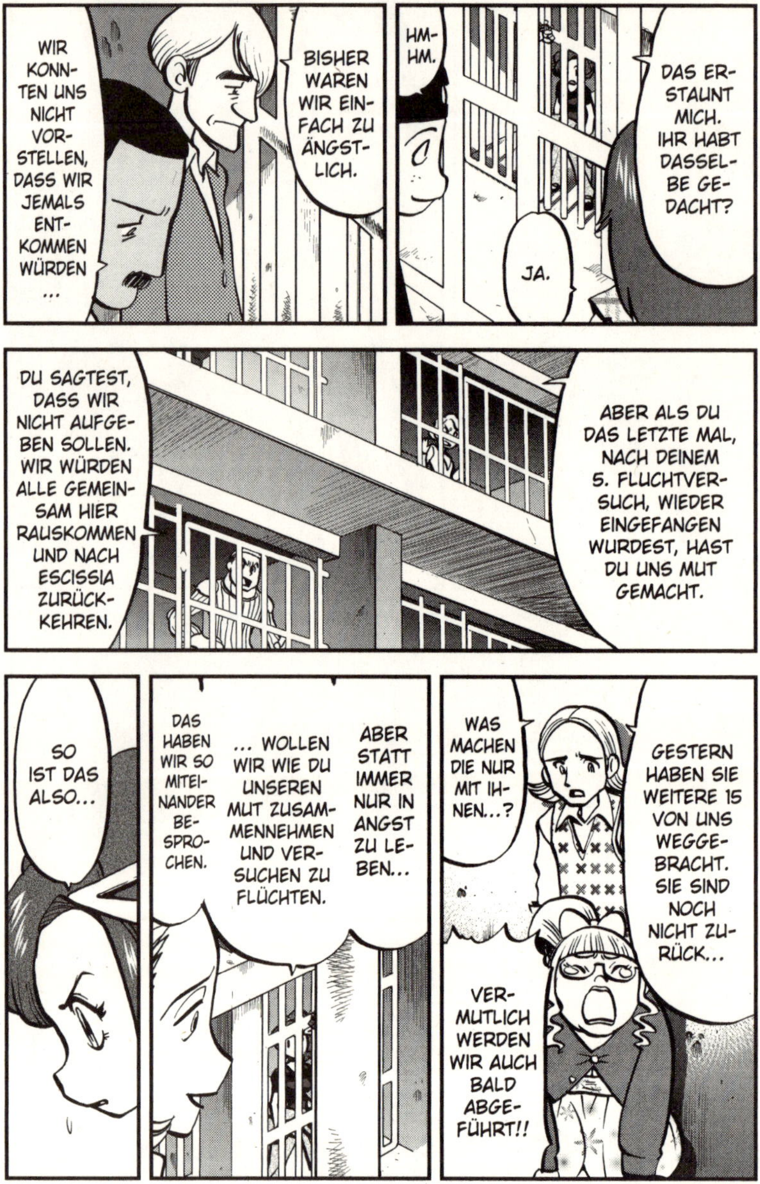
DAS ERSTAUNT MICH. IHR HABT DASSELBE GEDACHT?
JA.
HM-HM.
BISHER WAREN WIR EINFACH ZU ÄNGSTLICH.
WIR KONNTEN UNS NICHT VORSTELLEN, DASS WIR JEMALS ENTKOMMEN WÜRDEN …
ABER ALS DU DAS LETZTE MAL, NACH DEINEM 5. FLUCHTVERSUCH, WIEDER EINGEFANGEN WURDEST, HAST DU UNS MUT GEMACHT.
DU SAGTEST, DASS WIR NICHT AUFGEBEN SOLLEN. WIR WÜRDEN ALLE GEMEINSAM HIER RAUSKOMMEN UND NACH ESCISSIA ZURÜCKKEHREN.
GESTERN HABEN SIE WEITERE 15 VON UNS WEGGEBRACHT. SIE SIND NOCH NICHT ZURÜCK…
WAS MACHEN DIE NUR MIT IHNEN…?
VERMUTLICH WERDEN WIR AUCH BALD ABGEFÜHRT!!
ABER STATT IMMER NUR IN ANGST ZU LEBEN…
… WOLLEN WIR WIE DU UNSEREN MUT ZUSAMMENNEHMEN UND VERSUCHEN ZU FLÜCHTEN.
DAS HABEN WIR SO MITEINANDER BESPROCHEN.
SO IST DAS ALSO…

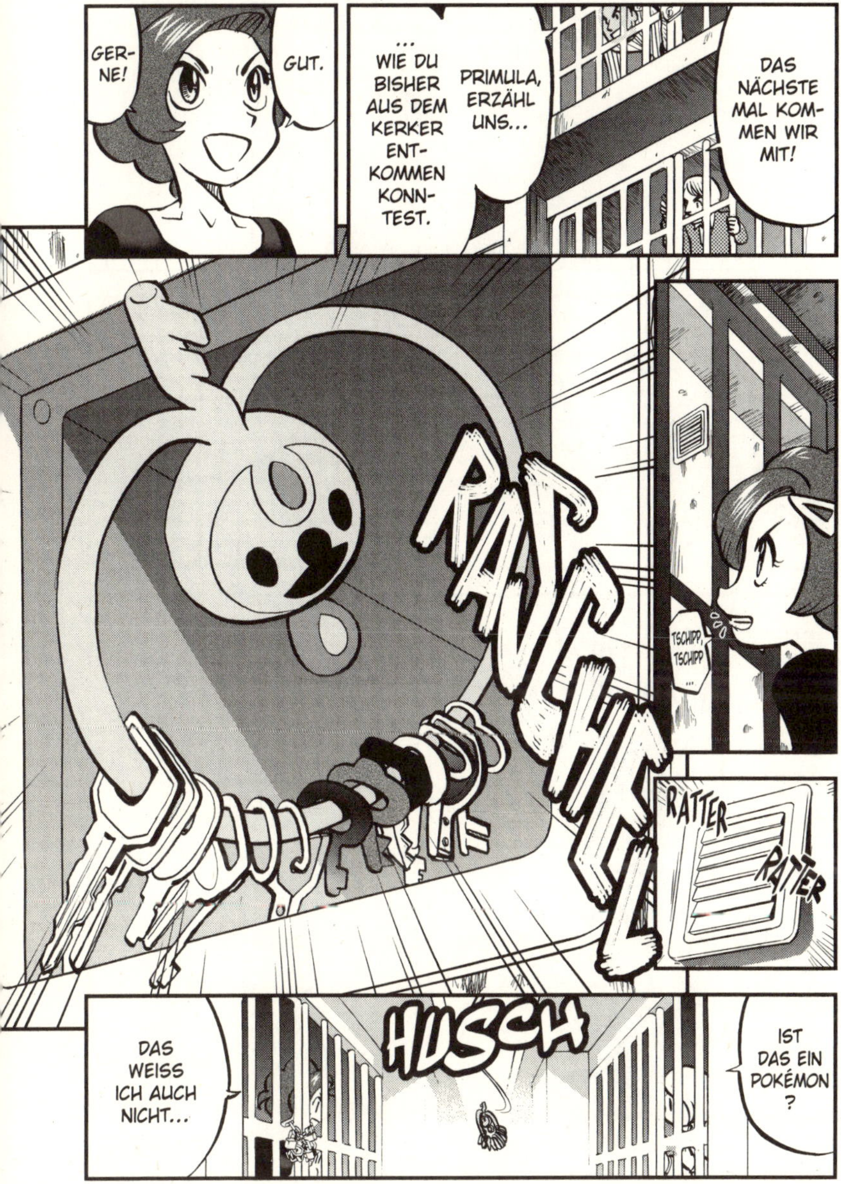
GUT.
GERNE!
DAS NÄCHSTE MAL KOMMEN WIR MIT!
PRIMULA, ERZÄHL UNS…
… WIE DU BISHER AUS DEM KERKER ENTKOMMEN KONNTEST.
TSCHIPP, TSCHIPP …
RASCHEL
RATTER RATTER
HUSCH
IST DAS EIN POKÉMON?
DAS WEISS ICH AUCH NICHT…

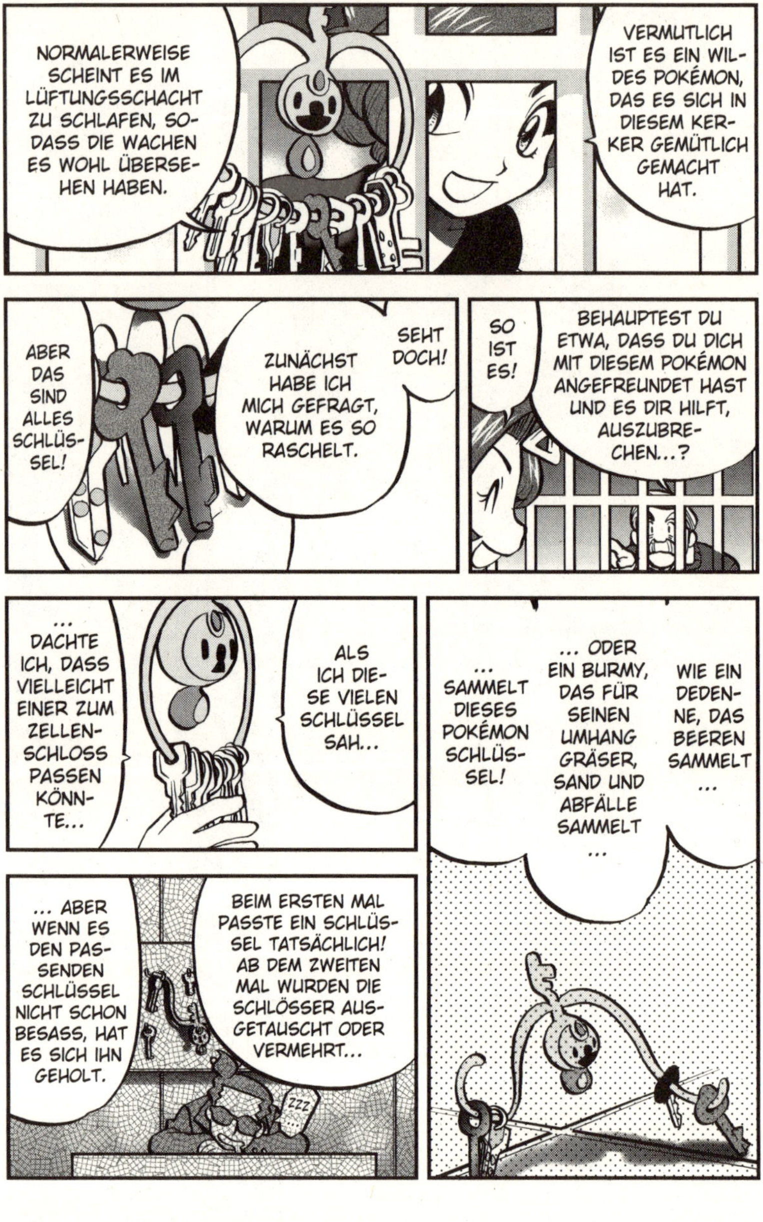

VERMUTLICH IST ES EIN WILDES POKÉMON, DAS ES SICH IN DIESEM KERKER GEMÜTLICH GEMACHT HAT.
NORMALERWEISE SCHEINT ES IM LÜFTUNGSSCHACHT ZU SCHLAFEN, SODASS DIE WACHEN ES WOHL ÜBERSEHEN HABEN.
BEHAUPTEST DU ETWA, DASS DU DICH MIT DIESEM POKÉMON ANGEFREUNDET HAST UND ES DIR HILFT, AUSZUBRECHEN…?
SO IST ES!
SEHT DOCH!
ZUNÄCHST HABE ICH MICH GEFRAGT, WARUM ES SO RASCHELT.
ABER DAS SIND ALLES SCHLÜSSEL!
WIE EIN DEDENNE, DAS BEEREN SAMMELT …
… ODER EIN BURMY, DAS FÜR SEINEN UMHANG GRÄSER, SAND UND ABFÄLLE SAMMELT …
… SAMMELT DIESES POKÉMON SCHLÜSSEL!
ALS ICH DIESE VIELEN SCHLÜSSEL SAH…
… DACHTE ICH, DASS VIELLEICHT EINER ZUM ZELLENSCHLOSS PASSEN KÖNNTE…
BEIM ERSTEN MAL PASSTE EIN SCHLÜSSEL TATSÄCHLICH! AB DEM ZWEITEN MAL WURDEN DIE SCHLÖSSER AUSGETAUSCHT ODER VERMEHRT…
… ABER WENN ES DEN PASSENDEN SCHLÜSSEL NICHT SCHON BESASS, HAT ES SICH IHN GEHOLT.
ZZZ

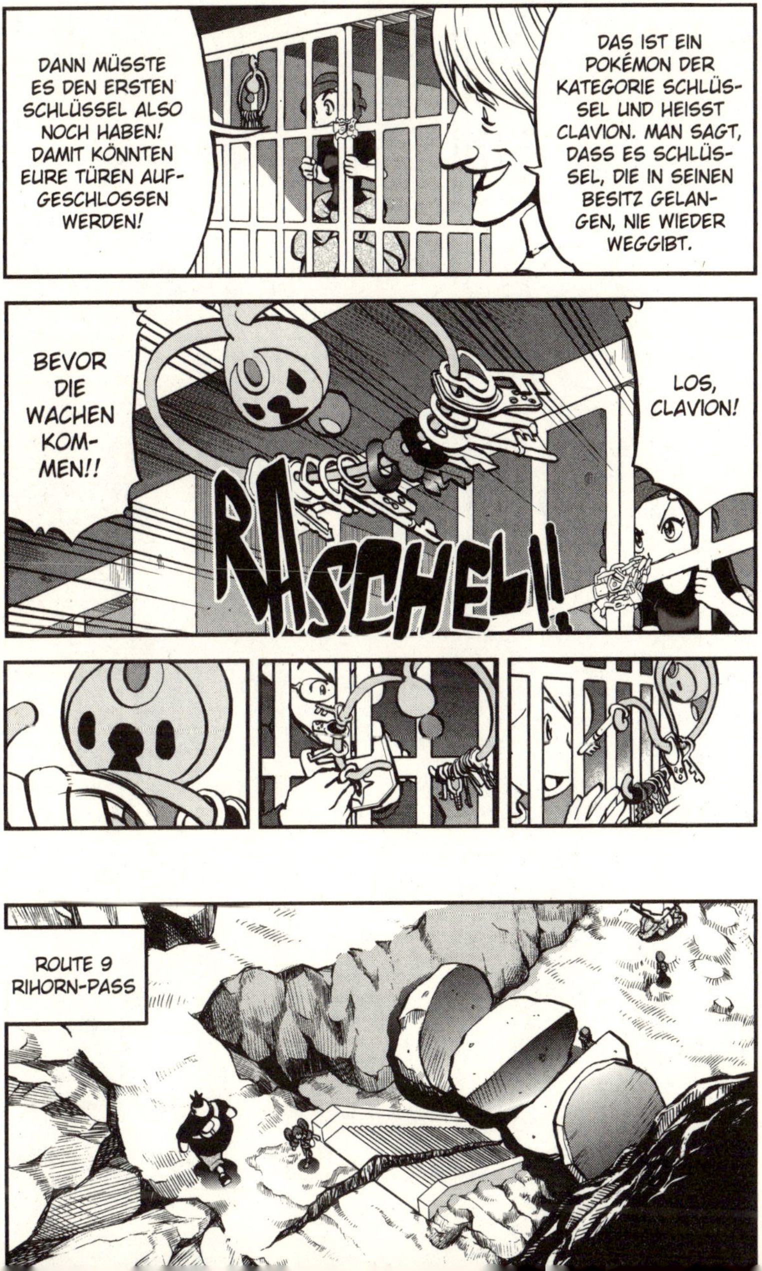
DAS IST EIN POKÉMON DER KATEGORIE SCHLÜSSEL UND HEISST CLAVION. MAN SAGT, DASS ES SCHLÜSSEL, DIE IN SEINEN BESITZ GELANGEN, NIE WIEDER WEGGIBT.
DANN MÜSSTE ES DEN ERSTEN SCHLÜSSEL ALSO NOCH HABEN! DAMIT KÖNNTEN EURE TÜREN AUFGESCHLOSSEN WERDEN!
LOS, CLAVION!
BEVOR DIE WACHEN KOMMEN!!
RASCHEL!!
ROUTE 9
RIHORN-PASS

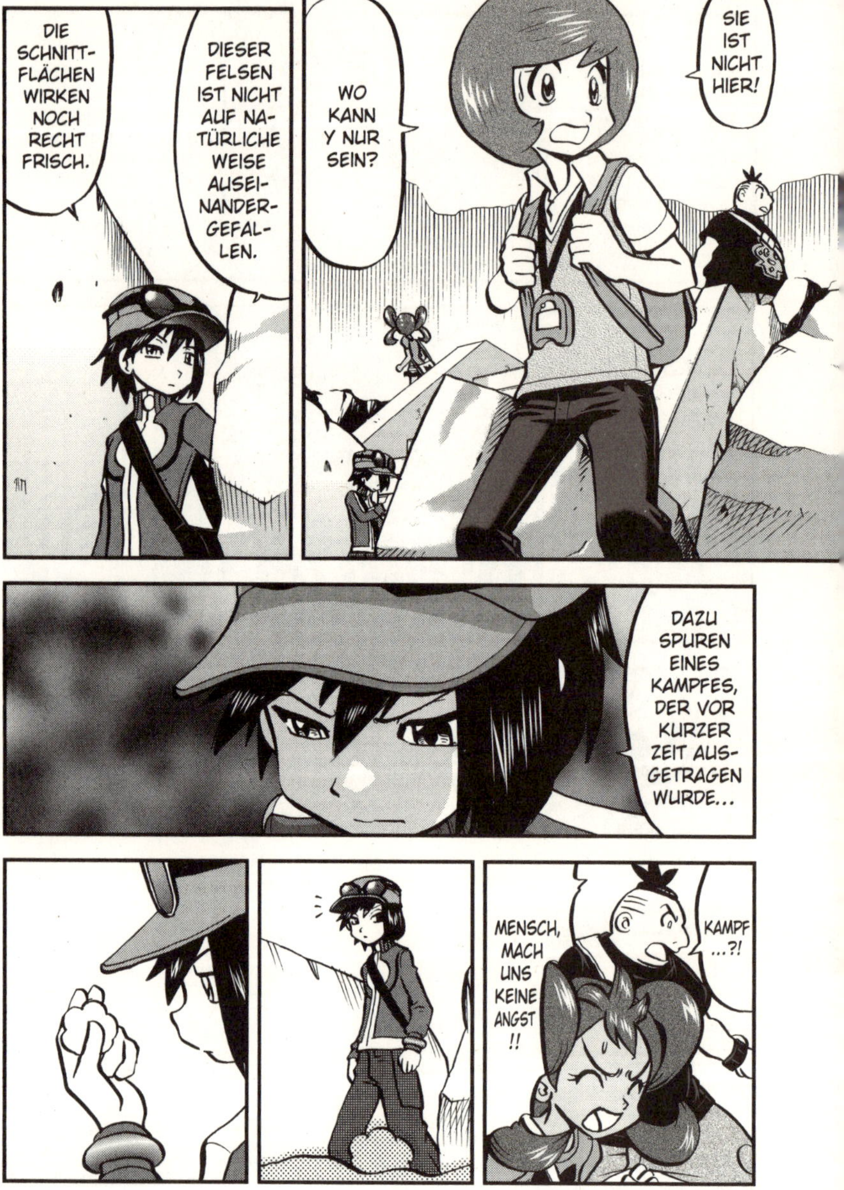
SIE IST NICHT HIER!
WO KANN Y NUR SEIN?
DIESER FELSEN IST NICHT AUF NATÜRLICHE WEISE AUSEINANDERGEFALLEN.
DIE SCHNITTFLÄCHEN WIRKEN NOCH RECHT FRISCH.
DAZU SPUREN EINES KAMPFES, DER VOR KURZER ZEIT AUSGETRAGEN WURDE…
KAMPF …?!
MENSCH, MACH UNS KEINE ANGST!!

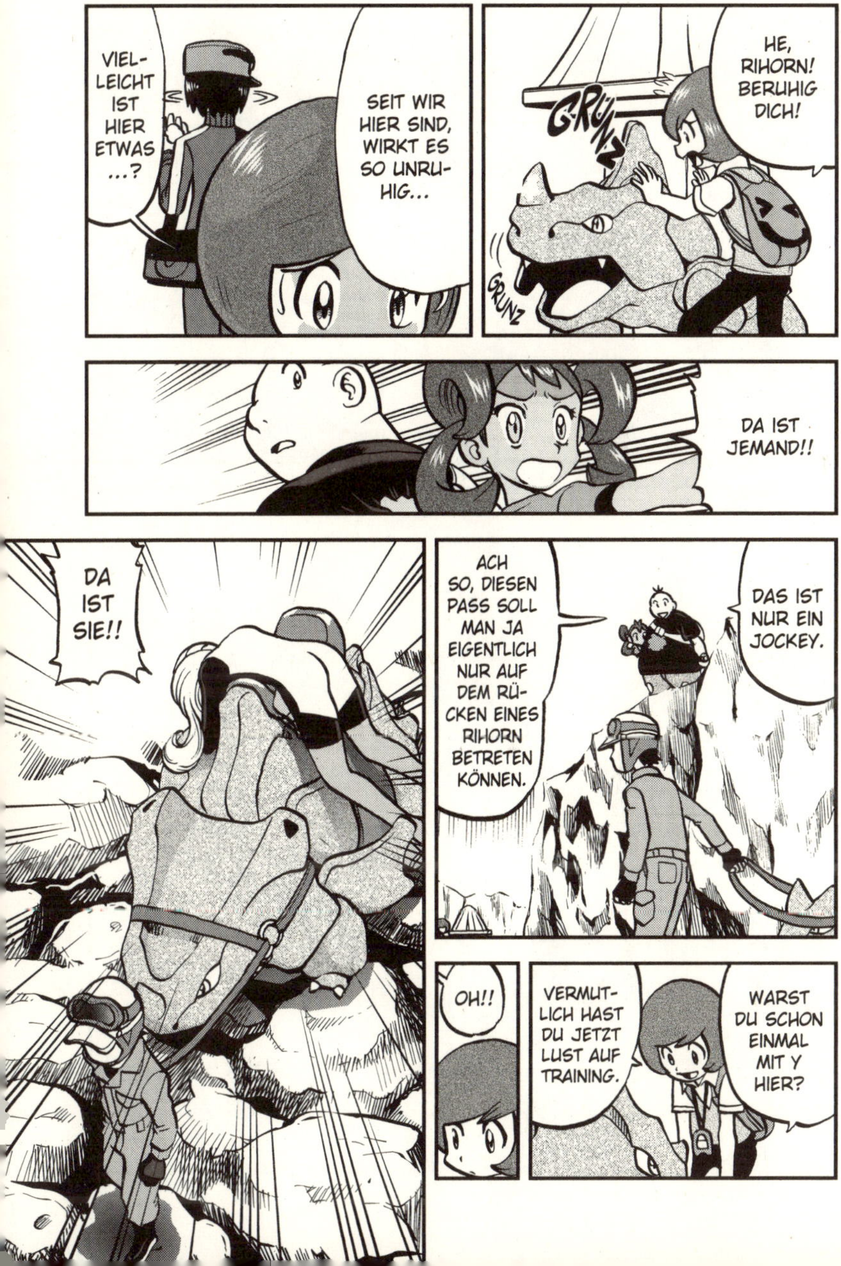
SEIT WIR HIER SIND, WIRKT ES SO UNRUHIG…
VIEL-LEICHT IST HIER ETWAS …?
HE, RIHORN! BERUHIG DICH!
GRÜNZ
GRUNZ
DA IST JEMAND!!
DAS IST NUR EIN JOCKEY.
ACH SO, DIESEN PASS SOLL MAN JA EIGENTLICH NUR AUF DEM RÜCKEN EINES RIHORN BETRETEN KÖNNEN.
DA IST SIE!!
WARST DU SCHON EINMAL MIT Y HIER?
VERMUT-LICH HAST DU JETZT LUST AUF TRAINING.
OH!!

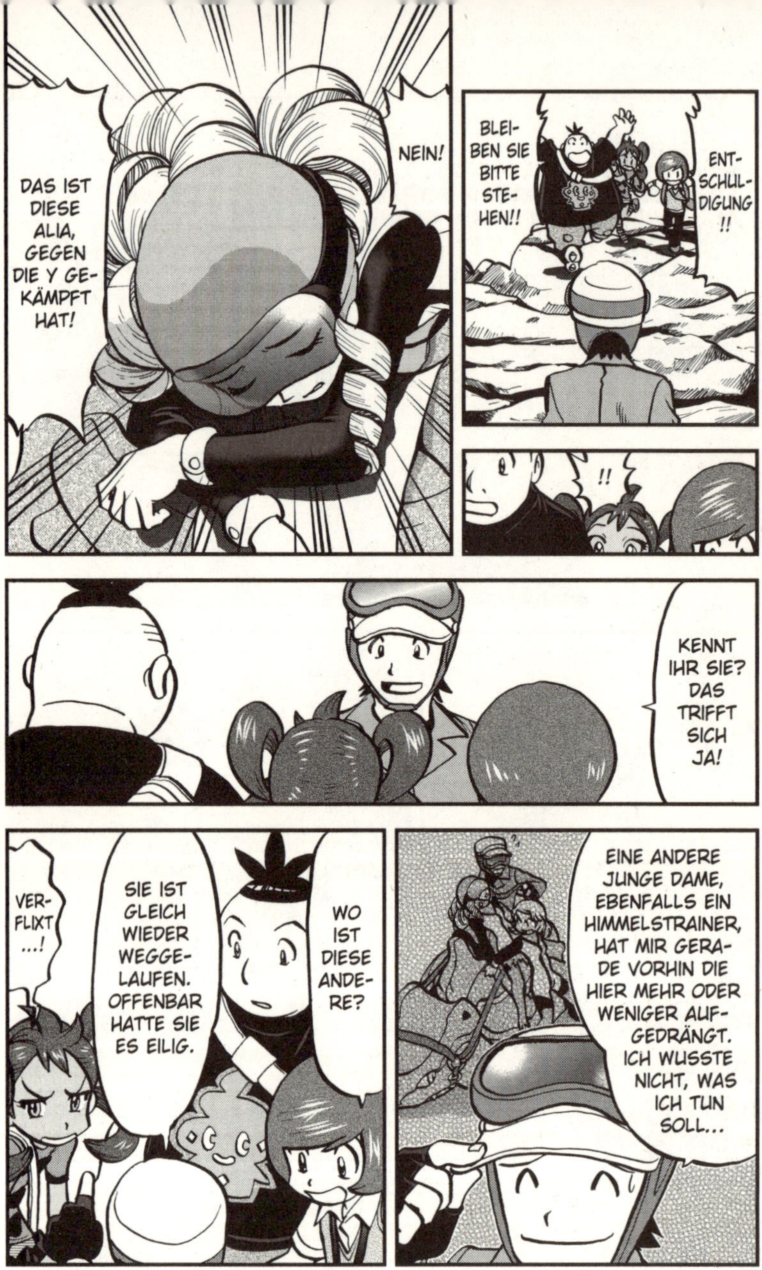
ENT-SCHUL-DIGUNG!!
BLEI-BEN SIE BITTE STE-HEN!!
!!
NEIN!
DAS IST DIESE ALIA, GEGEN DIE Y GE-KÄMPFT HAT!
KENNT IHR SIE? DAS TRIFFT SICH JA!
EINE ANDERE JUNGE DAME, EBENFALLS EIN HIMMELSTRAINER, HAT MIR GERA-DE VORHIN DIE HIER MEHR ODER WENIGER AUF-GEDRÄNGT. ICH WUSSTE NICHT, WAS ICH TUN SOLL...
WO IST DIESE ANDE-RE?
SIE IST GLEICH WIEDER WEGGE-LAUFEN. OFFENBAR HATTE SIE ES EILIG.
VER-FLIXT ...!

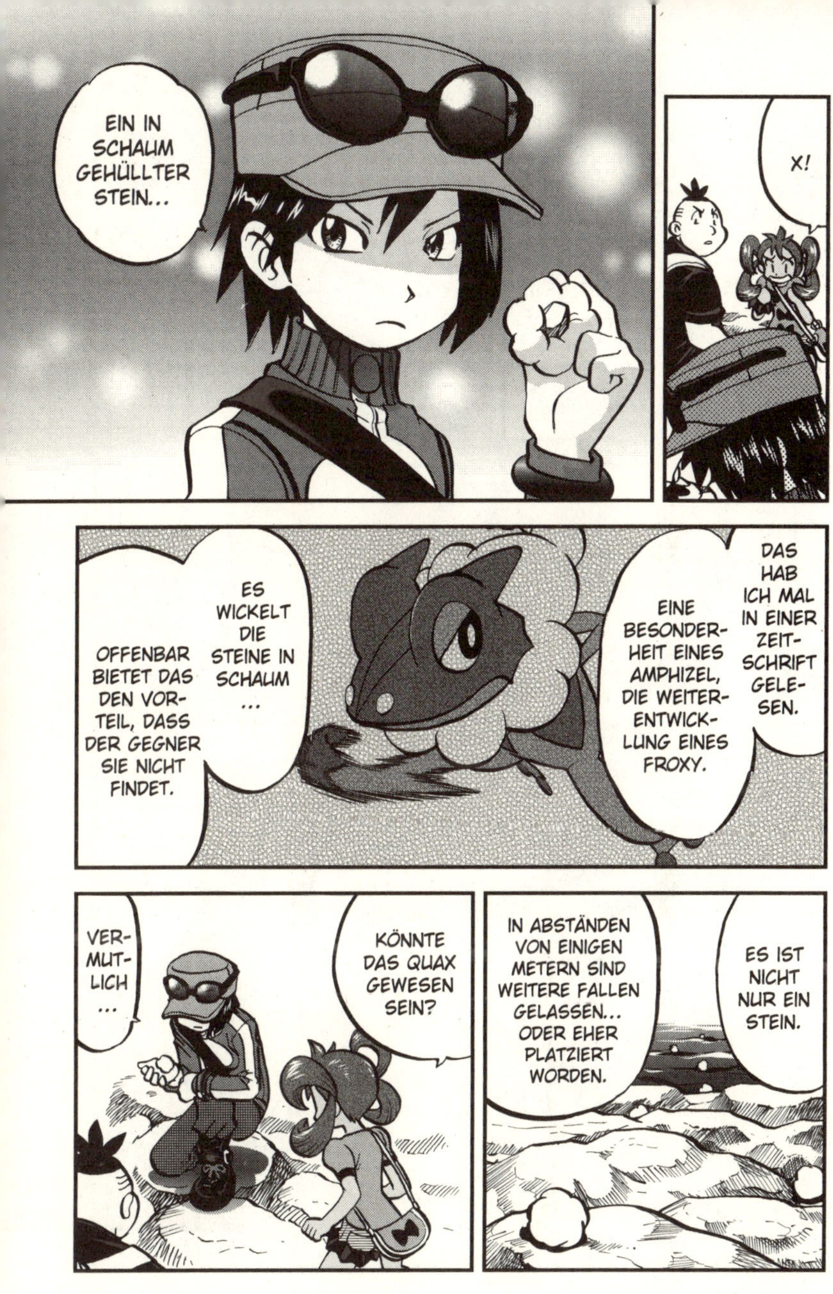
X!
EIN IN SCHAUM GEHÜLLTER STEIN…
DAS HAB ICH MAL IN EINER ZEIT-SCHRIFT GELE-SEN.
EINE BESONDER-HEIT EINES AMPHIZEL, DIE WEITER-ENTWICK-LUNG EINES FROXY.
ES WICKELT DIE STEINE IN SCHAUM …
OFFENBAR BIETET DAS DEN VOR-TEIL, DASS DER GEGNER SIE NICHT FINDET.
ES IST NICHT NUR EIN STEIN.
IN ABSTÄNDEN VON EINIGEN METERN SIND WEITERE FALLEN GELASSEN… ODER EHER PLATZIERT WORDEN.
KÖNNTE DAS QUAX GEWESEN SEIN?
VER-MUT-LICH …

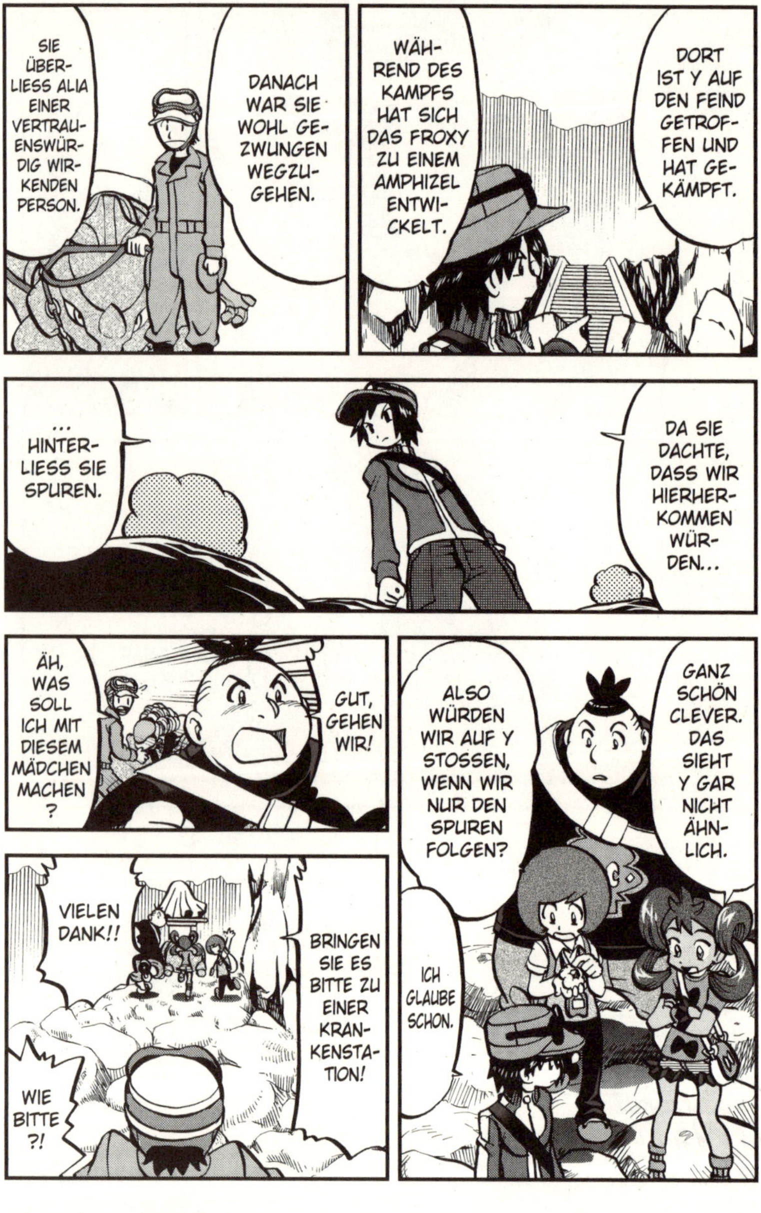
DORT IST Y AUF DEN FEIND GETROFFEN UND HAT GEKÄMPFT.
WÄHREND DES KAMPFS HAT SICH DAS FROXY ZU EINEM AMPHIZEL ENTWICKELT.
DANACH WAR SIE WOHL GEZWUNGEN WEGZUGEHEN.
SIE ÜBERLIESS ALIA EINER VERTRAUENSWÜRDIG WIRKENDEN PERSON.
DA SIE DACHTE, DASS WIR HIERHERKOMMEN WÜRDEN…
…HINTERLIESS SIE SPUREN.
GANZ SCHÖN CLEVER. DAS SIEHT Y GAR NICHT ÄHNLICH.
ALSO WÜRDEN WIR AUF Y STOSSEN, WENN WIR NUR DEN SPUREN FOLGEN?
ICH GLAUBE SCHON.
GUT, GEHEN WIR!
ÄH, WAS SOLL ICH MIT DIESEM MÄDCHEN MACHEN?
BRINGEN SIE ES BITTE ZU EINER KRANKENSTATION!
VIELEN DANK!!
WIE BITTE?!

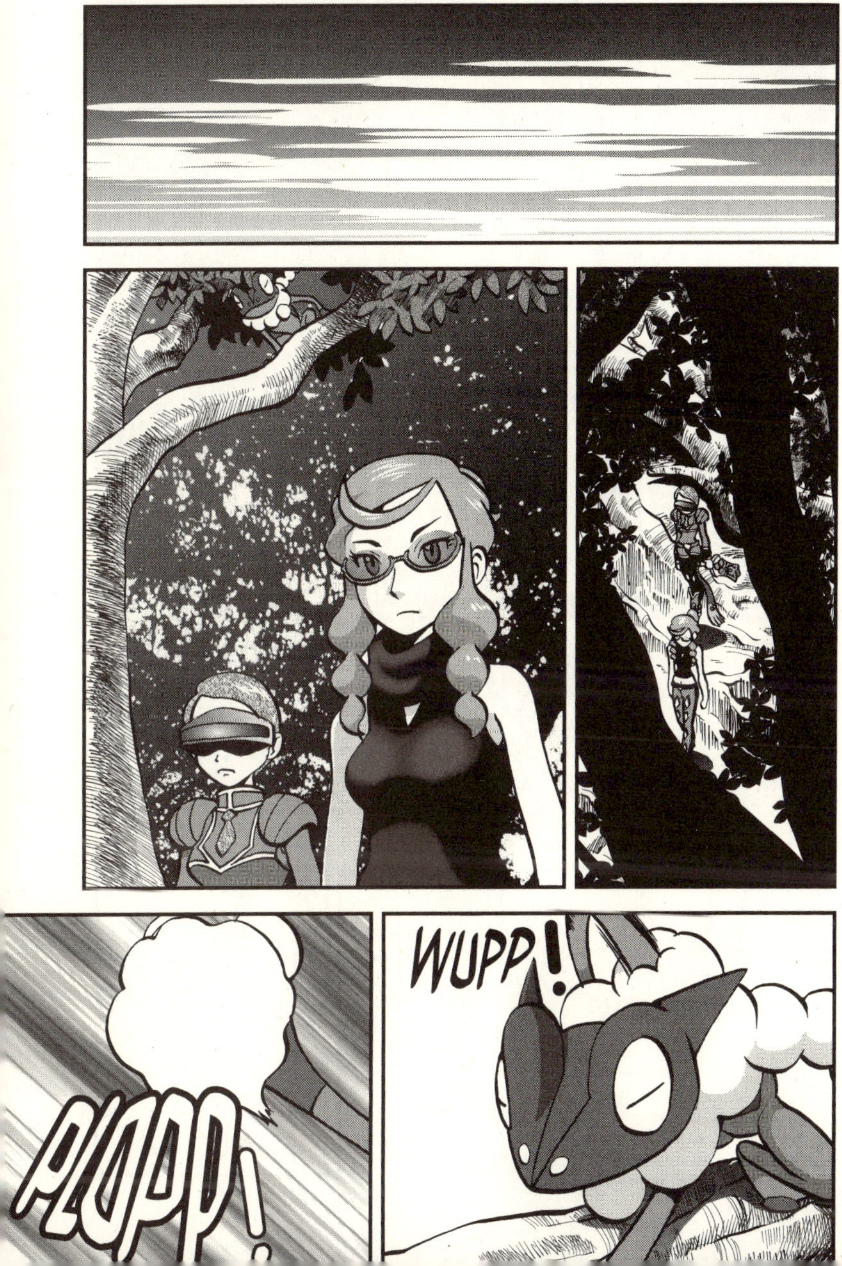
PLOPP!
WUPP!

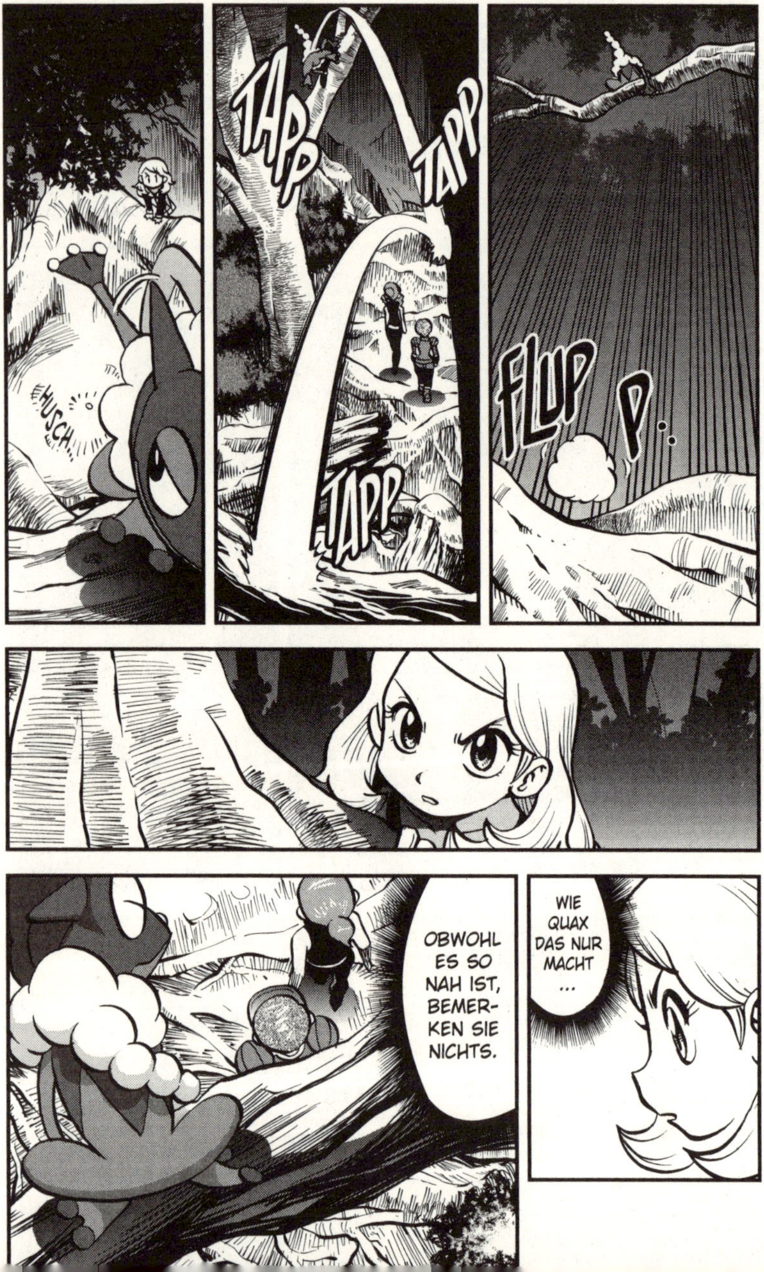
HUSCH
TAPP
TAPP
TAPP
FLUP
P ..
OBWOHL ES SO NAH IST, BEMERKEN SIE NICHTS.
WIE QUAX DAS NUR MACHT ...

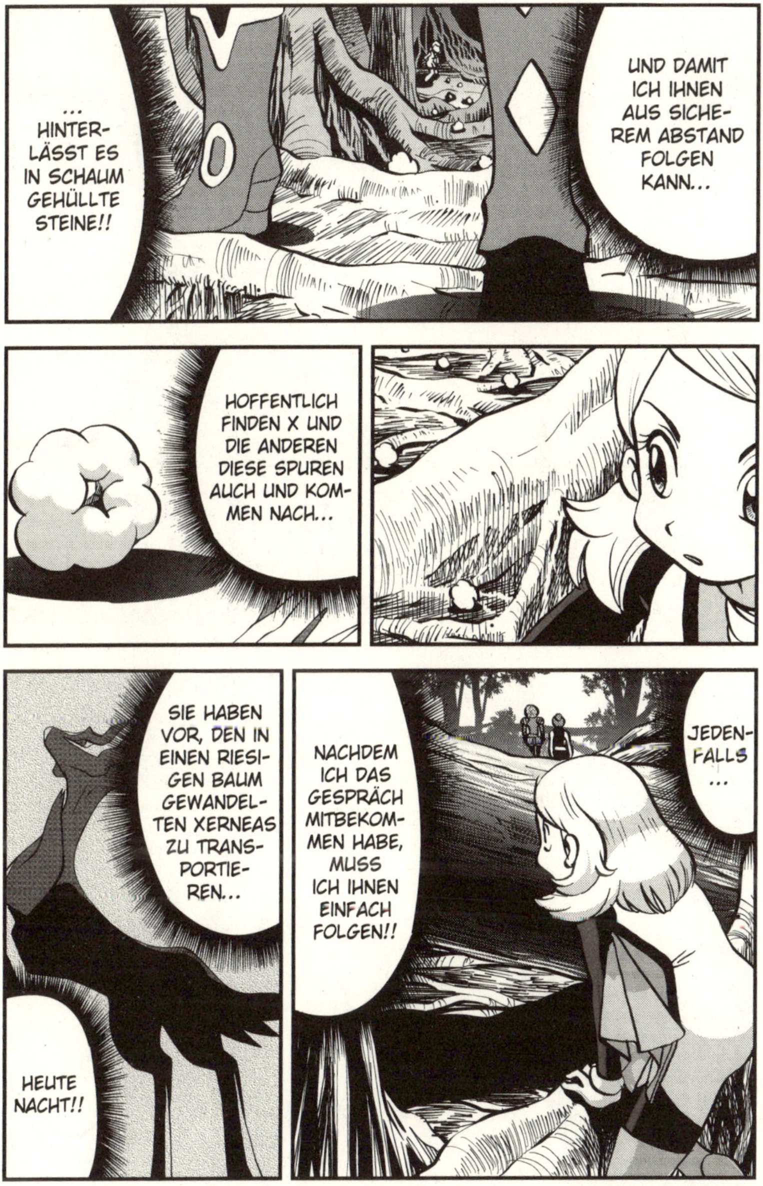
UND DAMIT ICH IHNEN AUS SICHEREM ABSTAND FOLGEN KANN...
... HINTERLÄSST ES IN SCHAUM GEHÜLLTE STEINE!!
HOFFENTLICH FINDEN X UND DIE ANDEREN DIESE SPUREN AUCH UND KOMMEN NACH...
JEDENFALLS ...
NACHDEM ICH DAS GESPRÄCH MITBEKOMMEN HABE, MUSS ICH IHNEN EINFACH FOLGEN!!
SIE HABEN VOR, DEN IN EINEN RIESIGEN BAUM GEWANDELTEN XERNEAS ZU TRANSPORTIEREN...
HEUTE NACHT!!

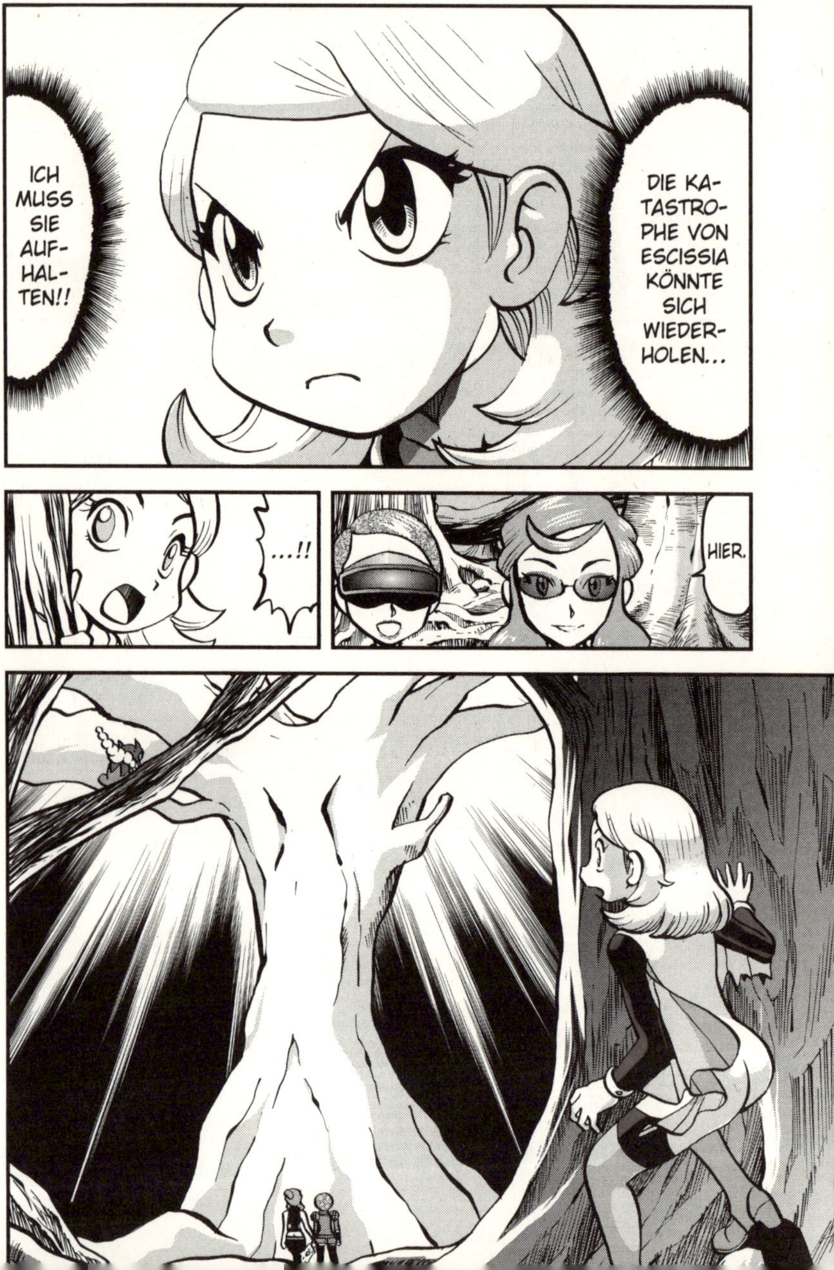
DIE KATASTROPHE VON ESCISSIA KÖNNTE SICH WIEDERHOLEN…
ICH MUSS SIE AUFHALTEN!!
HIER.
…!!

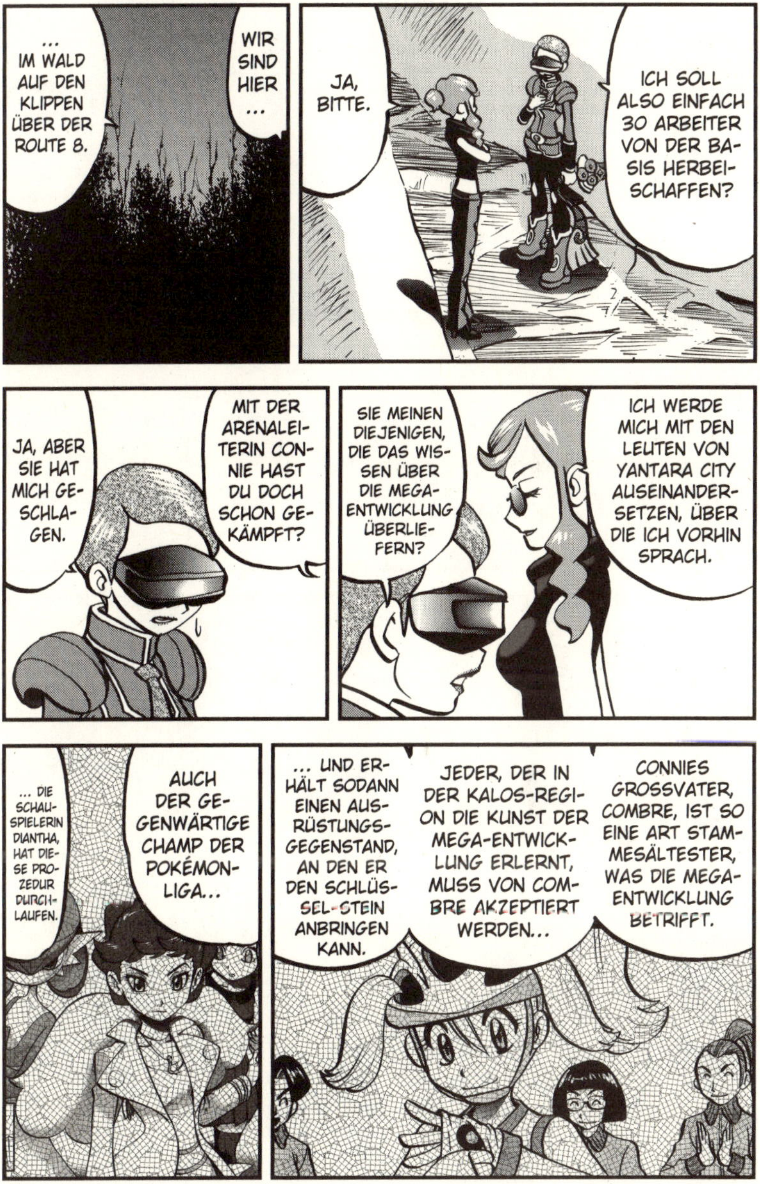
ICH SOLL ALSO EINFACH 30 ARBEITER VON DER BASIS HERBEISCHAFFEN?
JA, BITTE.
WIR SIND HIER ...
... IM WALD AUF DEN KLIPPEN ÜBER DER ROUTE 8.
ICH WERDE MICH MIT DEN LEUTEN VON YANTARA CITY AUSEINANDERSETZEN, ÜBER DIE ICH VORHIN SPRACH.
SIE MEINEN DIEJENIGEN, DIE DAS WISSEN ÜBER DIE MEGA-ENTWICKLUNG ÜBERLIEFERN?
MIT DER ARENALEITERIN CONNIE HAST DU DOCH SCHON GEKÄMPFT?
JA, ABER SIE HAT MICH GESCHLAGEN.
CONNIES GROSSVATER, COMBRE, IST SO EINE ART STAMMESÄLTESTER, WAS DIE MEGA-ENTWICKLUNG BETRIFFT.
JEDER, DER IN DER KALOS-REGION DIE KUNST DER MEGA-ENTWICKLUNG ERLERNT, MUSS VON COMBRE AKZEPTIERT WERDEN...
... UND ERHÄLT SODANN EINEN AUSRÜSTUNGSGEGENSTAND, AN DEN ER DEN SCHLÜSSEL-STEIN ANBRINGEN KANN.
AUCH DER GEGENWÄRTIGE CHAMP DER POKÉMON-LIGA...
... DIE SCHAUSPIELERIN DIANTHA, HAT DIESE PROZEDUR DURCHLAUFEN.

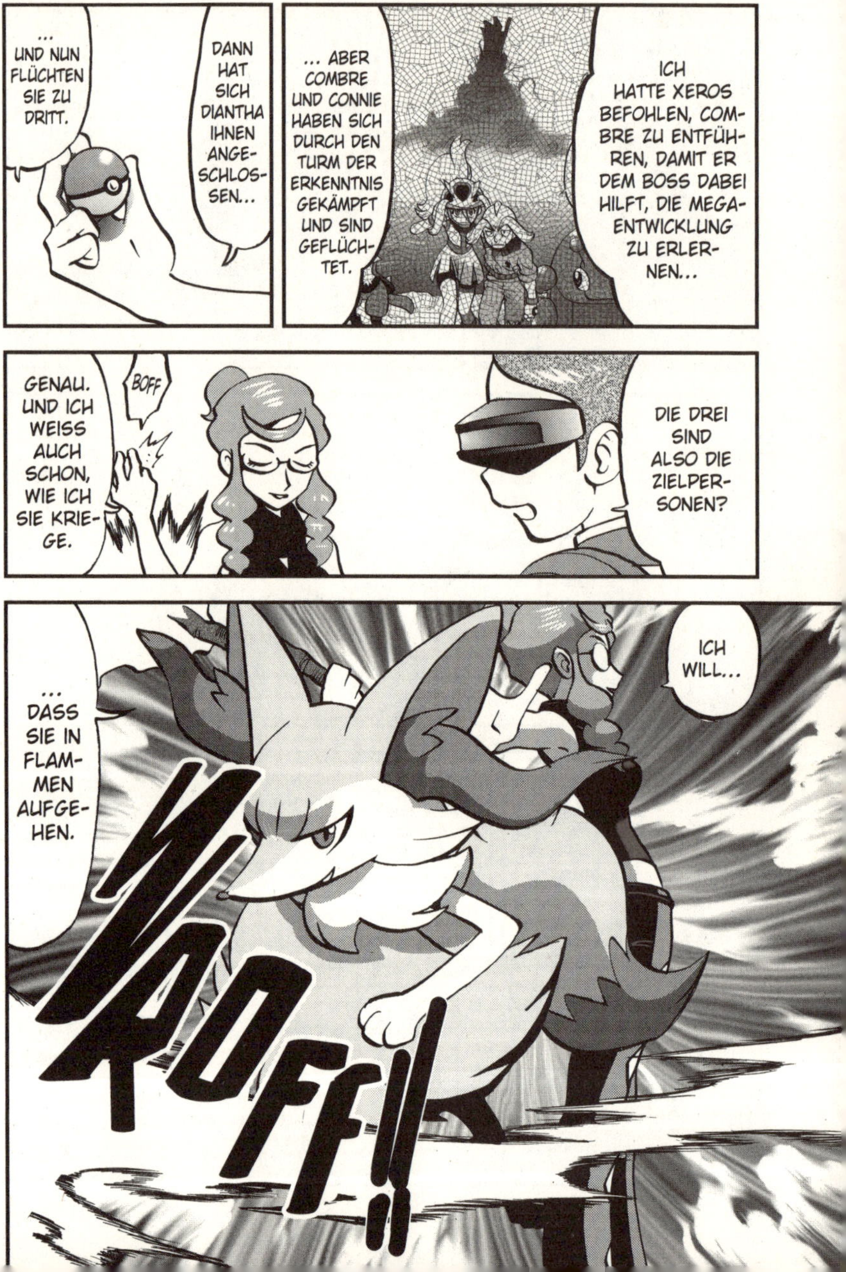
ICH HATTE XEROS BEFOHLEN, COMBRE ZU ENTFÜHREN, DAMIT ER DEM BOSS DABEI HILFT, DIE MEGA-ENTWICKLUNG ZU ERLERNEN...
... ABER COMBRE UND CONNIE HABEN SICH DURCH DEN TURM DER ERKENNTNIS GEKÄMPFT UND SIND GEFLÜCHTET.
DANN HAT SICH DIANTHA IHNEN ANGESCHLOSSEN...
... UND NUN FLÜCHTEN SIE ZU DRITT.
DIE DREI SIND ALSO DIE ZIELPERSONEN?
BOFF
GENAU. UND ICH WEISS AUCH SCHON, WIE ICH SIE KRIEGE.
ICH WILL...
... DASS SIE IN FLAMMEN AUFGEHEN.

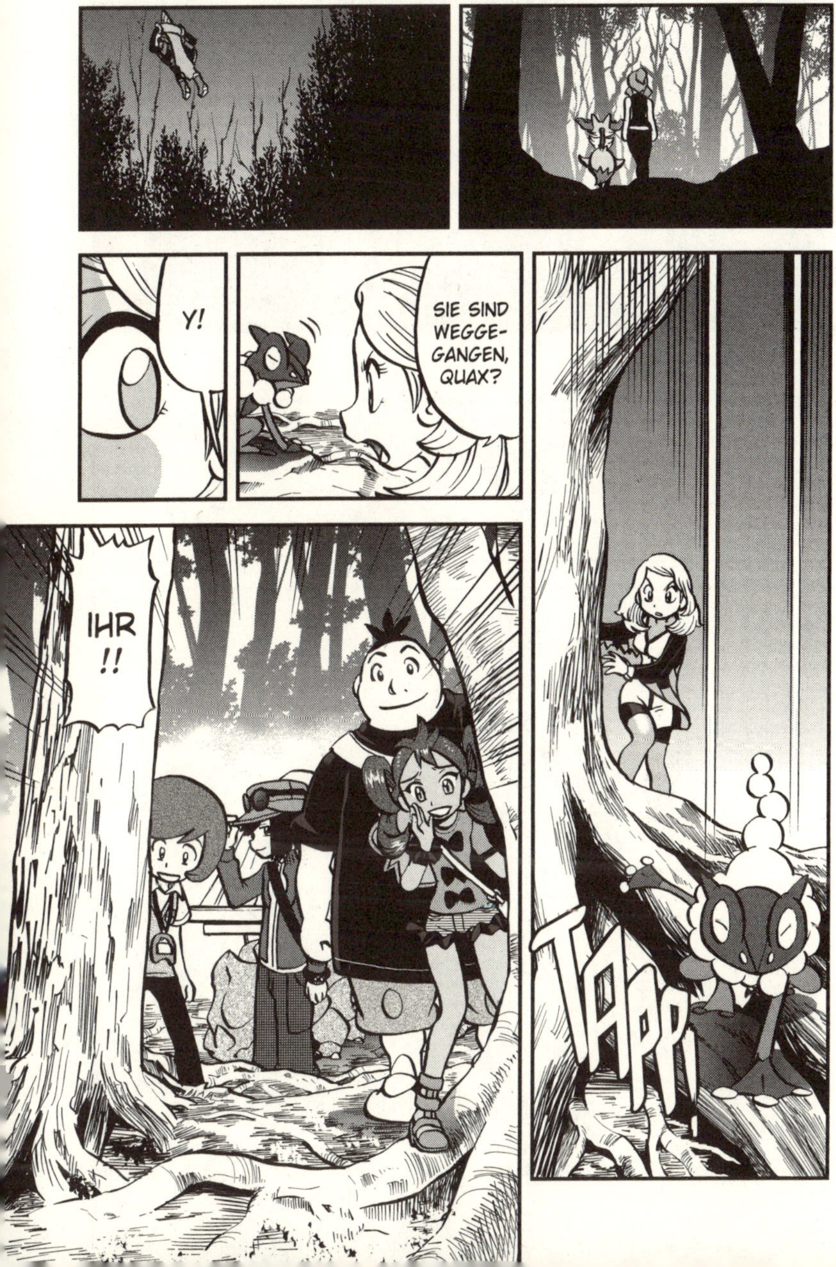
SIE SIND WEGGE-GANGEN, QUAX?
Y!
IHR !!
TAPP

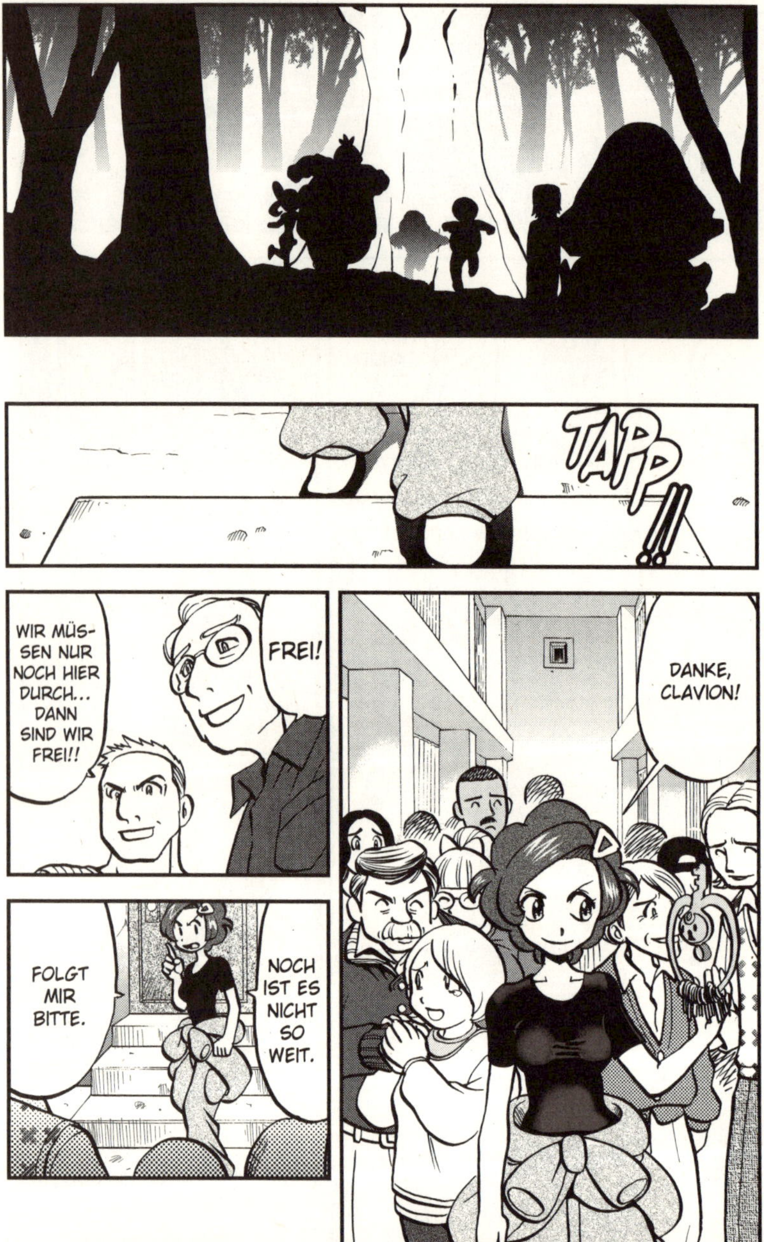
TAPP!!
DANKE, CLAVION!
WIR MÜS-SEN NUR NOCH HIER DURCH... DANN SIND WIR FREI!!
FREI!
NOCH IST ES NICHT SO WEIT.
FOLGT MIR BITTE.

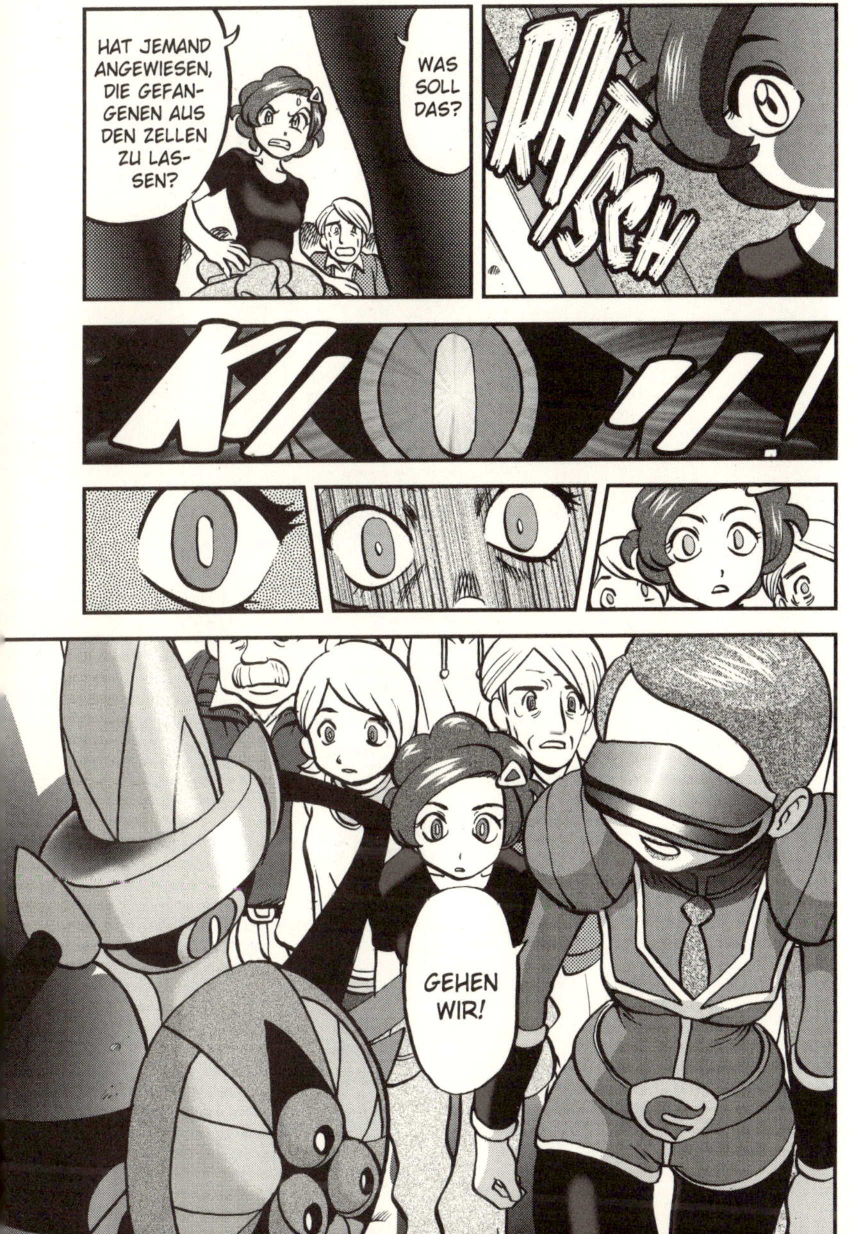
HAT JEMAND ANGEWIESEN, DIE GEFANGENEN AUS DEN ZELLEN ZU LASSEN?
WAS SOLL DAS?
RATSCH
GEHEN WIR!

GEGENWÄRTIGER AUF-
ENTHALTSORT

ROUTE 8
MURAILLE-
KÜSTENPFAD

DER REIZ DIESER ROUTE LIEGT IM KONTRAST ZWISCHEN DEN SCHWINDELERREGEND HOHEN KLIPPEN UND DEM WEITEN STRAND.

▼

PETROPHIA

FRÜHER GAB ES AN DIESEM ORT NUR EIN AQUARIUM, ABER NACH DEM FOSSILIENFUND ENTSTAND DORT EINE STADT.

▼

ROUTE 9
RIHORN-PASS

EIN EHEMALIGER RIHORN-JOCKEY EBNETE DAS EINST UNWEGSAME GELÄNDE DIESER ROUTE AUF DER DURCHREISE MIT SEINEM RIHORN.

▼

ROUTE 8
MURAILLE-
KÜSTENPFAD

DER REIZ DIESER ROUTE LIEGT IM KONTRAST ZWISCHEN DEN SCHWINDELERREGEND HOHEN KLIPPEN UND DEM WEITEN STRAND.

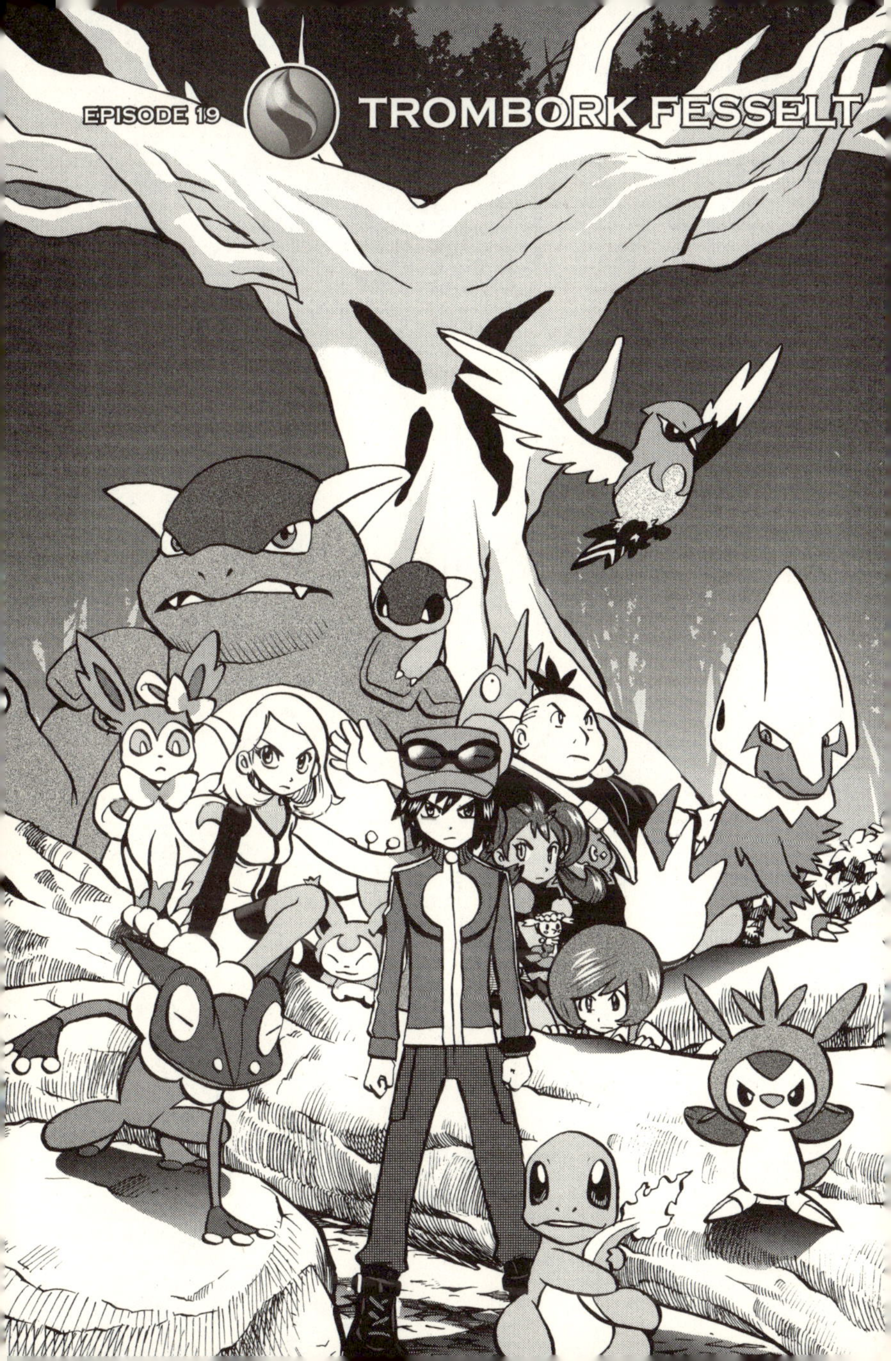
EPISODE 19
TROMBORK FESSELT

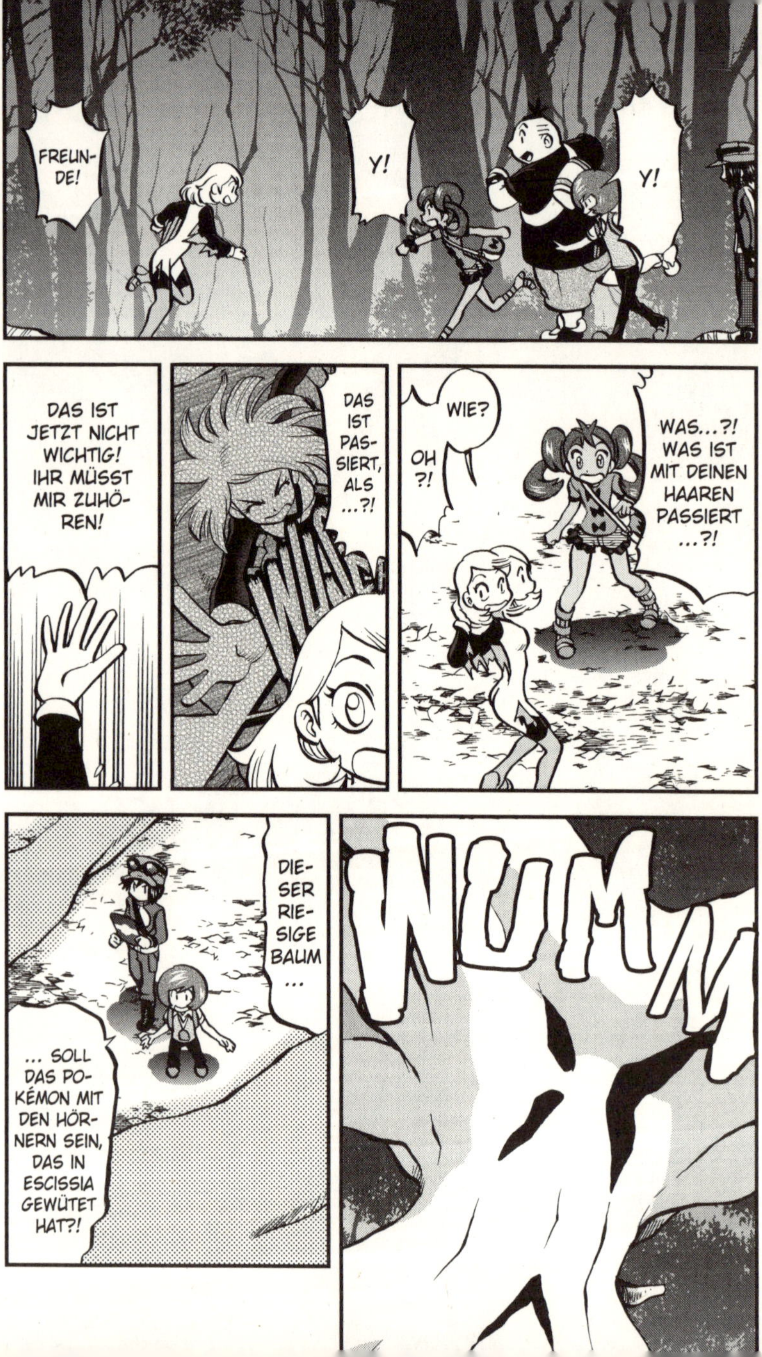

Y!
Y!
FREUNDE!
WAS...?! WAS IST MIT DEINEN HAAREN PASSIERT ...?!
WIE?
OH ?!
DAS IST PASSIERT, ALS ...?!
DAS IST JETZT NICHT WICHTIG! IHR MÜSST MIR ZUHÖREN!
WUMM
DIESER RIESIGE BAUM ...
... SOLL DAS POKÉMON MIT DEN HÖRNERN SEIN, DAS IN ESCISSIA GEWÜTET HAT?!

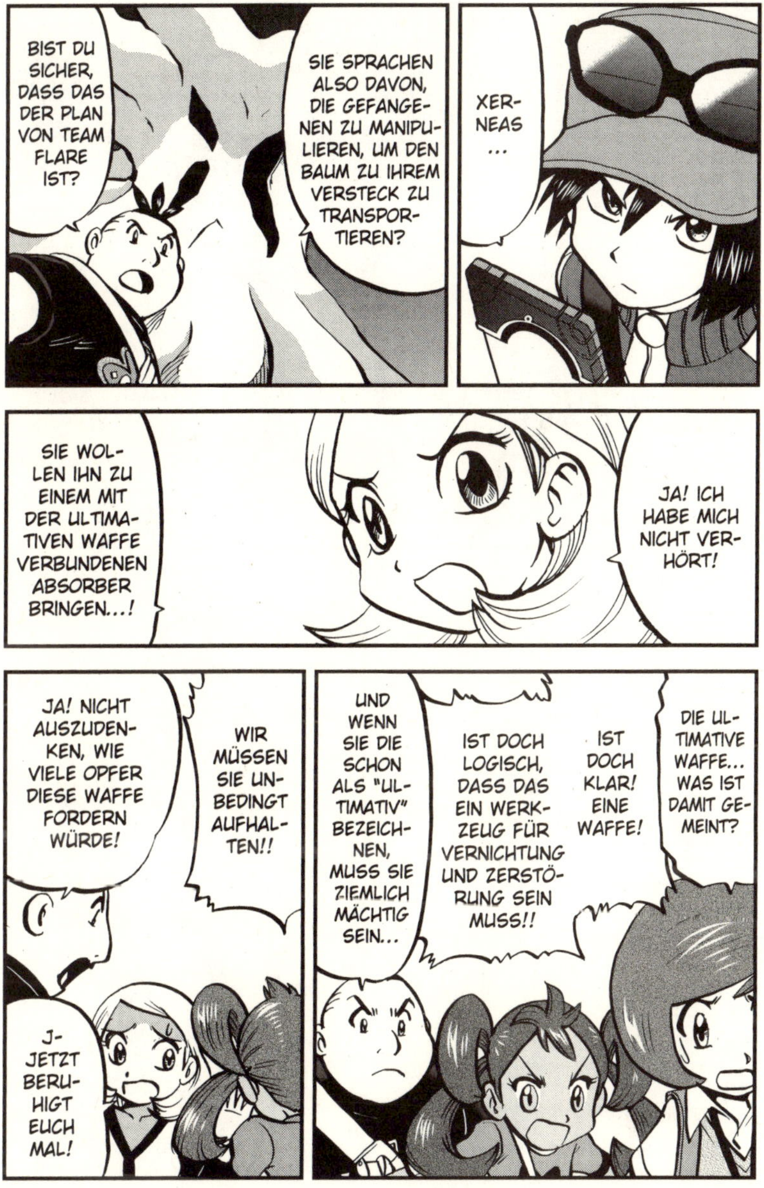
XERNEAS ...
SIE SPRACHEN ALSO DAVON, DIE GEFANGENEN ZU MANIPULIEREN, UM DEN BAUM ZU IHREM VERSTECK ZU TRANSPORTIEREN?
BIST DU SICHER, DASS DAS DER PLAN VON TEAM FLARE IST?
JA! ICH HABE MICH NICHT VERHÖRT!
SIE WOLLEN IHN ZU EINEM MIT DER ULTIMATIVEN WAFFE VERBUNDENEN ABSORBER BRINGEN...!
DIE ULTIMATIVE WAFFE... WAS IST DAMIT GEMEINT?
IST DOCH KLAR! EINE WAFFE!
IST DOCH LOGISCH, DASS DAS EIN WERKZEUG FÜR VERNICHTUNG UND ZERSTÖRUNG SEIN MUSS!!
UND WENN SIE DIE SCHON ALS "ULTIMATIV" BEZEICHNEN, MUSS SIE ZIEMLICH MÄCHTIG SEIN...
WIR MÜSSEN SIE UNBEDINGT AUFHALTEN!!
JA! NICHT AUSZUDENKEN, WIE VIELE OPFER DIESE WAFFE FORDERN WÜRDE!
J- JETZT BERUHIGT EUCH MAL!

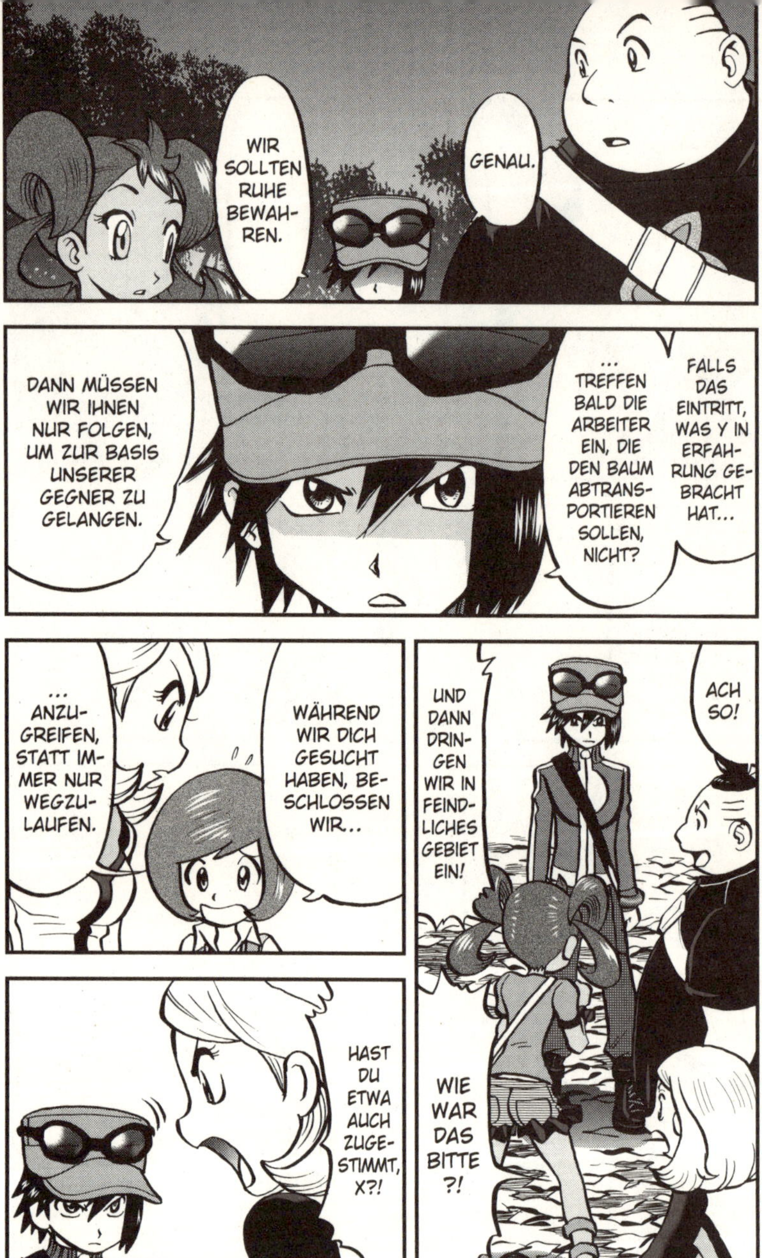
GENAU.
WIR SOLLTEN RUHE BEWAHREN.
FALLS DAS EINTRITT, WAS Y IN ERFAHRUNG GEBRACHT HAT…
… TREFFEN BALD DIE ARBEITER EIN, DIE DEN BAUM ABTRANSPORTIEREN SOLLEN, NICHT?
DANN MÜSSEN WIR IHNEN NUR FOLGEN, UM ZUR BASIS UNSERER GEGNER ZU GELANGEN.
ACH SO!
UND DANN DRINGEN WIR IN FEINDLICHES GEBIET EIN!
WIE WAR DAS BITTE ?!
WÄHREND WIR DICH GESUCHT HABEN, BESCHLOSSEN WIR..
… ANZUGREIFEN, STATT IMMER NUR WEGZULAUFEN.
HAST DU ETWA AUCH ZUGESTIMMT, X?!

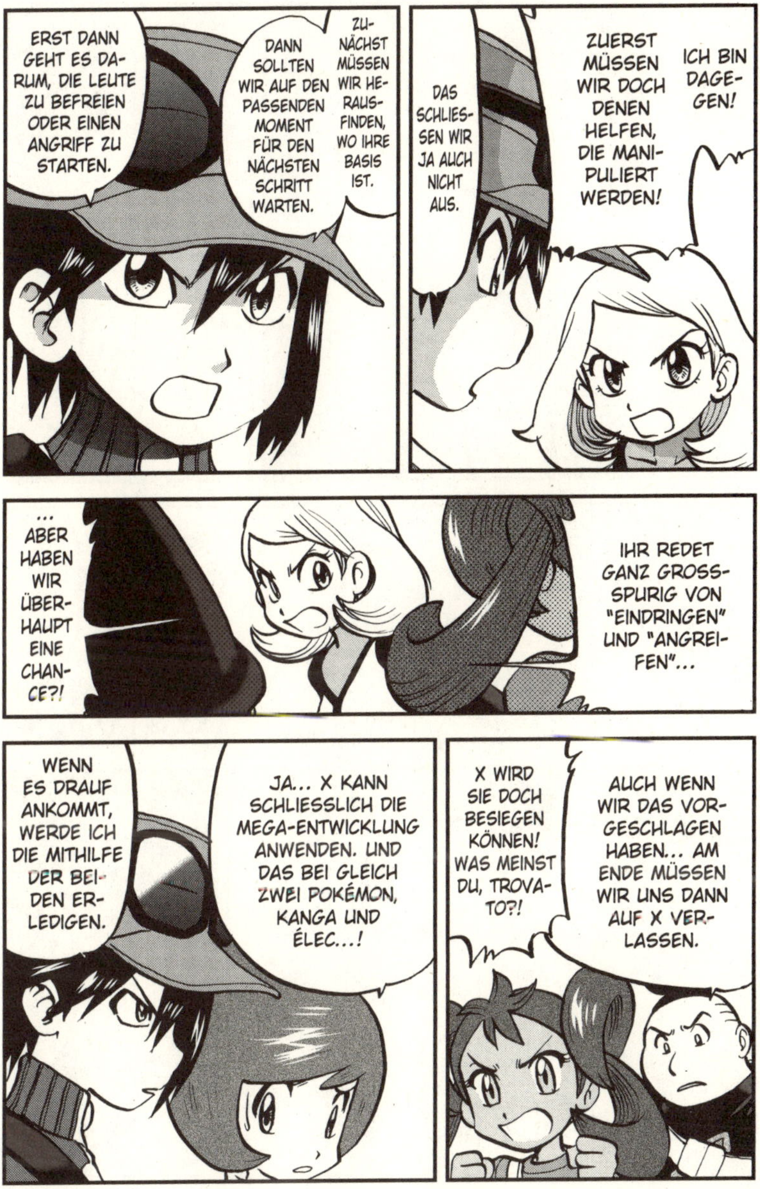
ICH BIN DAGEGEN!
ZUERST MÜSSEN WIR DOCH DENEN HELFEN, DIE MANIPULIERT WERDEN!
DAS SCHLIESSEN WIR JA AUCH NICHT AUS.
ZUNÄCHST MÜSSEN WIR HERAUSFINDEN, WO IHRE BASIS IST.
DANN SOLLTEN WIR AUF DEN PASSENDEN MOMENT FÜR DEN NÄCHSTEN SCHRITT WARTEN.
ERST DANN GEHT ES DARUM, DIE LEUTE ZU BEFREIEN ODER EINEN ANGRIFF ZU STARTEN.
IHR REDET GANZ GROSSSPURIG VON "EINDRINGEN" UND "ANGREIFEN"...
... ABER HABEN WIR ÜBERHAUPT EINE CHANCE?!
AUCH WENN WIR DAS VORGESCHLAGEN HABEN... AM ENDE MÜSSEN WIR UNS DANN AUF X VERLASSEN.
X WIRD SIE DOCH BESIEGEN KÖNNEN! WAS MEINST DU, TROVATO?!
JA... X KANN SCHLIESSLICH DIE MEGA-ENTWICKLUNG ANWENDEN. UND DAS BEI GLEICH ZWEI POKÉMON, KANGA UND ÉLEC...!
WENN ES DRAUF ANKOMMT, WERDE ICH DIE MITHILFE DER BEIDEN ERLEDIGEN.

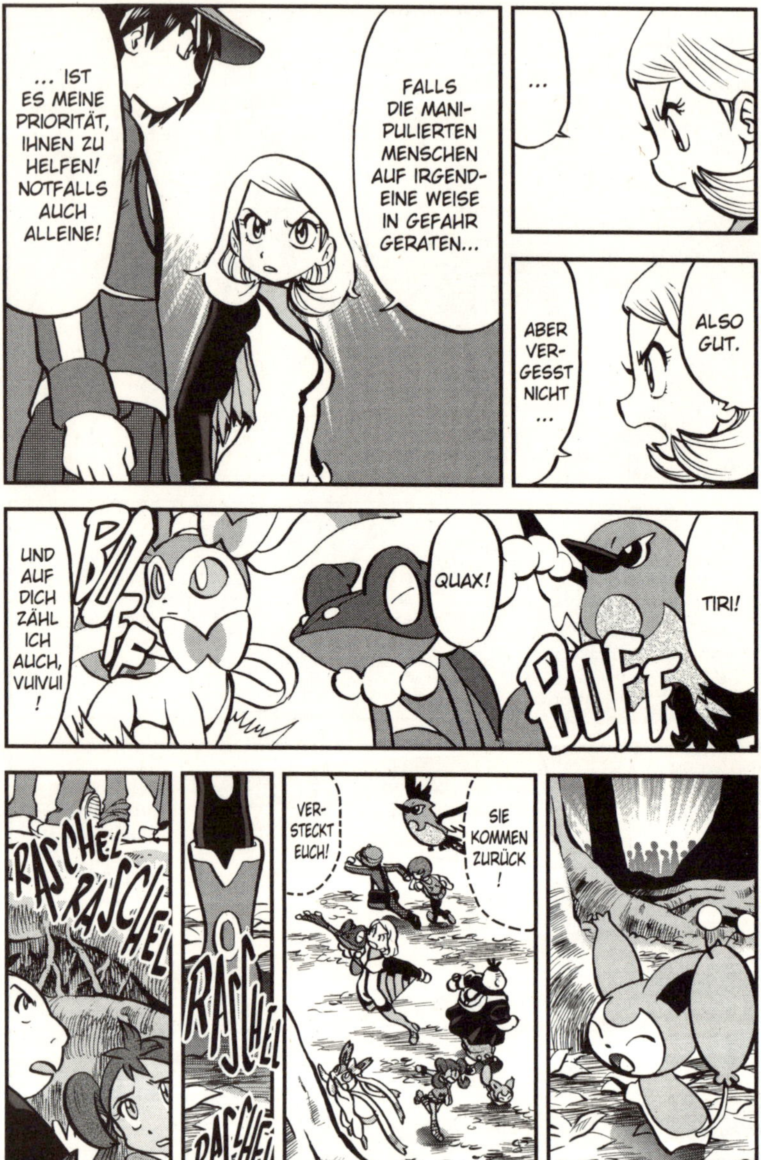
FALLS DIE MANIPULIERTEN MENSCHEN AUF IRGENDEINE WEISE IN GEFAHR GERATEN...
... IST ES MEINE PRIORITÄT, IHNEN ZU HELFEN! NOTFALLS AUCH ALLEINE!
...
ALSO GUT.
ABER VERGESST NICHT ...
TIRI!
BOFF
QUAX!
BOFF
UND AUF DICH ZÄHL ICH AUCH, VUIVUI!
SIE KOMMEN ZURÜCK!
VERSTECKT EUCH!
RASCHEL
RASCHEL
RASCHEL
RASCHEL

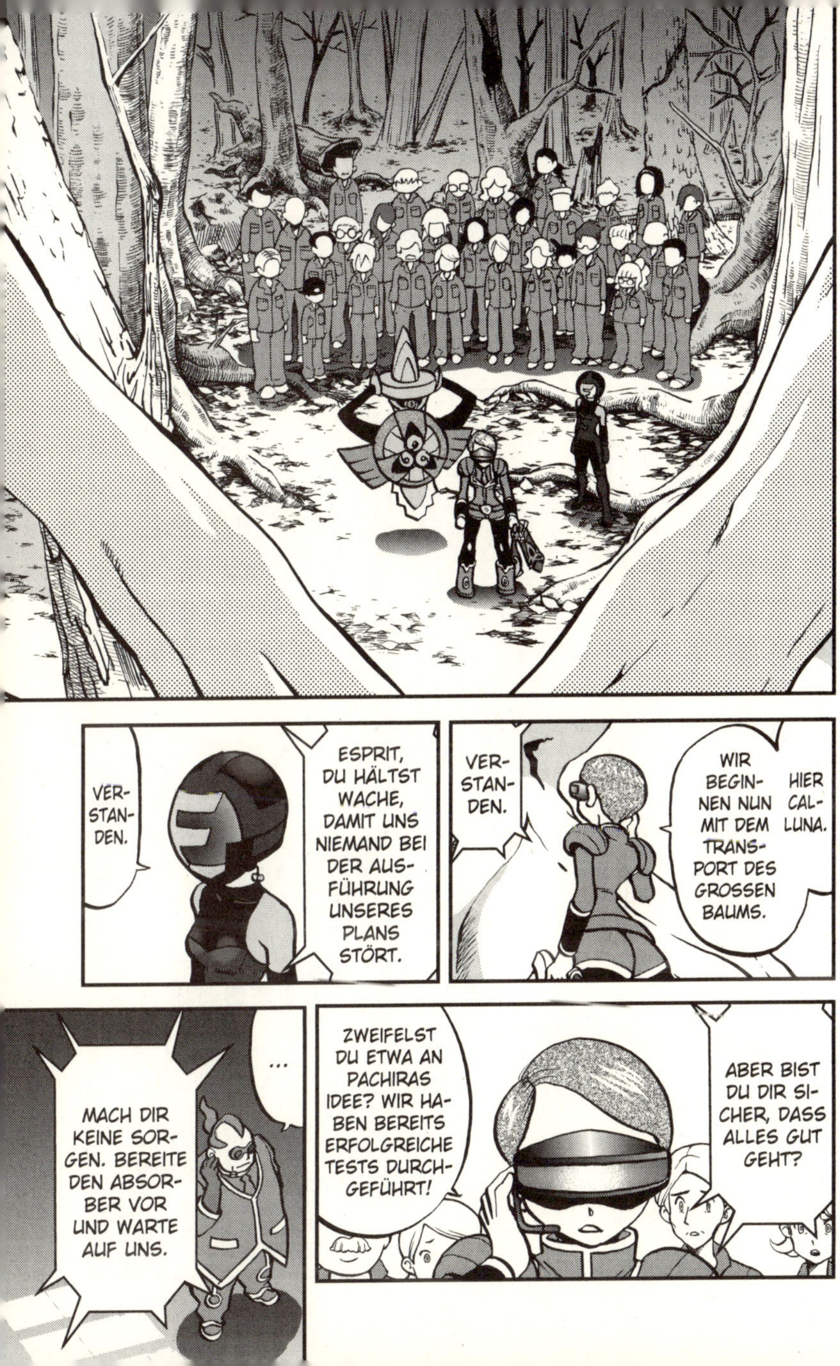

HIER CALLUNA.
WIR BEGINNEN NUN MIT DEM TRANSPORT DES GROSSEN BAUMS.
VERSTANDEN.
ESPRIT, DU HÄLTST WACHE, DAMIT UNS NIEMAND BEI DER AUSFÜHRUNG UNSERES PLANS STÖRT.
VERSTANDEN.
ABER BIST DU DIR SICHER, DASS ALLES GUT GEHT?
ZWEIFELST DU ETWA AN PACHIRAS IDEE? WIR HABEN BEREITS ERFOLGREICHE TESTS DURCHGEFÜHRT!
...
MACH DIR KEINE SORGEN. BEREITE DEN ABSORBER VOR UND WARTE AUF UNS.

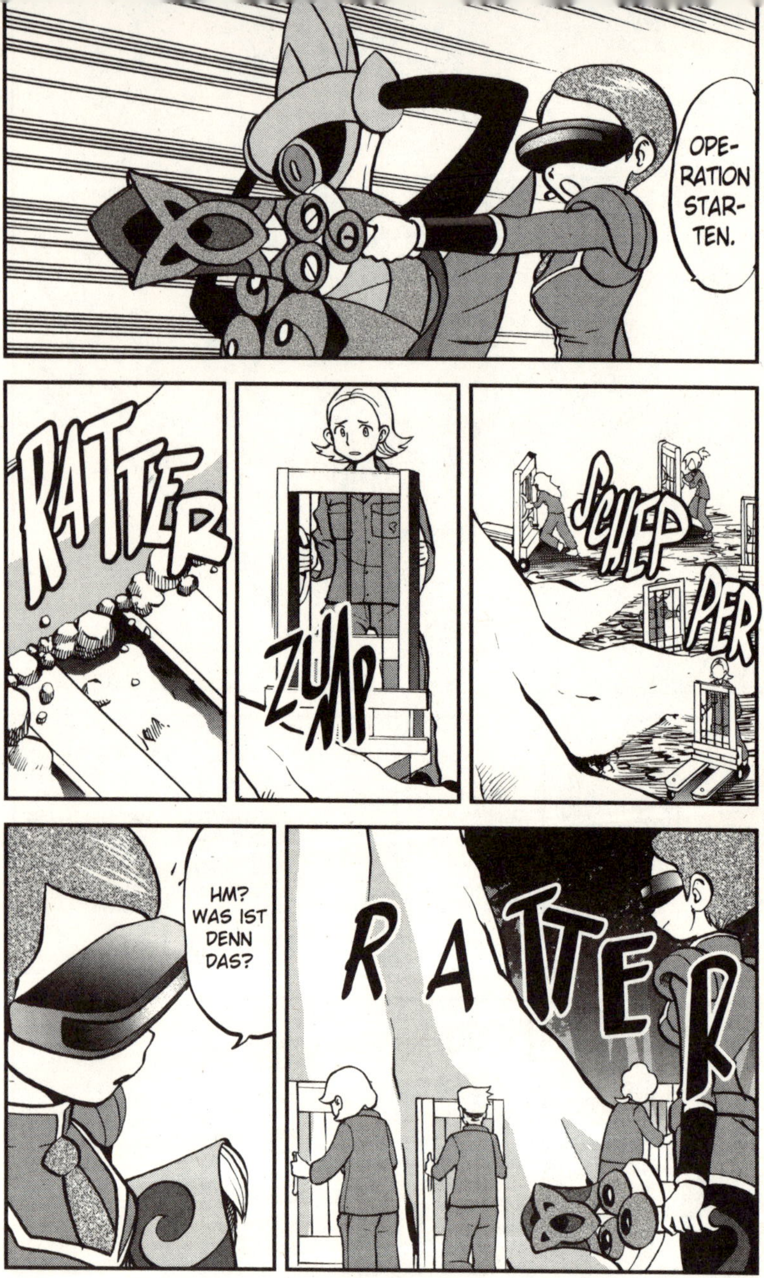
OPERATION STARTEN.
RATTER
ZUMP
SCHEPPER
HM? WAS IST DENN DAS?
RATTER

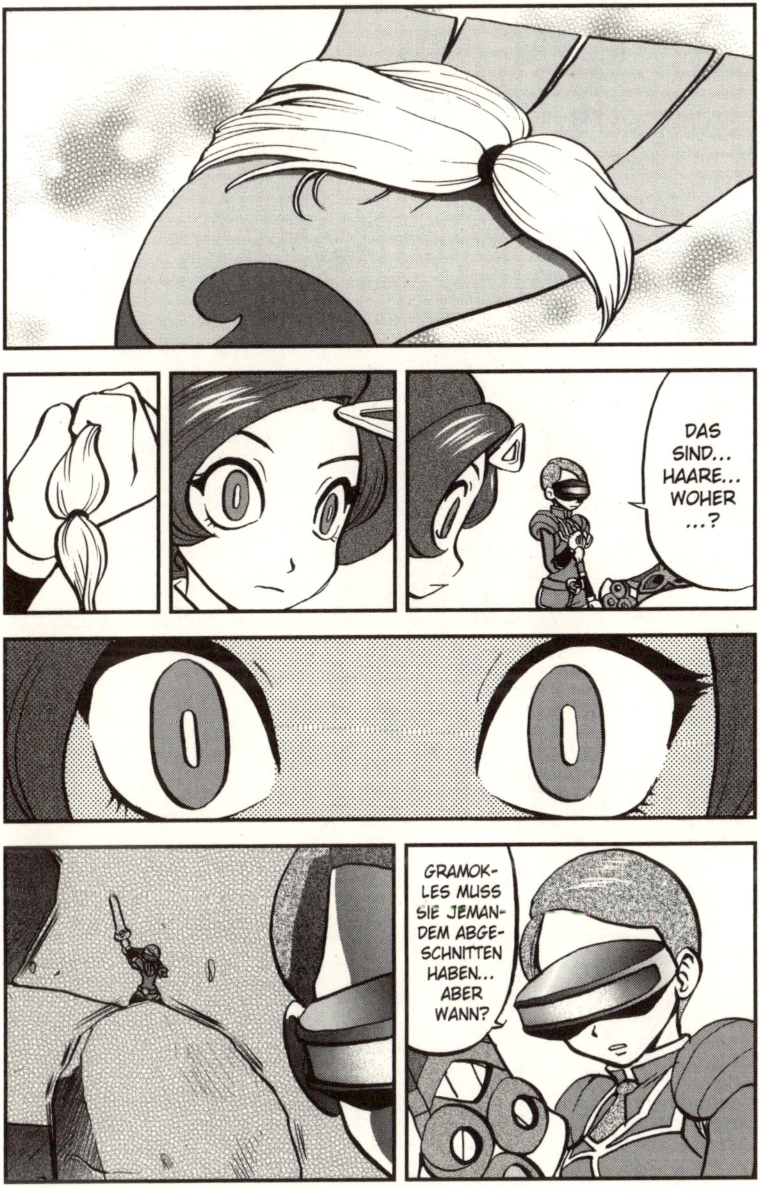
DAS SIND... HAARE... WOHER ...?
GRAMOK-LES MUSS SIE JEMAN-DEM ABGE-SCHNITTEN HABEN... ABER WANN?

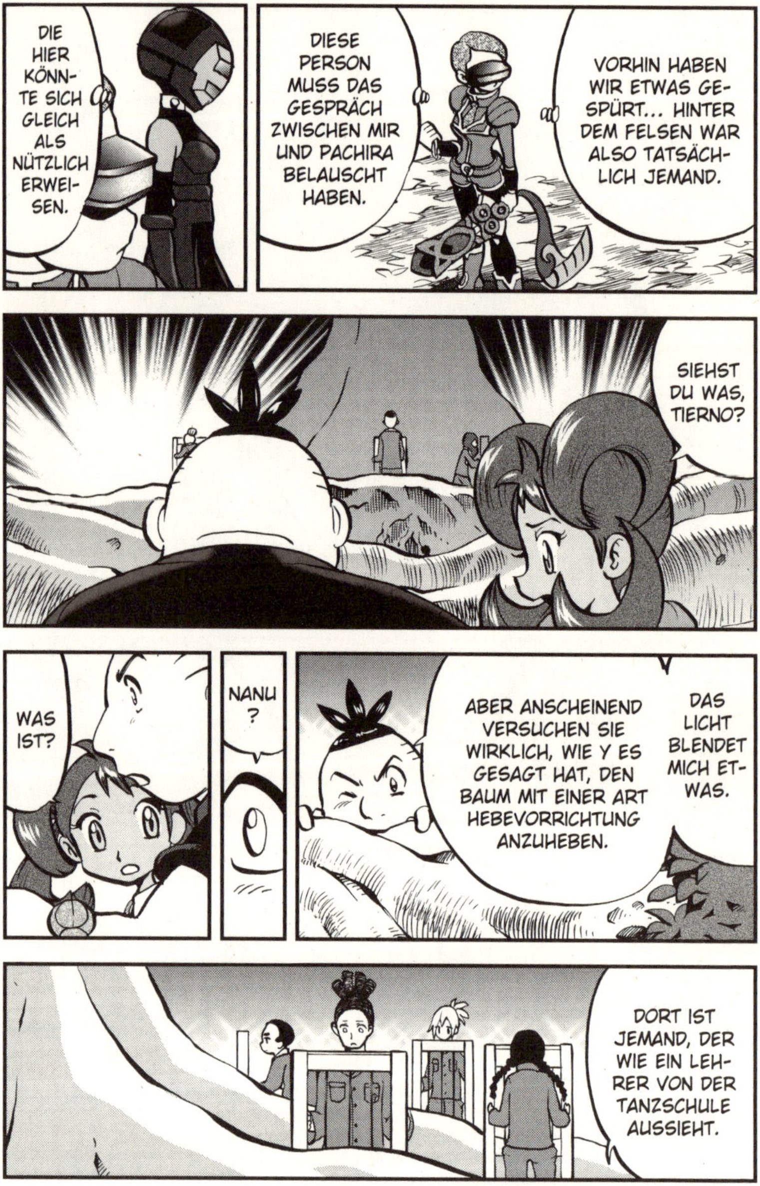
VORHIN HABEN WIR ETWAS GESPÜRT… HINTER DEM FELSEN WAR ALSO TATSÄCHLICH JEMAND.
DIESE PERSON MUSS DAS GESPRÄCH ZWISCHEN MIR UND PACHIRA BELAUSCHT HABEN.
DIE HIER KÖNNTE SICH GLEICH ALS NÜTZLICH ERWEISEN.
SIEHST DU WAS, TIERNO?
DAS LICHT BLENDET MICH ETWAS.
ABER ANSCHEINEND VERSUCHEN SIE WIRKLICH, WIE Y ES GESAGT HAT, DEN BAUM MIT EINER ART HEBEVORRICHTUNG ANZUHEBEN.
NANU?
WAS IST?
DORT IST JEMAND, DER WIE EIN LEHRER VON DER TANZSCHULE AUSSIEHT.

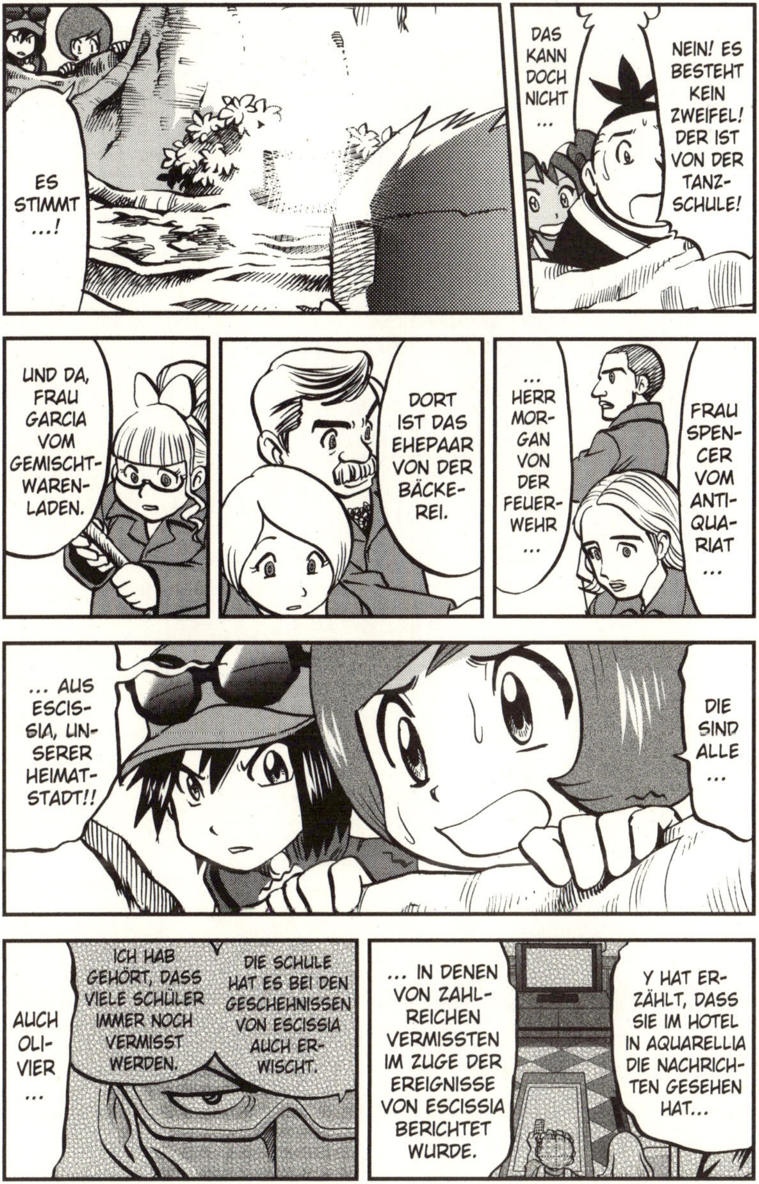

DAS KANN DOCH NICHT ...
NEIN! ES BESTEHT KEIN ZWEIFEL! DER IST VON DER TANZ-SCHULE!
ES STIMMT ...!
FRAU SPEN-CER VOM ANTI-QUA-RIAT ...
... HERR MOR-GAN VON DER FEUER-WEHR ...
DORT IST DAS EHEPAAR VON DER BÄCKE-REI.
UND DA, FRAU GARCIA VOM GEMISCHT-WAREN-LADEN.
DIE SIND ALLE ...
... AUS ESCIS-SIA, UN-SERER HEIMAT-STADT!!
Y HAT ER-ZÄHLT, DASS SIE IM HOTEL IN AQUARELLIA DIE NACHRICH-TEN GESEHEN HAT...
... IN DENEN VON ZAHL-REICHEN VERMISSTEN IM ZUGE DER EREIGNISSE VON ESCISSIA BERICHTET WURDE.
AUCH OLI-VIER ...
DIE SCHULE HAT ES BEI DEN GESCHEHNISSEN VON ESCISSIA AUCH ER-WISCHT.
ICH HAB GEHÖRT, DASS VIELE SCHÜLER IMMER NOCH VERMISST WERDEN.

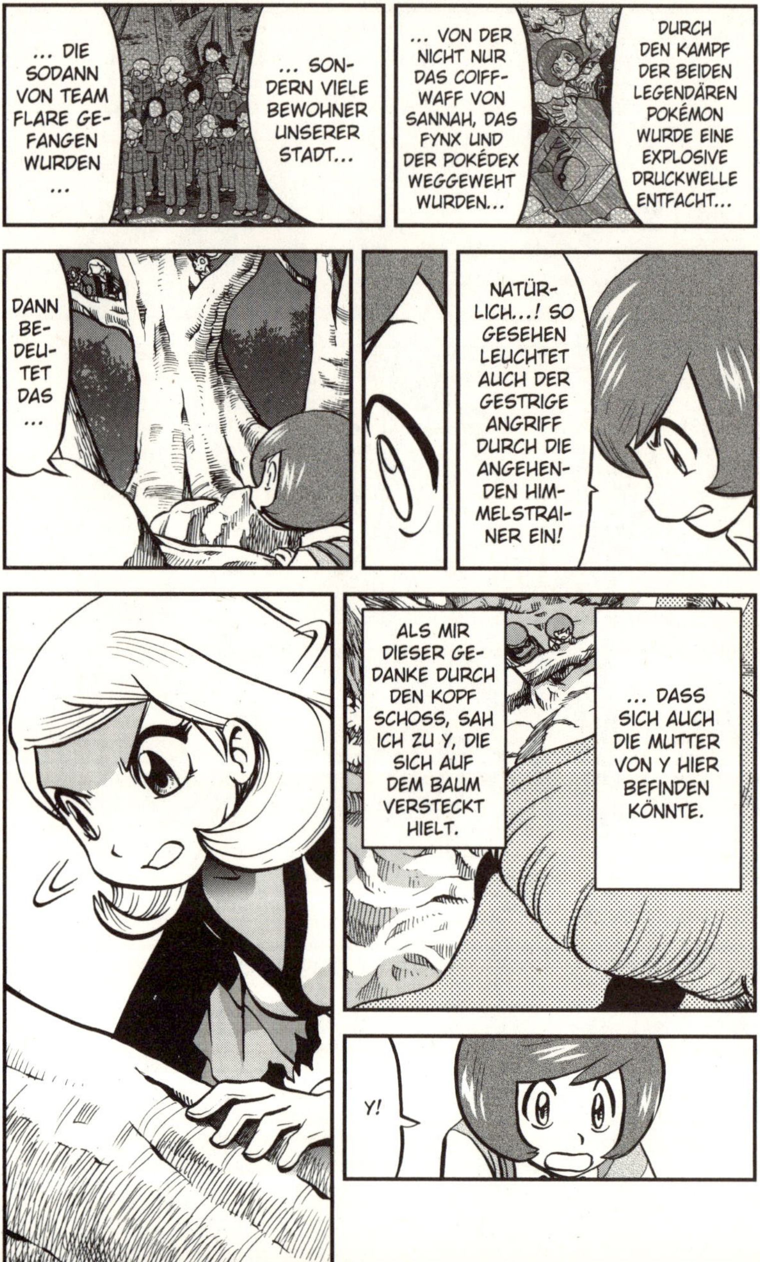

DURCH DEN KAMPF DER BEIDEN LEGENDÄREN POKÉMON WURDE EINE EXPLOSIVE DRUCKWELLE ENTFACHT…
… VON DER NICHT NUR DAS COIFF-WAFF VON SANNAH, DAS FYNX UND DER POKÉDEX WEGGEWEHT WURDEN…
… SON-DERN VIELE BEWOHNER UNSERER STADT…
… DIE SODANN VON TEAM FLARE GE-FANGEN WURDEN …
NATÜR-LICH…! SO GESEHEN LEUCHTET AUCH DER GESTRIGE ANGRIFF DURCH DIE ANGEHEN-DEN HIM-MELSTRAI-NER EIN!
DANN BE-DEU-TET DAS …
… DASS SICH AUCH DIE MUTTER VON Y HIER BEFINDEN KÖNNTE.
ALS MIR DIESER GE-DANKE DURCH DEN KOPF SCHOSS, SAH ICH ZU Y, DIE SICH AUF DEM BAUM VERSTECKT HIELT.
Y!

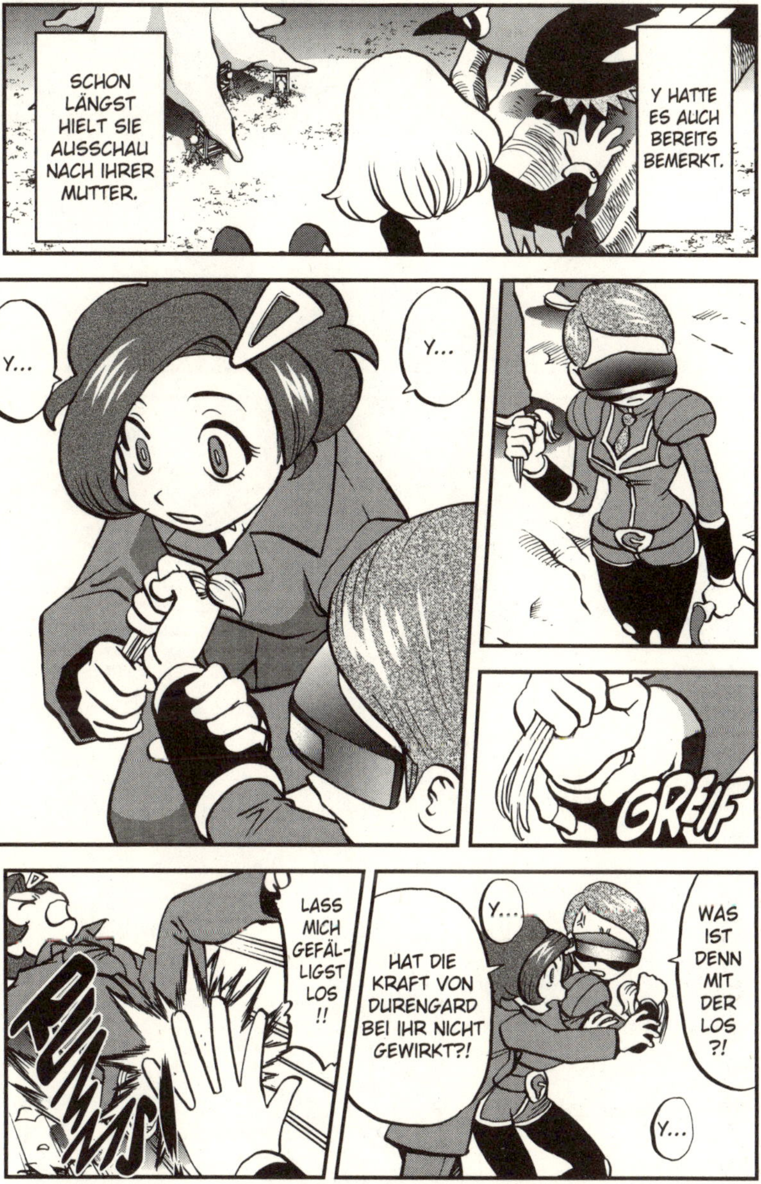
SCHON LÄNGST HIELT SIE AUSSCHAU NACH IHRER MUTTER.
Y HATTE ES AUCH BEREITS BEMERKT.
Y...
Y...
GREIF
LASS MICH GEFÄL-LIGST LOS !!
RUMMS!
Y...
HAT DIE KRAFT VON DURENGARD BEI IHR NICHT GEWIRKT?!
WAS IST DENN MIT DER LOS ?!
Y...

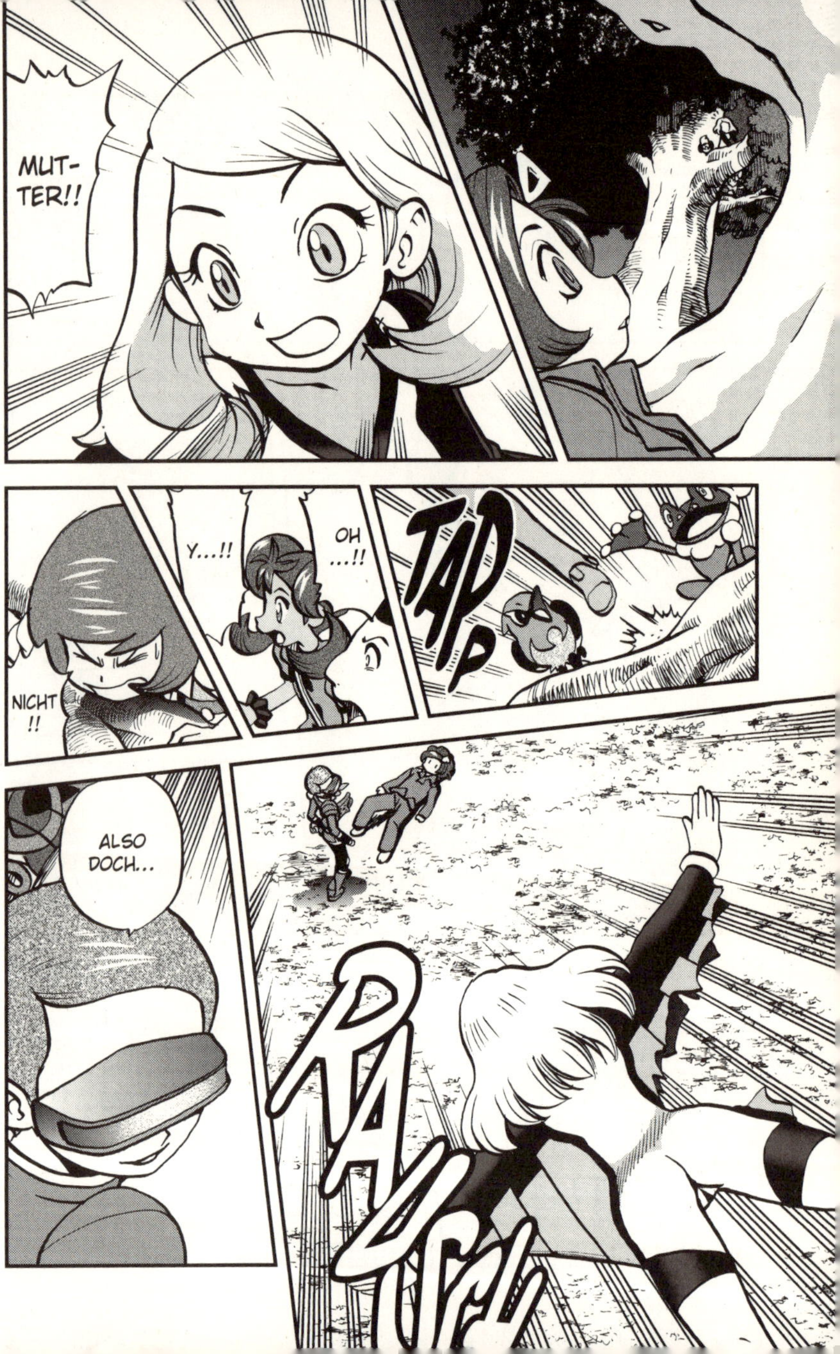
MUT-
TER!!
OH
...!!
Y...!!
NICHT
!!
TAPP
ALSO
DOCH...
RAUSCH

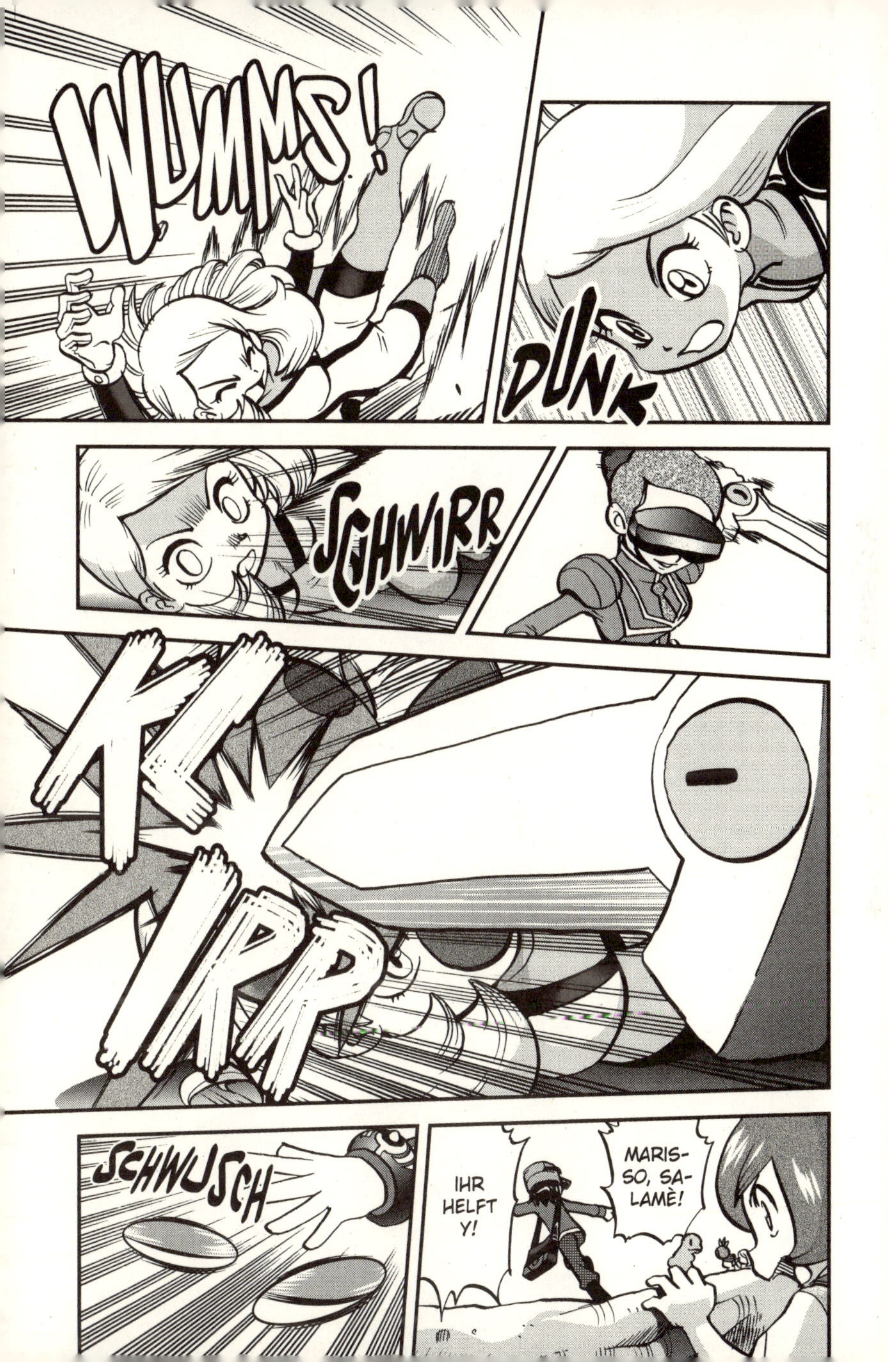
WUMMS!
DUNK
SCHWIRR
KLIRR
SCHWUSCH
MARIS-
SO, SA-
LAMÈ!
IHR
HELFT
Y!

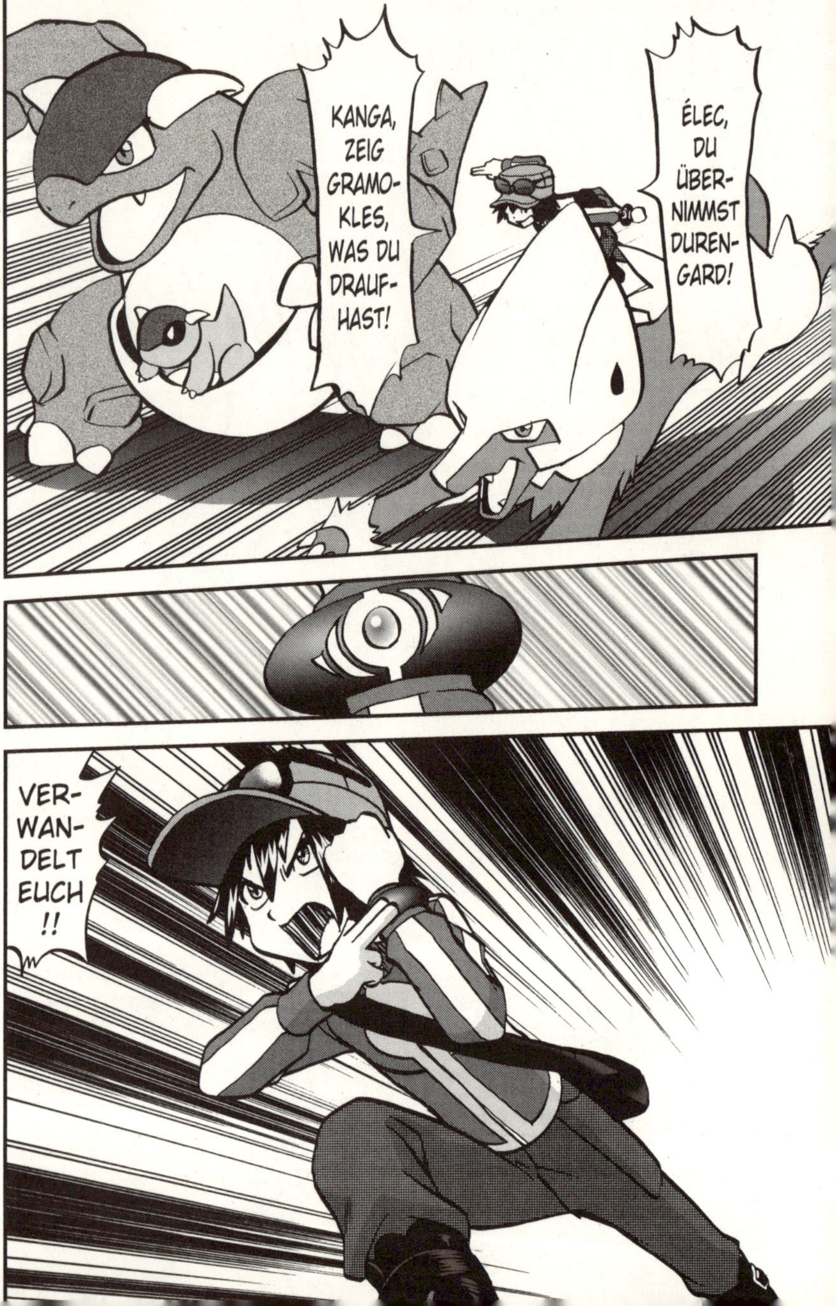
ÉLEC, DU ÜBERNIMMST DURENGARD!
KANGA, ZEIG GRAMOKLES, WAS DU DRAUFHAST!
VERWANDELT EUCH!!

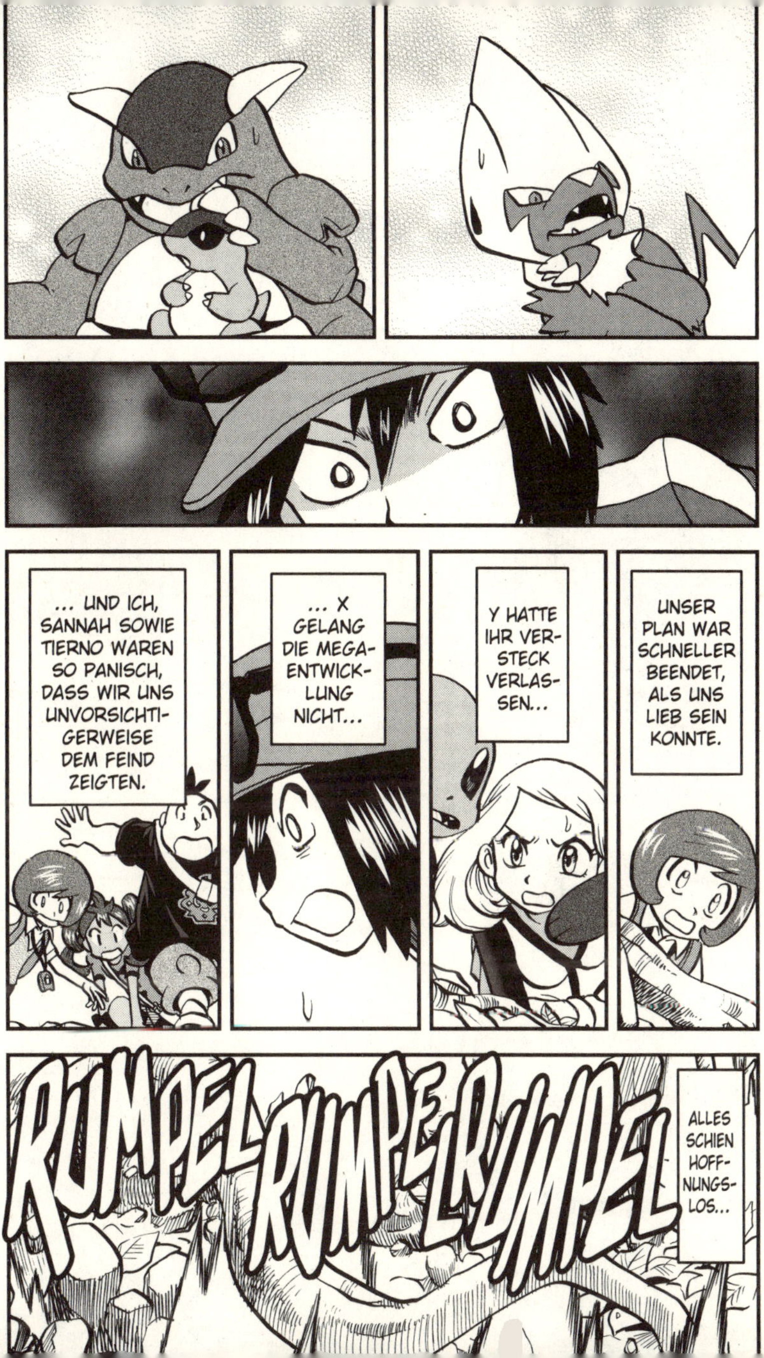

UNSER PLAN WAR SCHNELLER BEENDET, ALS UNS LIEB SEIN KONNTE.
Y HATTE IHR VER-STECK VERLAS-SEN...
... X GELANG DIE MEGA-ENTWICK-LUNG NICHT...
... UND ICH, SANNAH SOWIE TIERNO WAREN SO PANISCH, DASS WIR UNS UNVORSICHTI-GERWEISE DEM FEIND ZEIGTEN.
ALLES SCHIEN HOFF-NUNGS-LOS...
RUMPEL RUMPEL RUMPEL

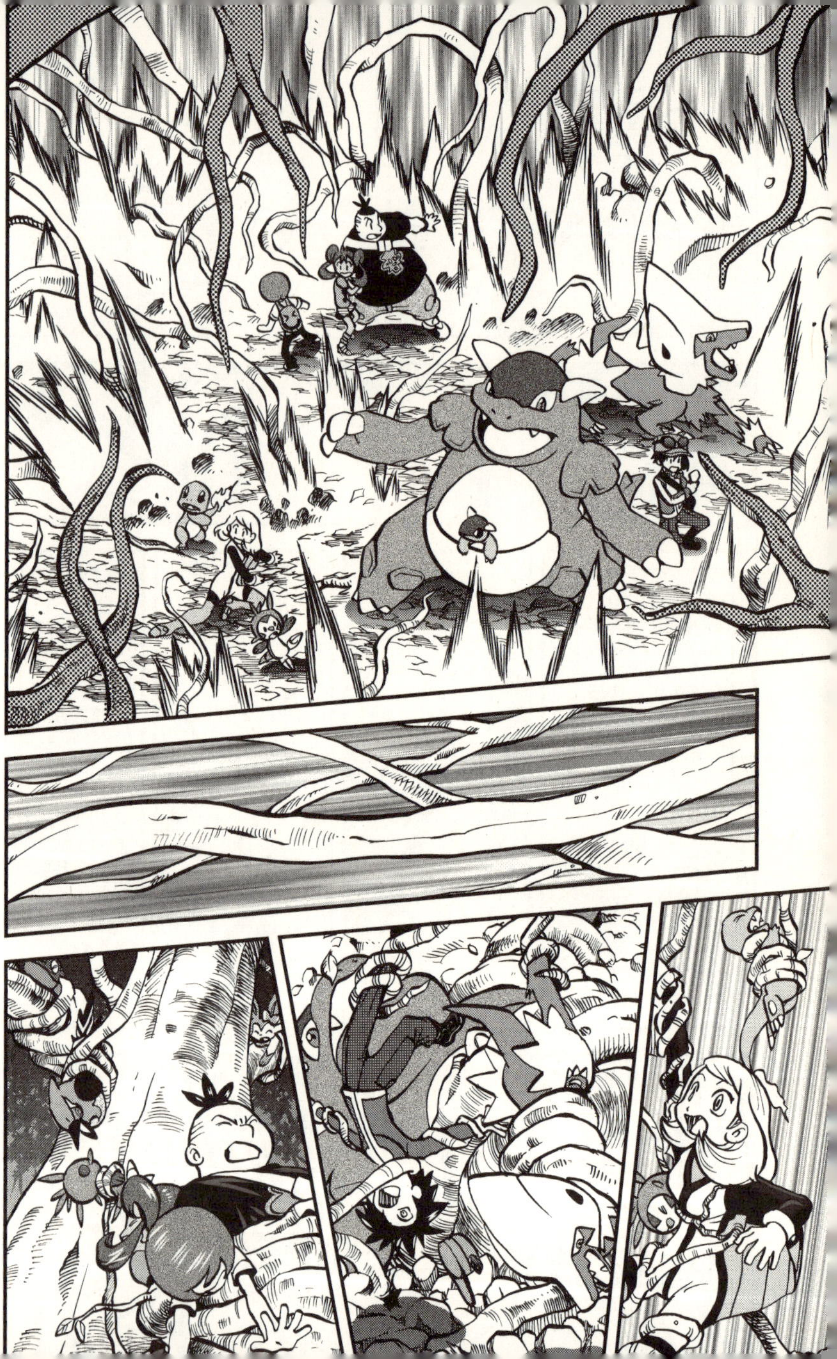

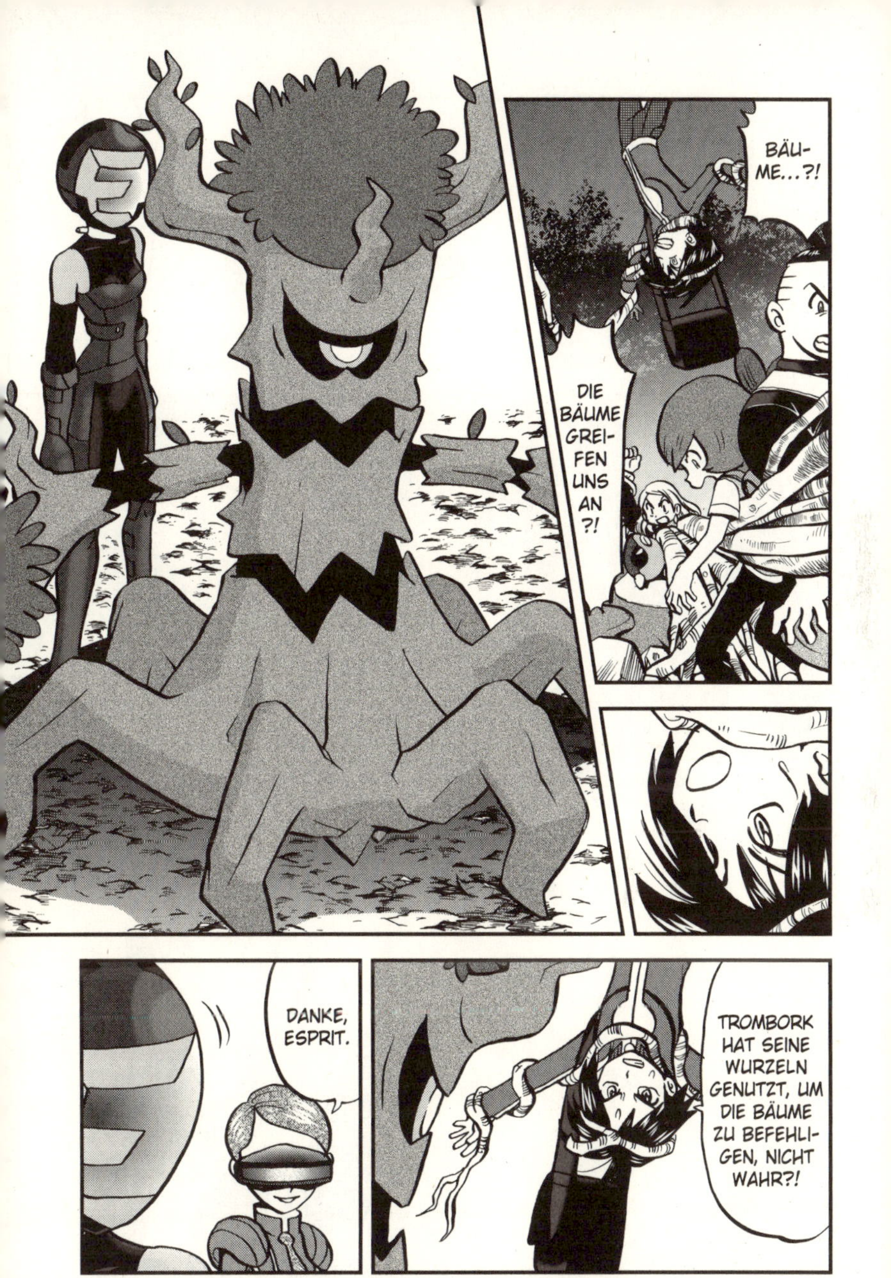
BÄU-
ME…?!
DIE BÄUME GREIFEN UNS AN ?!
TROMBORK HAT SEINE WURZELN GENUTZT, UM DIE BÄUME ZU BEFEHLIGEN, NICHT WAHR?!
DANKE, ESPRIT.

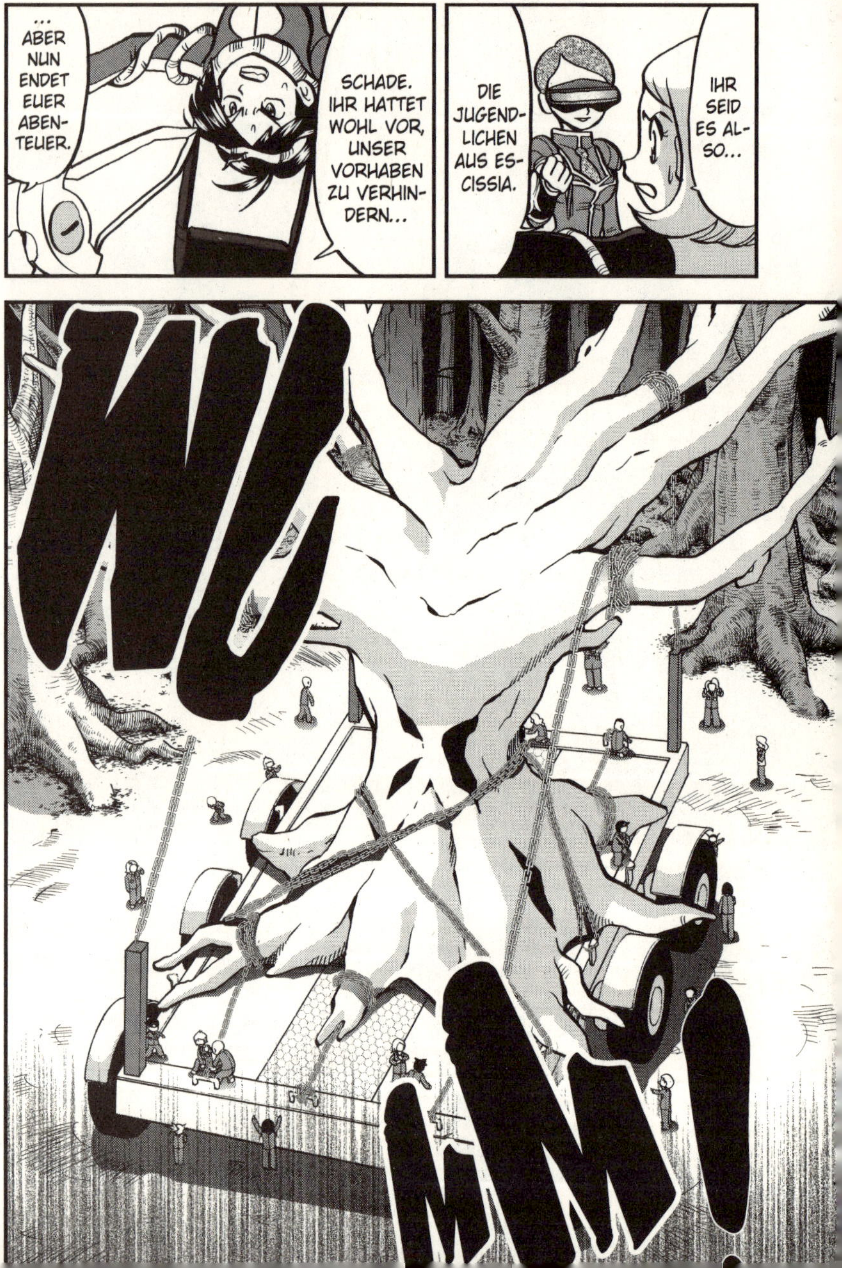
IHR SEID ES ALSO…
DIE JUGENDLICHEN AUS ESCISSIA.
SCHADE. IHR HATTET WOHL VOR, UNSER VORHABEN ZU VERHINDERN…
… ABER NUN ENDET EUER ABENTEUER.
WUMM!

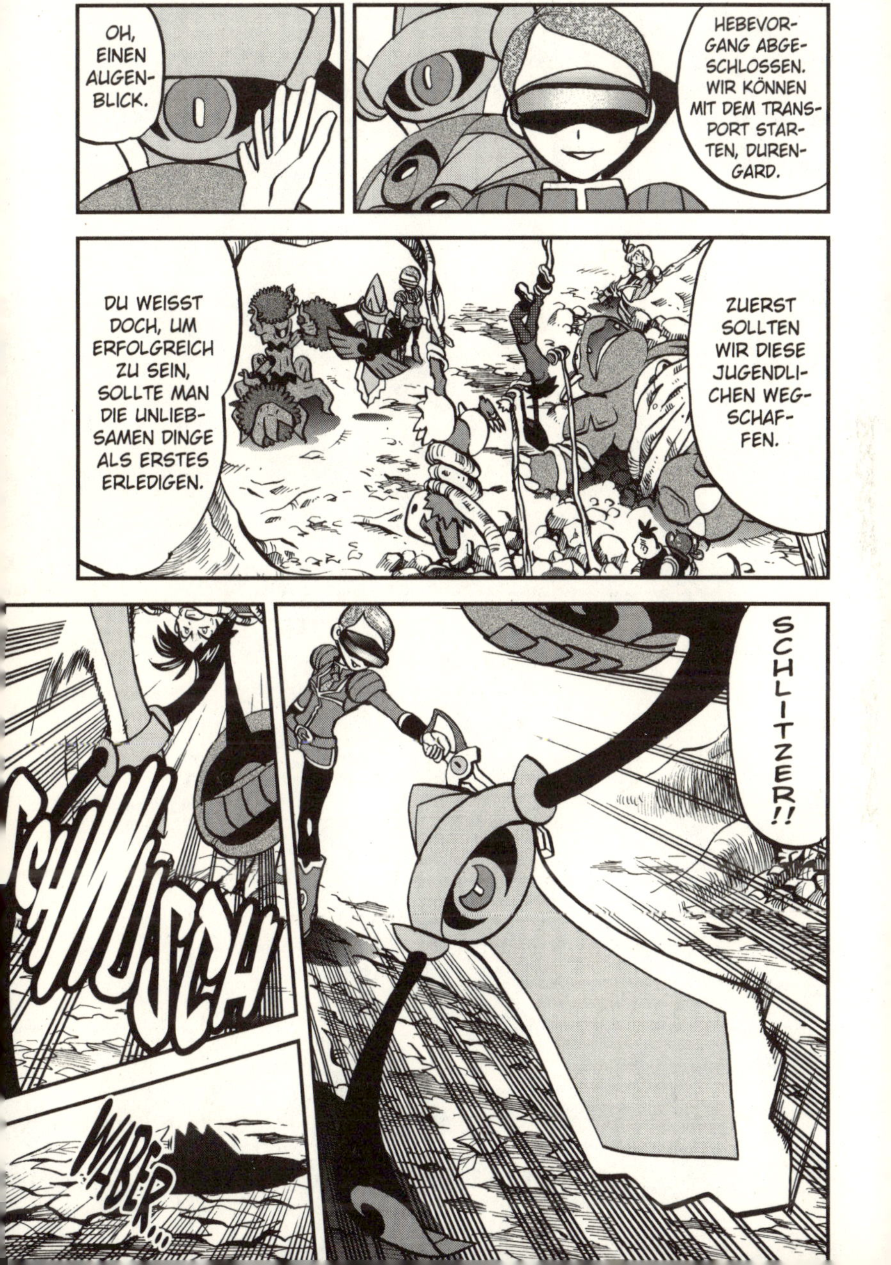

HEBEVORGANG ABGESCHLOSSEN. WIR KÖNNEN MIT DEM TRANSPORT STARTEN, DURENGARD.
OH, EINEN AUGENBLICK.
ZUERST SOLLTEN WIR DIESE JUGENDLICHEN WEGSCHAFFEN.
DU WEISST DOCH, UM ERFOLGREICH ZU SEIN, SOLLTE MAN DIE UNLIEBSAMEN DINGE ALS ERSTES ERLEDIGEN.
SCHLITZER!!
SCHWUSCH
WABER...

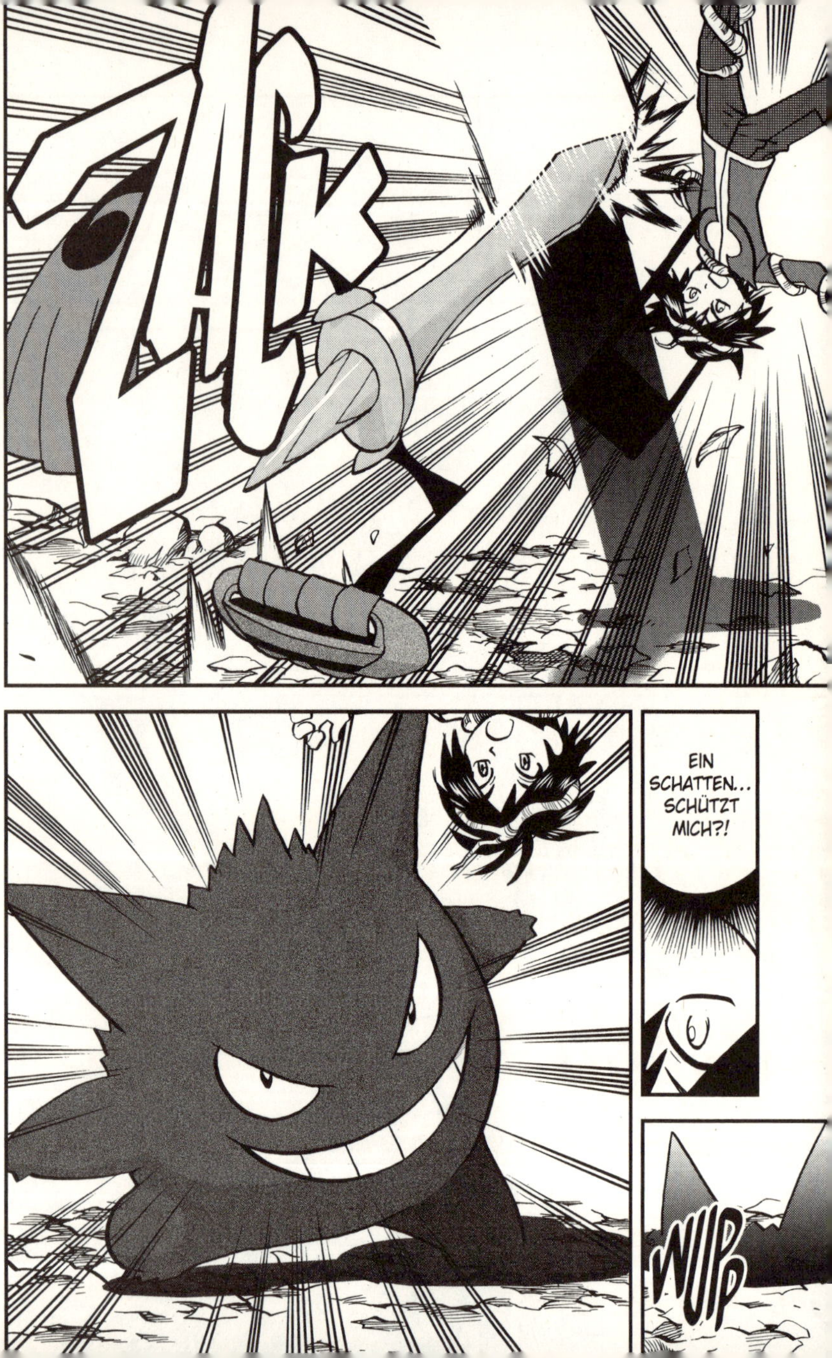
ZACK
EIN SCHATTEN... SCHÜTZT MICH?!
WUPP

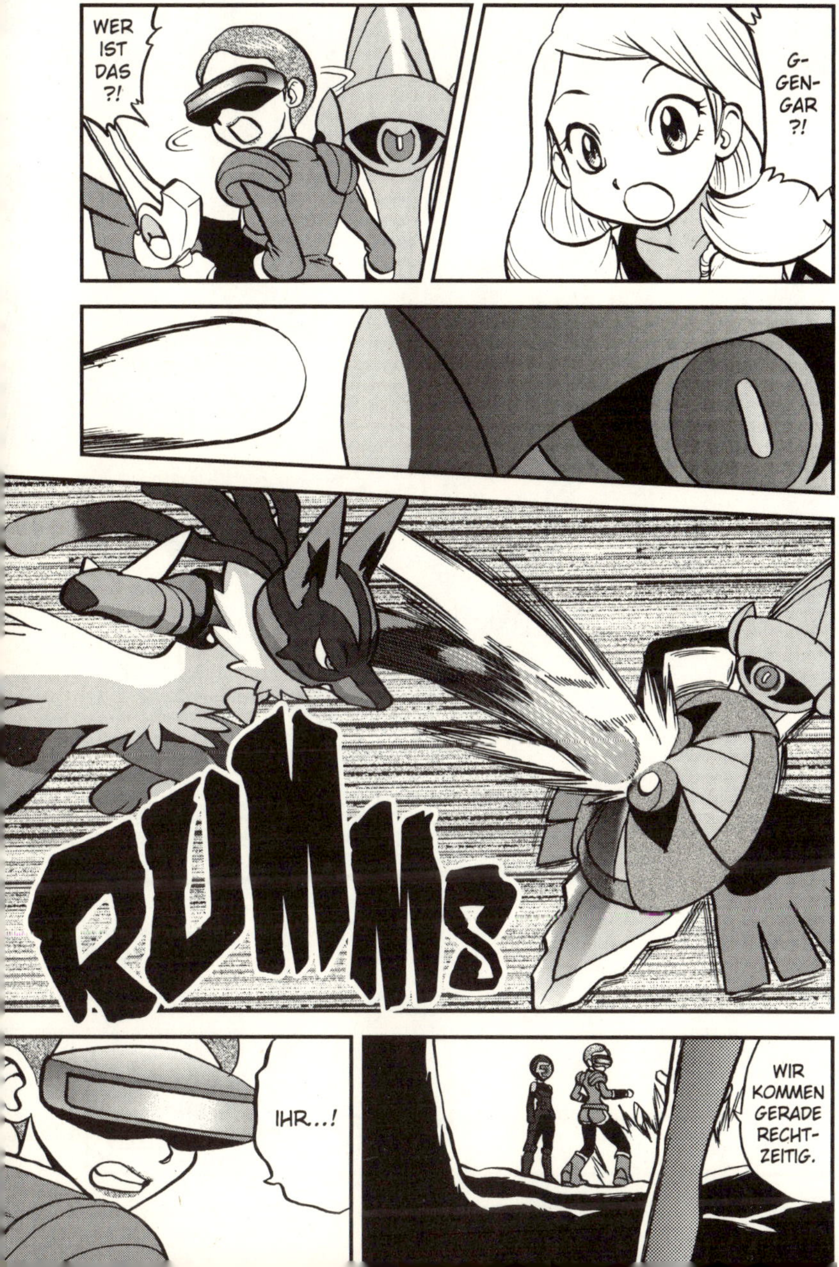
G-GEN-GAR?!
WER IST DAS?!
RUMMS
WIR KOMMEN GERADE RECHT-ZEITIG.
IHR...!

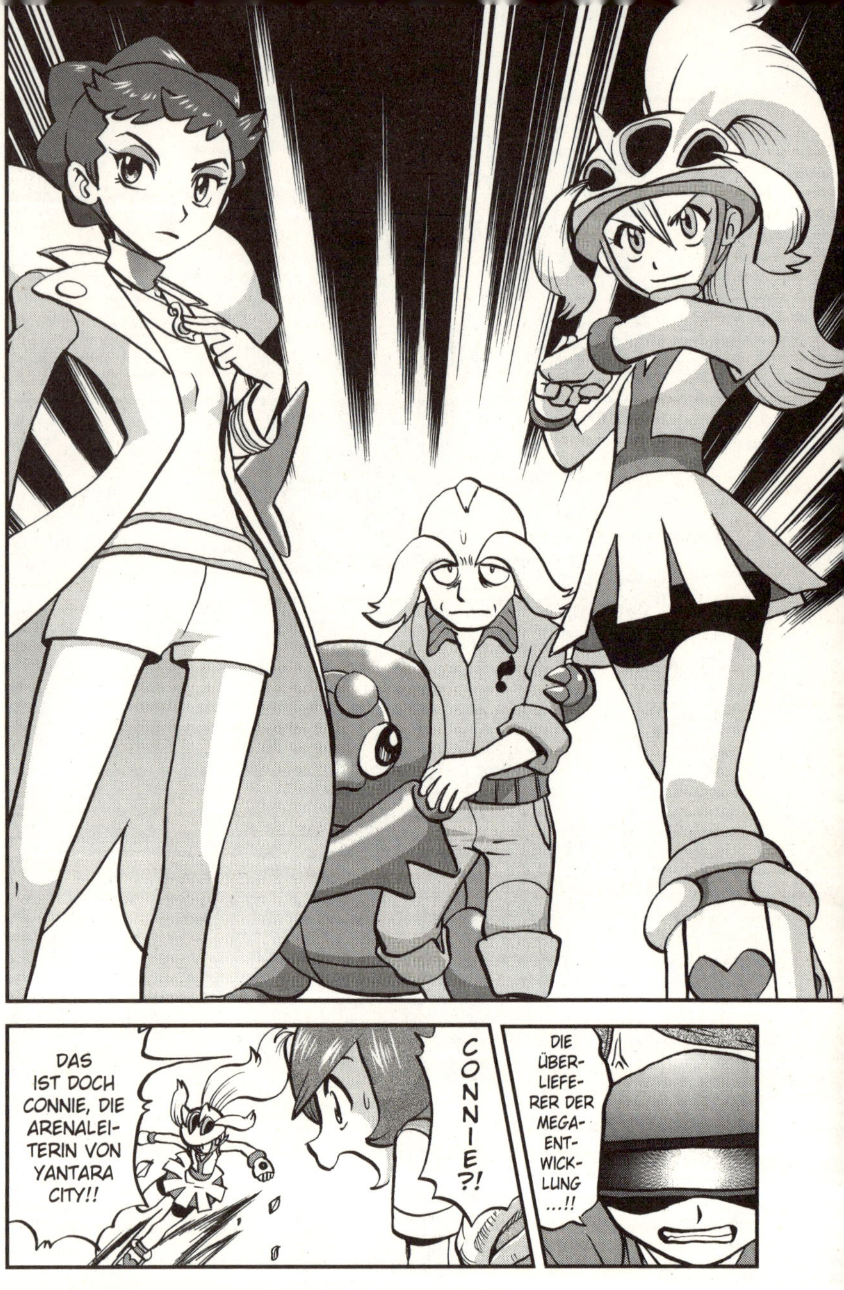
DIE ÜBERLIEFERER DER MEGA-ENTWICKLUNG ...!!
CONNIE?!
DAS IST DOCH CONNIE, DIE ARENALEITERIN VON YANTARA CITY!!

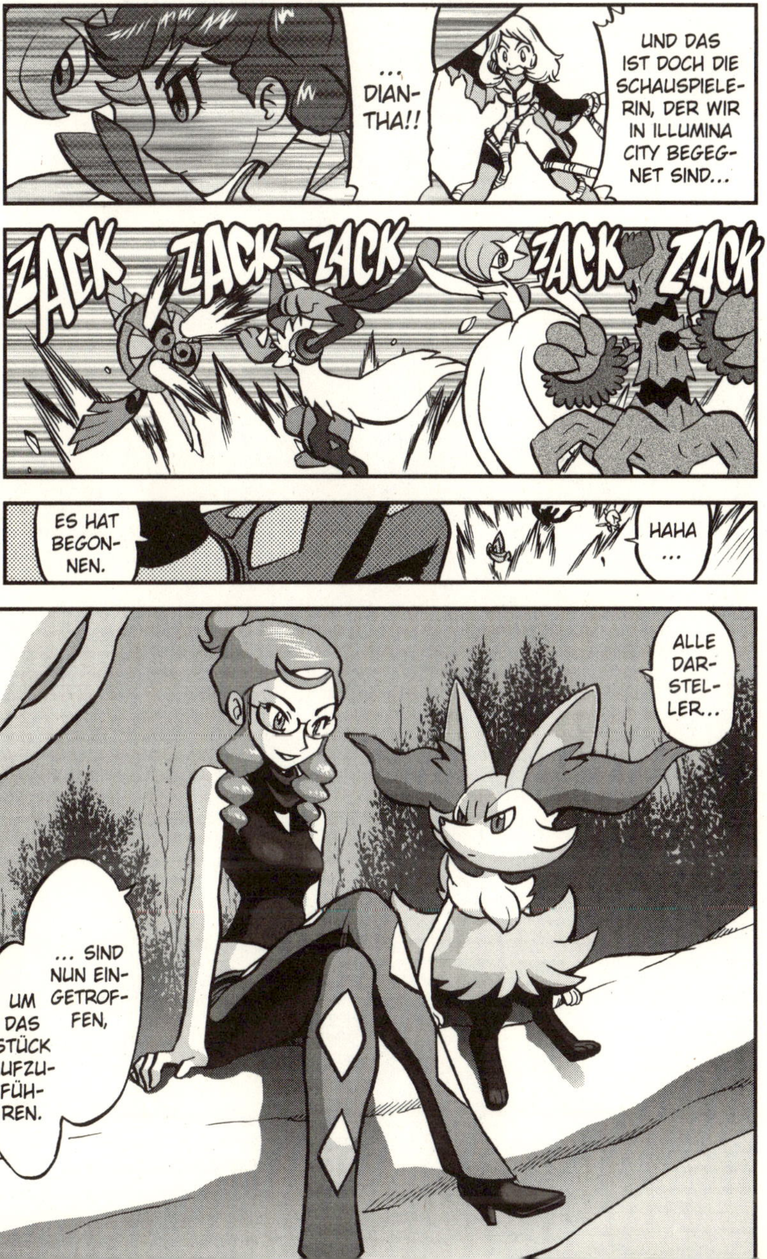
UND DAS IST DOCH DIE SCHAUSPIELE-RIN, DER WIR IN ILLUMINA CITY BEGEG-NET SIND…
… DIAN-THA!!
ZACK
ZACK
ZACK
ZACK
ZACK
HAHA …
ES HAT BEGON-NEN.
ALLE DAR-STEL-LER…
… SIND NUN EIN-GETROF-FEN,
UM DAS STÜCK AUFZU-FÜH-REN.

GEGENWÄRTIGER AUF-
ENTHALTSORT

ROUTE 8
MURAILLE-
KÜSTENPFAD

DER REIZ DIESER ROUTE LIEGT IM KONTRAST ZWISCHEN DEN SCHWINDEL-ERREGEND HOHEN KLIPPEN UND DEM WEITEN STRAND.

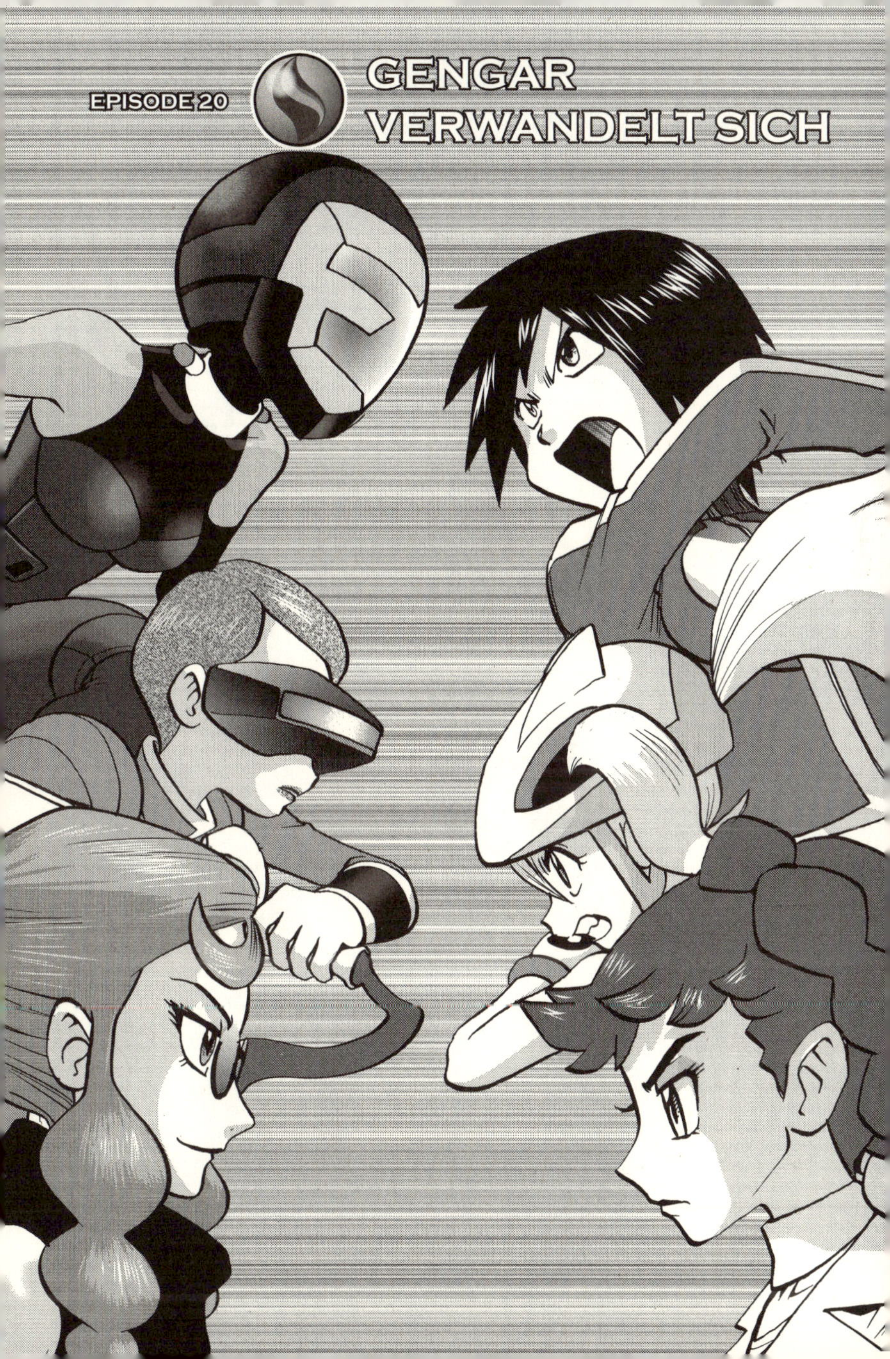
EPISODE 20
GENGAR VERWANDELT SICH

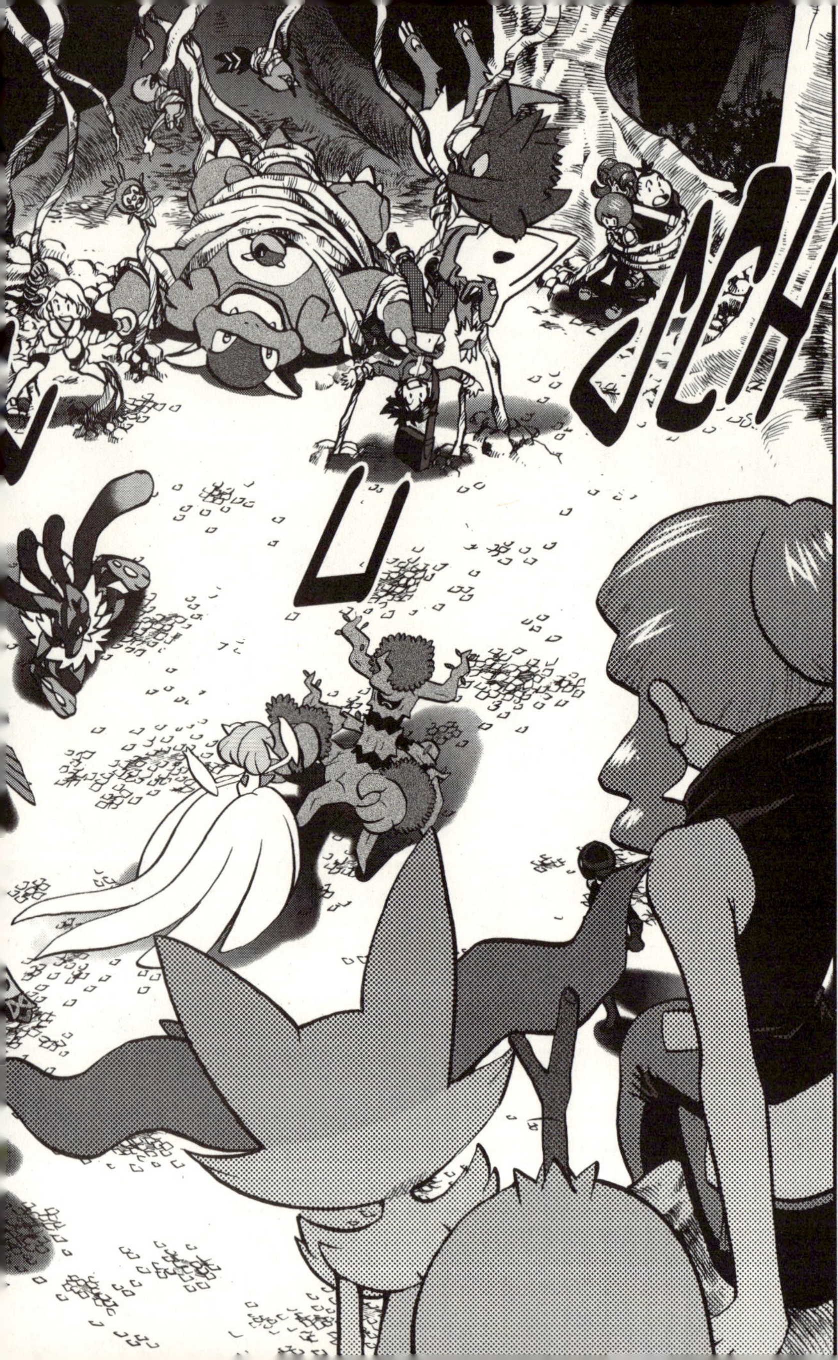

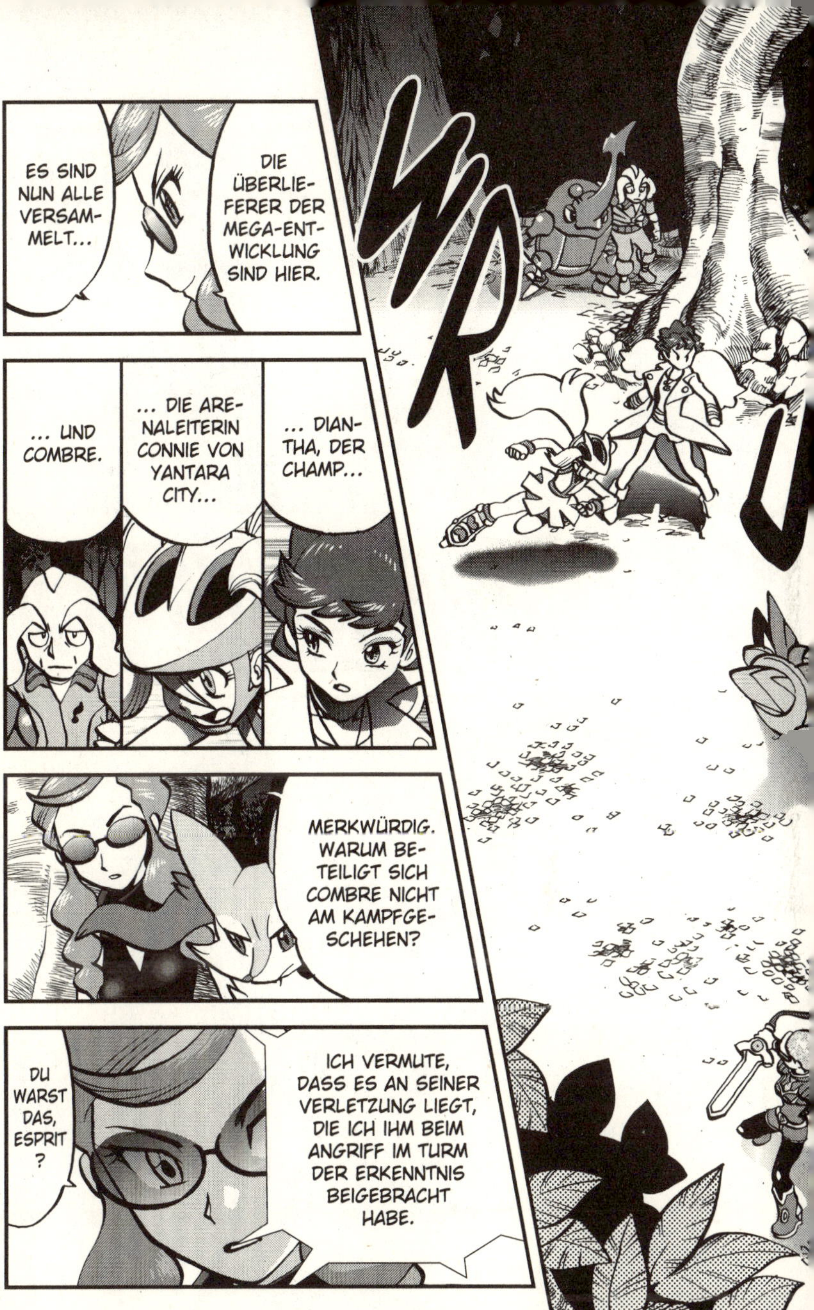
DIE ÜBERLIEFERER DER MEGA-ENTWICKLUNG SIND HIER.
ES SIND NUN ALLE VERSAMMELT…
… DIANTHA, DER CHAMP…
… DIE ARENALEITERIN CONNIE VON YANTARA CITY…
… UND COMBRE.
MERKWÜRDIG. WARUM BETEILIGT SICH COMBRE NICHT AM KAMPFGESCHEHEN?
ICH VERMUTE, DASS ES AN SEINER VERLETZUNG LIEGT, DIE ICH IHM BEIM ANGRIFF IM TURM DER ERKENNTNIS BEIGEBRACHT HABE.
DU WARST DAS, ESPRIT?

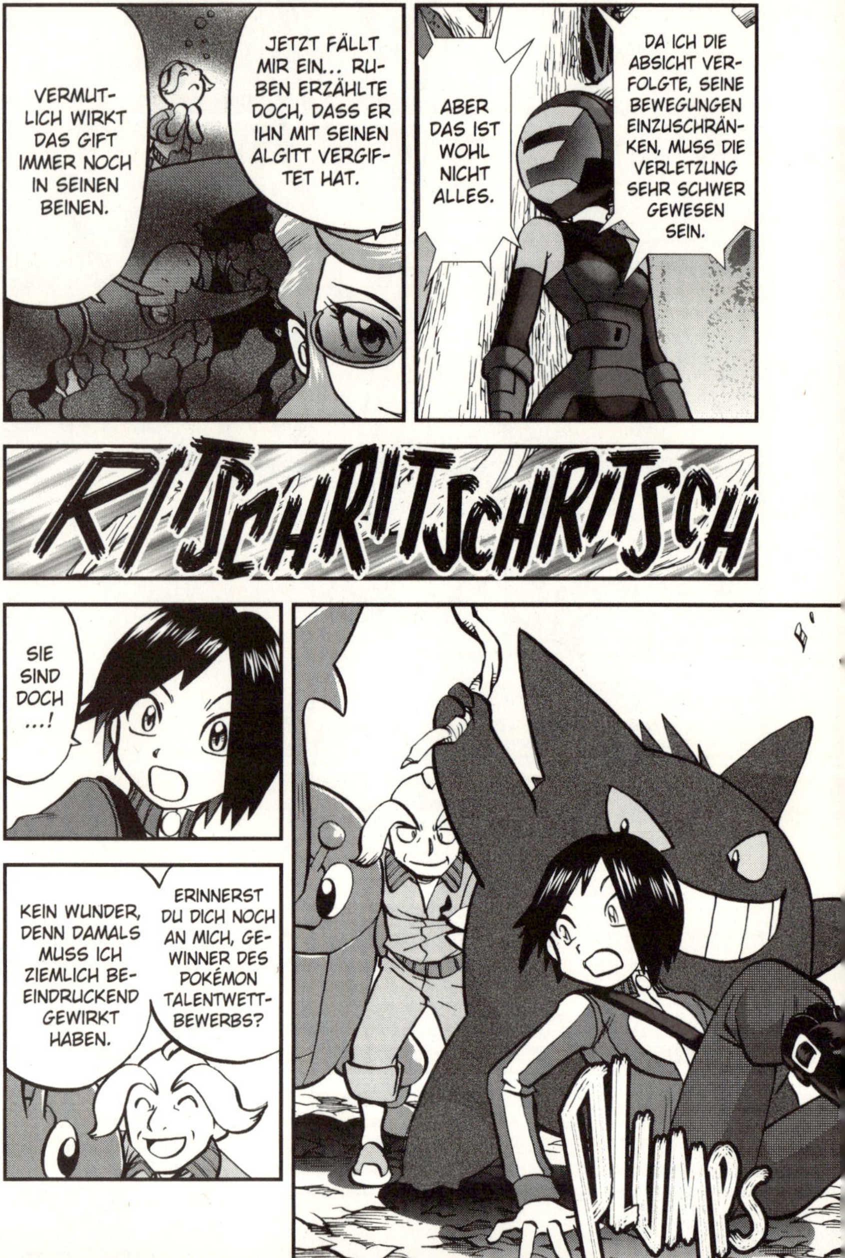
VERMUT-LICH WIRKT DAS GIFT IMMER NOCH IN SEINEN BEINEN.
JETZT FÄLLT MIR EIN... RUBEN ERZÄHLTE DOCH, DASS ER IHN MIT SEINEN ALGITT VERGIFTET HAT.
DA ICH DIE ABSICHT VERFOLGTE, SEINE BEWEGUNGEN EINZUSCHRÄNKEN, MUSS DIE VERLETZUNG SEHR SCHWER GEWESEN SEIN.
ABER DAS IST WOHL NICHT ALLES.
RITSCHRITSCHRITSCH
SIE SIND DOCH ...!
ERINNERST DU DICH NOCH AN MICH, GEWINNER DES POKÉMON TALENTWETTBEWERBS?
KEIN WUNDER, DENN DAMALS MUSS ICH ZIEMLICH BEEINDRUCKEND GEWIRKT HABEN.
PLUMPS

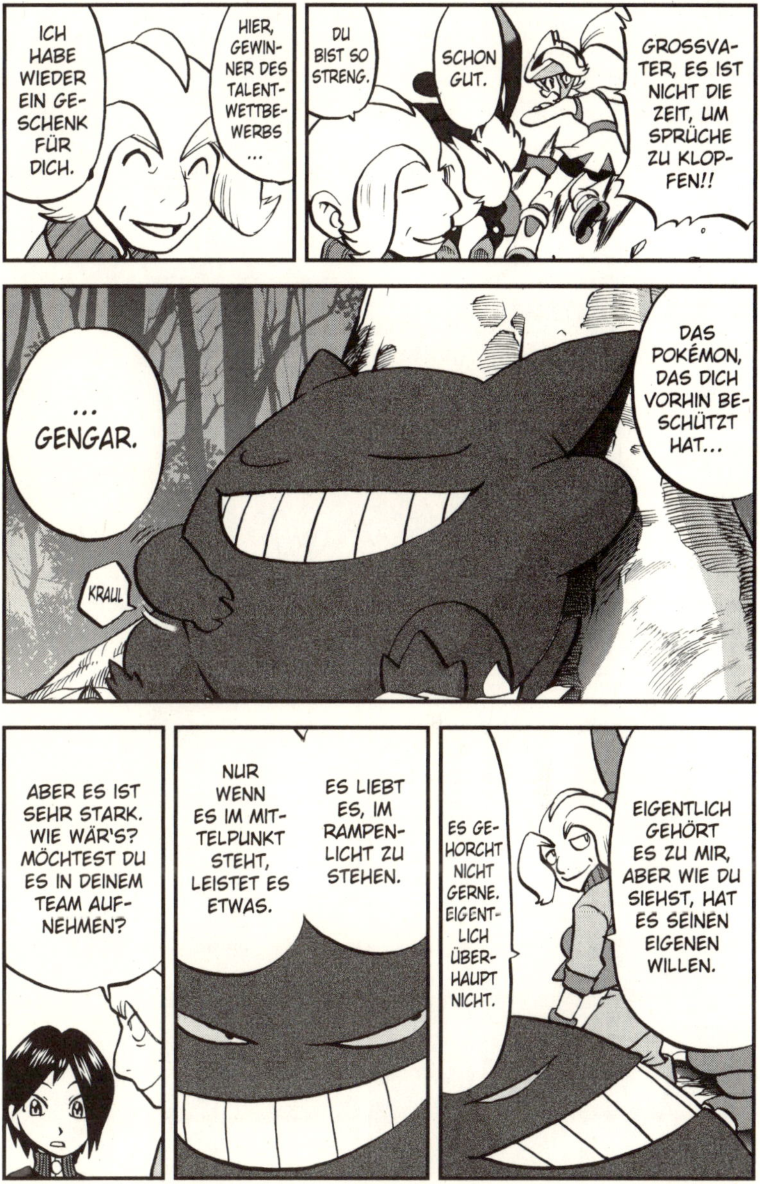
ICH HABE WIEDER EIN GESCHENK FÜR DICH.
HIER, GEWINNER DES TALENTWETTBEWERBS ...
DU BIST SO STRENG.
SCHON GUT.
GROSSVATER, ES IST NICHT DIE ZEIT, UM SPRÜCHE ZU KLOPFEN!!
... GENGAR.
DAS POKÉMON, DAS DICH VORHIN BESCHÜTZT HAT...
KRAUL
ABER ES IST SEHR STARK. WIE WÄR'S? MÖCHTEST DU ES IN DEINEM TEAM AUFNEHMEN?
NUR WENN ES IM MITTELPUNKT STEHT, LEISTET ES ETWAS.
ES LIEBT ES, IM RAMPENLICHT ZU STEHEN.
ES GEHORCHT NICHT GERNE. EIGENTLICH ÜBERHAUPT NICHT.
EIGENTLICH GEHÖRT ES ZU MIR, ABER WIE DU SIEHST, HAT ES SEINEN EIGENEN WILLEN.

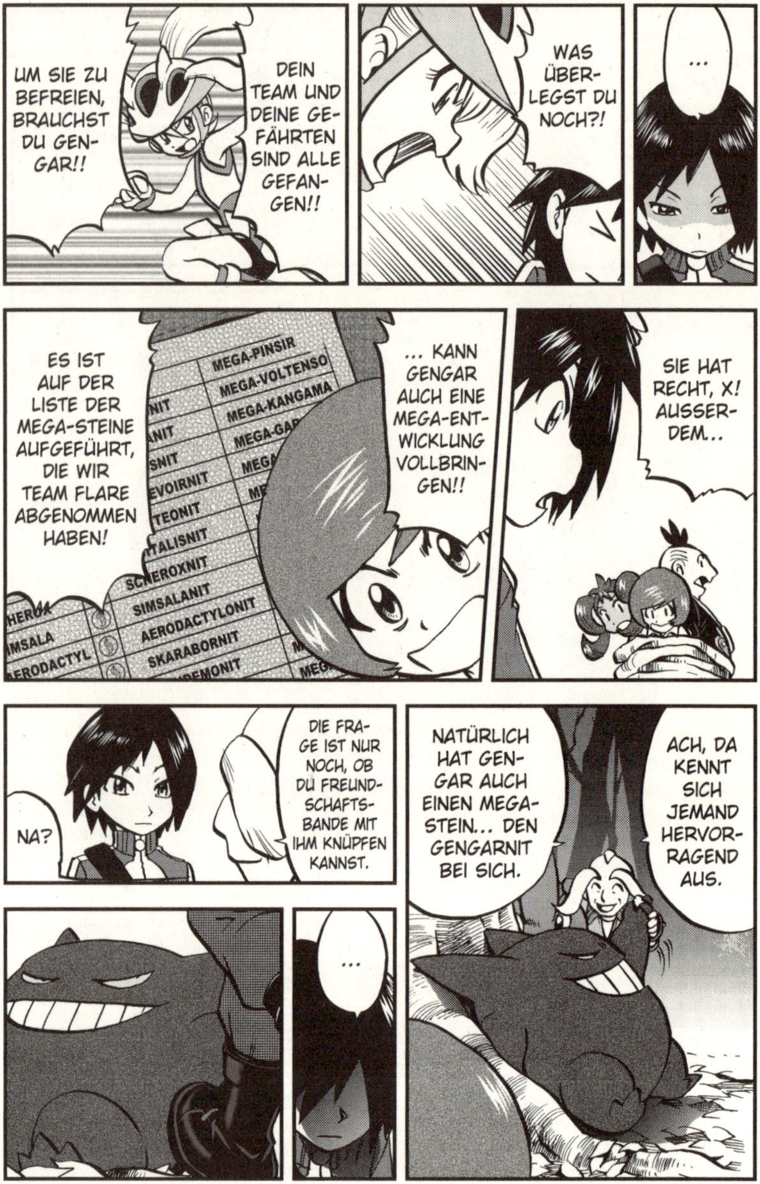
UM SIE ZU BEFREIEN, BRAUCHST DU GEN-GAR!!
DEIN TEAM UND DEINE GE-FÄHRTEN SIND ALLE GEFAN-GEN!!
WAS ÜBER-LEGST DU NOCH?!
...
ES IST AUF DER LISTE DER MEGA-STEINE AUFGEFÜHRT, DIE WIR TEAM FLARE ABGENOMMEN HABEN!
MEGA-PINSIR
MEGA-VOLTENSO
MEGA-KANGAMA
SCHEROXNIT
SIMSALANIT
AERODACTYLONIT
SKARABORNIT
... KANN GENGAR AUCH EINE MEGA-ENT-WICKLUNG VOLLBRIN-GEN!!
SIE HAT RECHT, X! AUSSER-DEM...
NA?
DIE FRA-GE IST NUR NOCH, OB DU FREUND-SCHAFTS-BANDE MIT IHM KNÜPFEN KANNST.
NATÜRLICH HAT GEN-GAR AUCH EINEN MEGA-STEIN... DEN GENGARNIT BEI SICH.
ACH, DA KENNT SICH JEMAND HERVOR-RAGEND AUS.
...

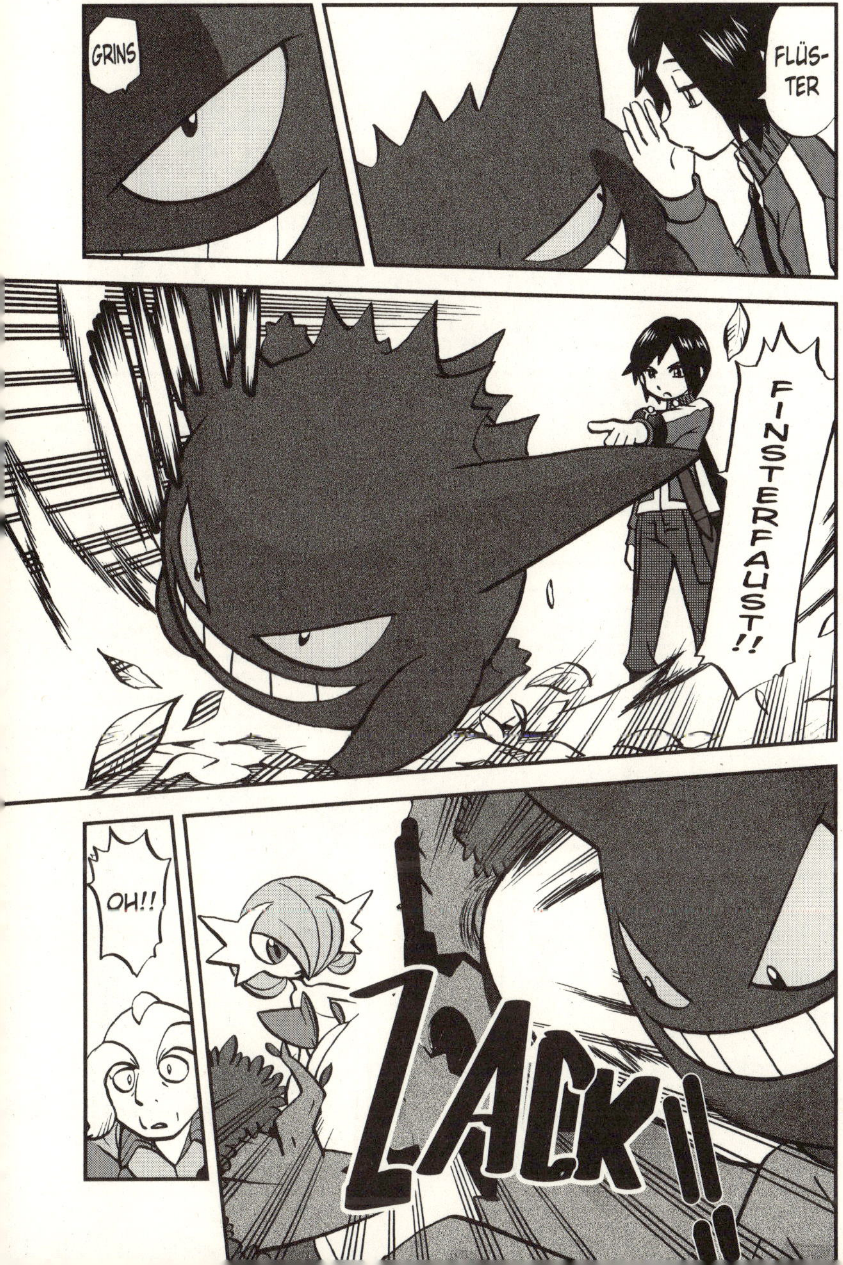
GRINS
FLÜS-TER
FINSTERFAUST!!
OH!!
ZACK!!

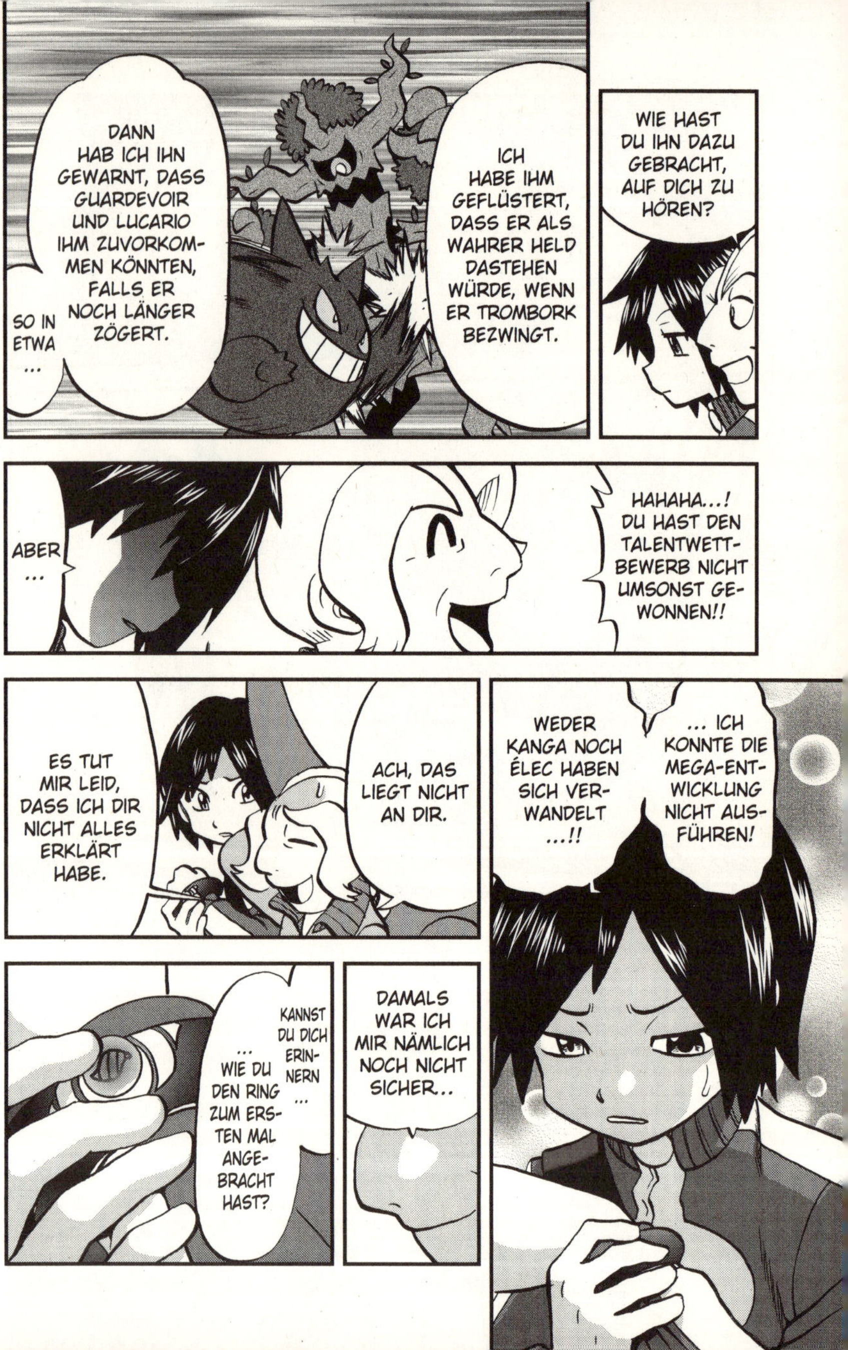
WIE HAST DU IHN DAZU GEBRACHT, AUF DICH ZU HÖREN?
ICH HABE IHM GEFLÜSTERT, DASS ER ALS WAHRER HELD DASTEHEN WÜRDE, WENN ER TROMBORK BEZWINGT.
DANN HAB ICH IHN GEWARNT, DASS GUARDEVOIR UND LUCARIO IHM ZUVORKOMMEN KÖNNTEN, FALLS ER NOCH LÄNGER ZÖGERT.
SO IN ETWA ...
HAHAHA...! DU HAST DEN TALENTWETTBEWERB NICHT UMSONST GEWONNEN!!
ABER ...
... ICH KONNTE DIE MEGA-ENTWICKLUNG NICHT AUSFÜHREN!
WEDER KANGA NOCH ÉLEC HABEN SICH VERWANDELT ...!!
ACH, DAS LIEGT NICHT AN DIR.
ES TUT MIR LEID, DASS ICH DIR NICHT ALLES ERKLÄRT HABE.
DAMALS WAR ICH MIR NÄMLICH NOCH NICHT SICHER..
KANNST DU DICH ERINNERN ...
... WIE DU DEN RING ZUM ERSTEN MAL ANGEBRACHT HAST?

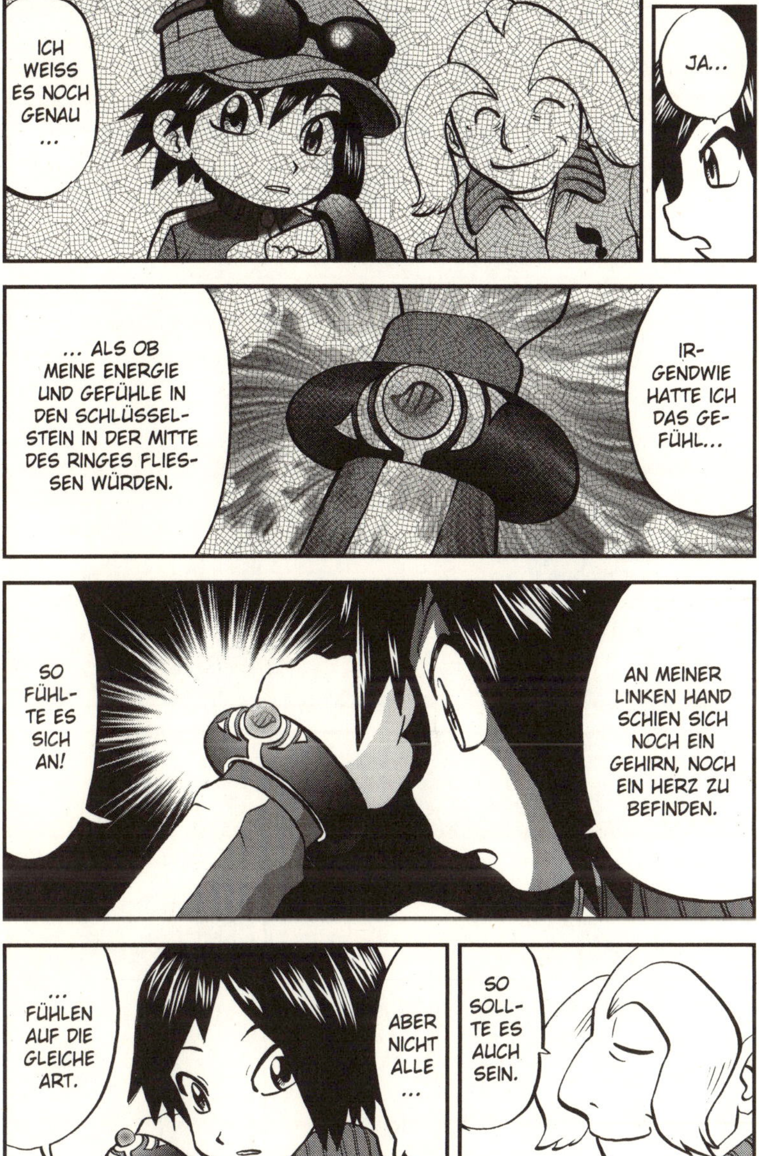
JA…
ICH WEISS ES NOCH GENAU …
IR-GENDWIE HATTE ICH DAS GE-FÜHL…
… ALS OB MEINE ENERGIE UND GEFÜHLE IN DEN SCHLÜSSEL-STEIN IN DER MITTE DES RINGES FLIES-SEN WÜRDEN.
AN MEINER LINKEN HAND SCHIEN SICH NOCH EIN GEHIRN, NOCH EIN HERZ ZU BEFINDEN.
SO FÜHL-TE ES SICH AN!
SO SOLL-TE ES AUCH SEIN.
ABER NICHT ALLE …
… FÜHLEN AUF DIE GLEICHE ART.

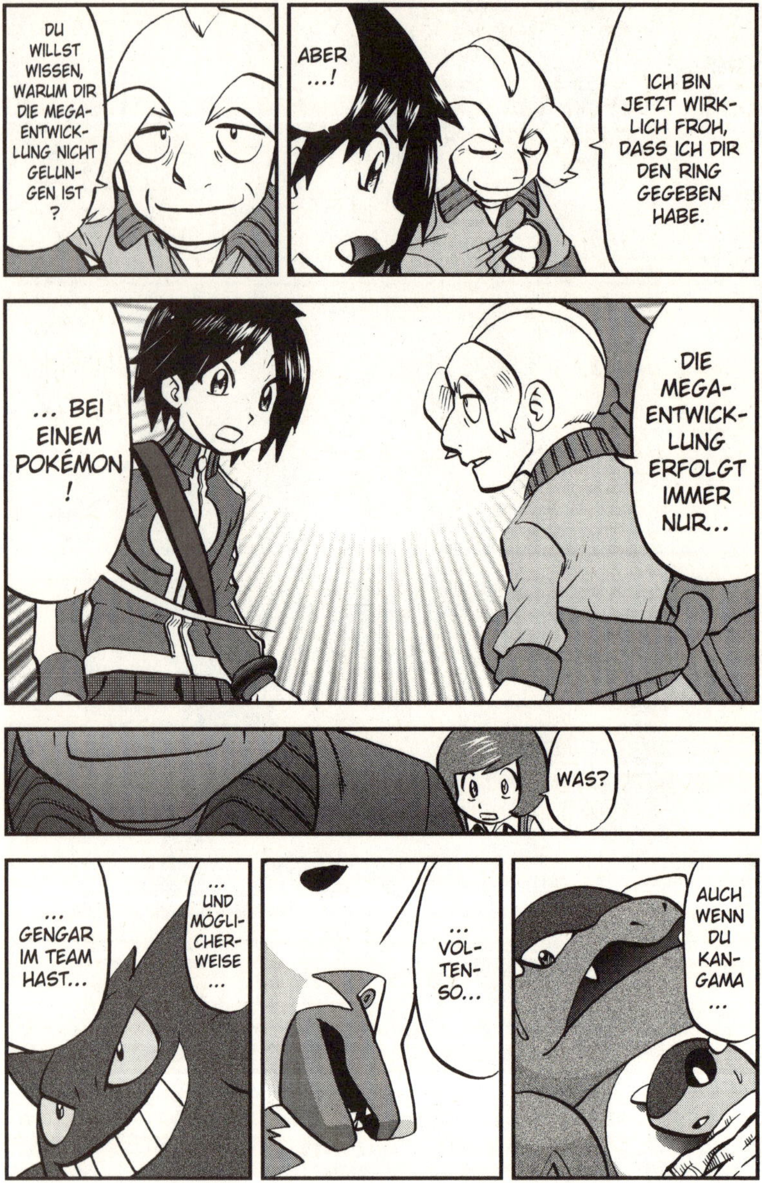
DU WILLST WISSEN, WARUM DIR DIE MEGA-ENTWICKLUNG NICHT GELUNGEN IST?
ABER ...!
ICH BIN JETZT WIRKLICH FROH, DASS ICH DIR DEN RING GEGEBEN HABE.
DIE MEGA-ENTWICKLUNG ERFOLGT IMMER NUR..
... BEI EINEM POKÉMON!
WAS?
AUCH WENN DU KANGAMA ...
... VOLTENSO...
... UND MÖGLICHERWEISE ...
... GENGAR IM TEAM HAST...

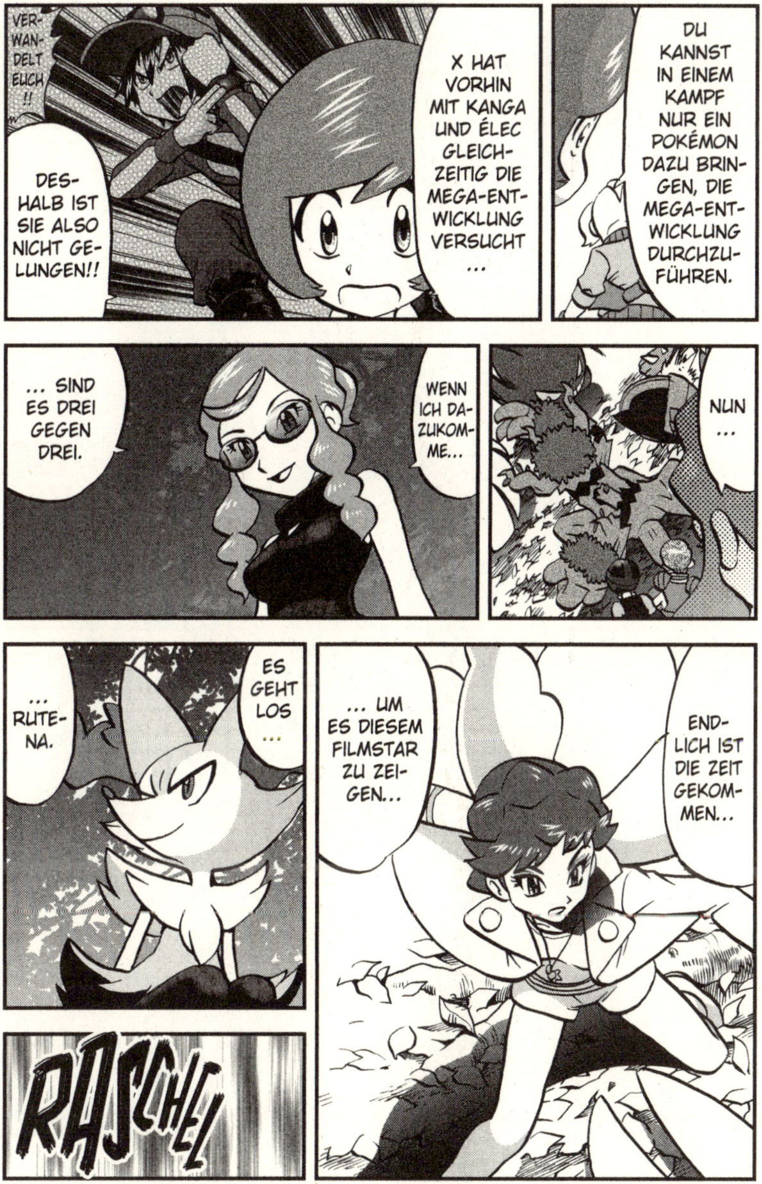
DU KANNST IN EINEM KAMPF NUR EIN POKÉMON DAZU BRINGEN, DIE MEGA-ENTWICKLUNG DURCHZUFÜHREN.
X HAT VORHIN MIT KANGA UND ÉLEC GLEICHZEITIG DIE MEGA-ENTWICKLUNG VERSUCHT ...
VERWANDELT EUCH!!
DESHALB IST SIE ALSO NICHT GELUNGEN!!
NUN ...
WENN ICH DAZUKOMME...
... SIND ES DREI GEGEN DREI.
ENDLICH IST DIE ZEIT GEKOMMEN...
... UM ES DIESEM FILMSTAR ZU ZEIGEN...
ES GEHT LOS ...
... RUTENA.
RASCHEL

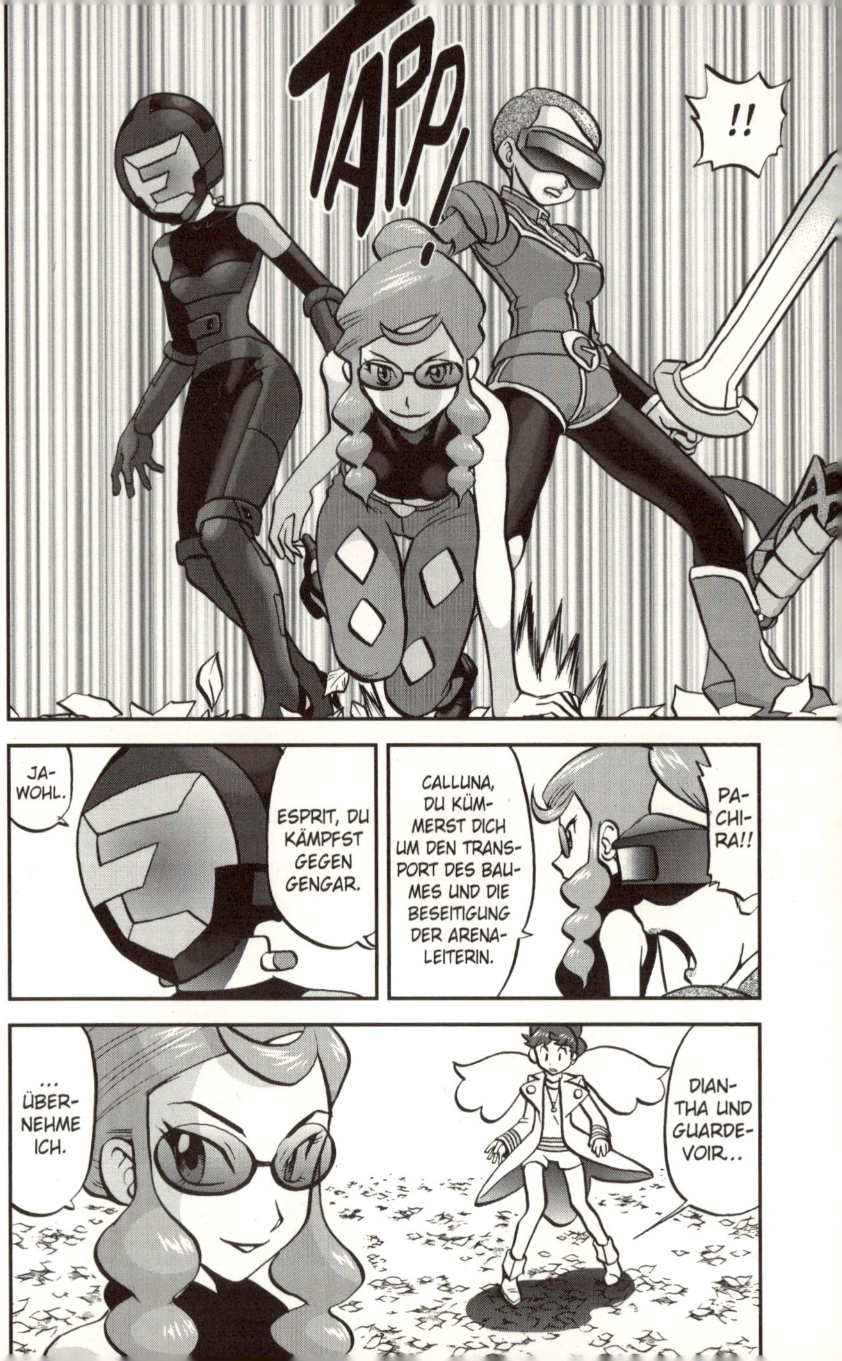
TAPP
!!
PA-CHI-RA!!
CALLUNA, DU KÜMMERST DICH UM DEN TRANSPORT DES BAUMES UND DIE BESEITIGUNG DER ARENALEITERIN.
ESPRIT, DU KÄMPFST GEGEN GENGAR.
JAWOHL.
DIANTHA UND GUARDEVOIR...
... ÜBERNEHME ICH.

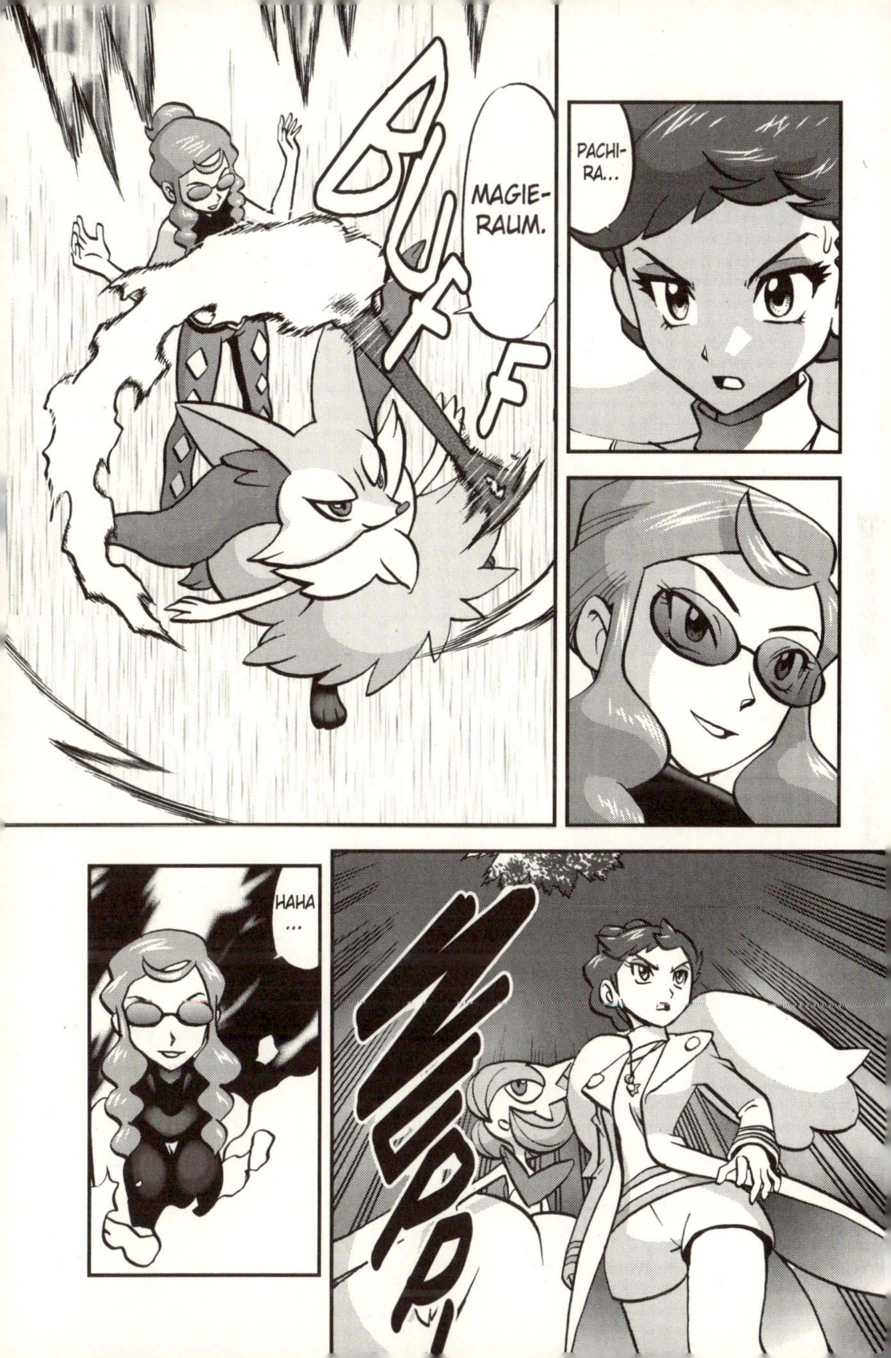
BUFF
MAGIE-RAUM.
PACHI-RA...
HAHA ...
WUPP!

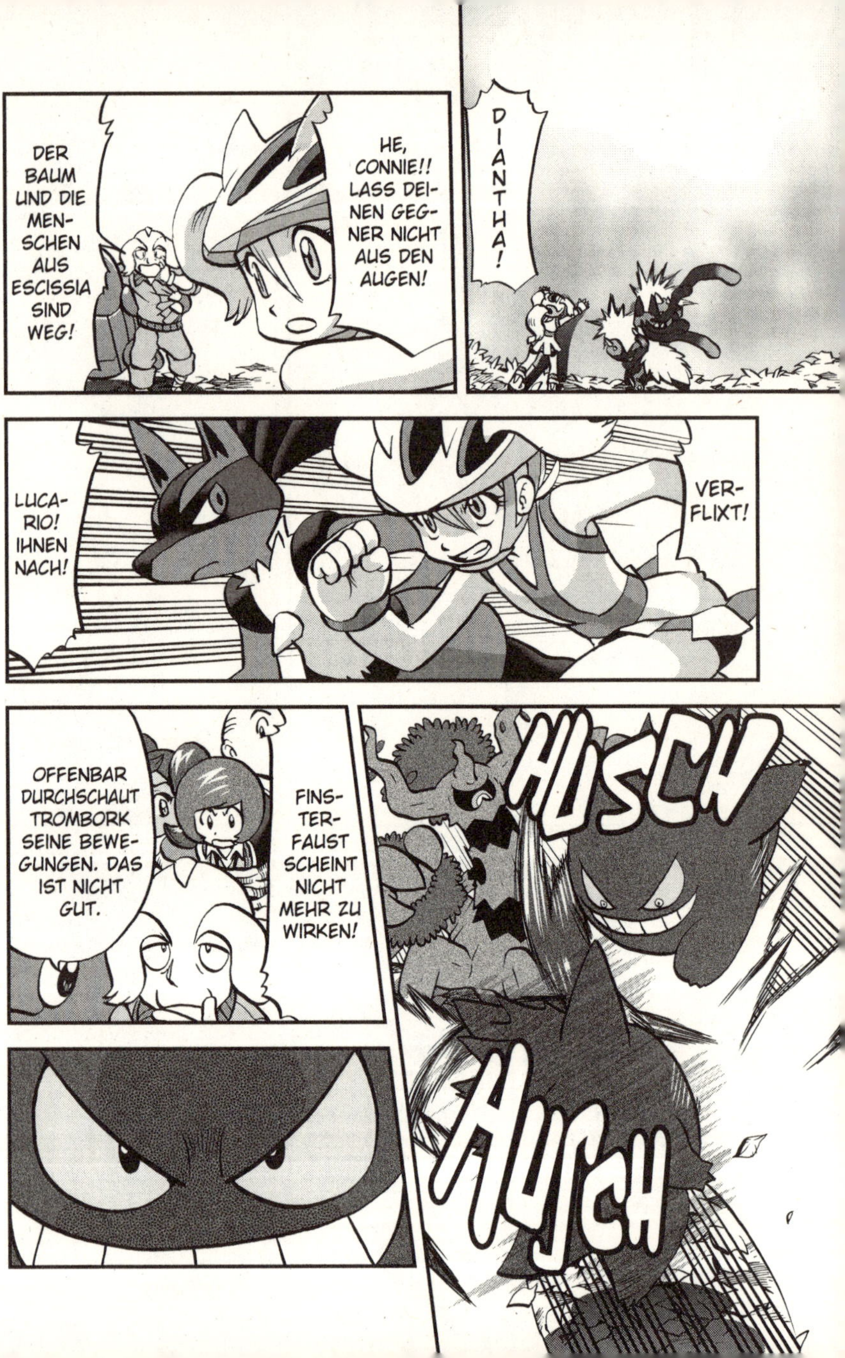
DIANTHA!
HE, CONNIE!! LASS DEINEN GEGNER NICHT AUS DEN AUGEN!
DER BAUM UND DIE MENSCHEN AUS ESCISSIA SIND WEG!
VERFLIXT!
LUCARIO! IHNEN NACH!
HUSCH
HUSCH
FINSTERFAUST SCHEINT NICHT MEHR ZU WIRKEN!
OFFENBAR DURCHSCHAUT TROMBORK SEINE BEWEGUNGEN. DAS IST NICHT GUT.

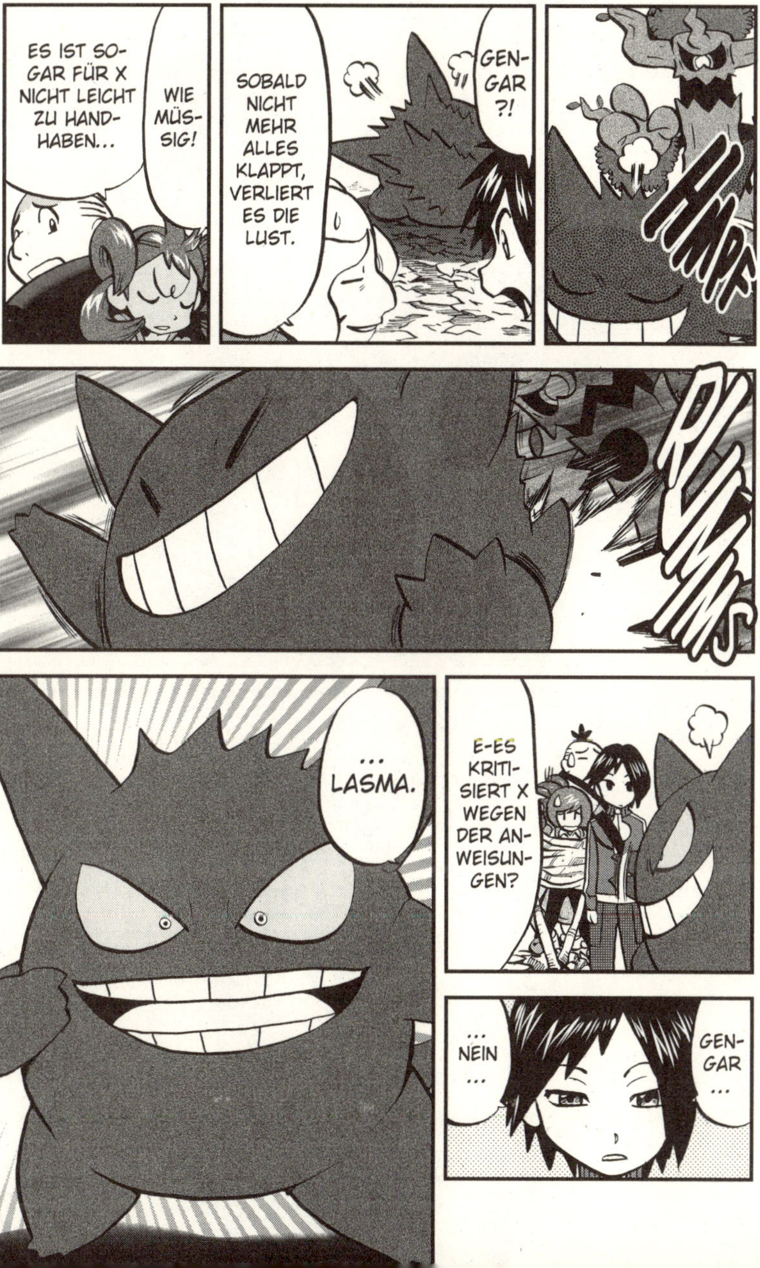
HMPF
GEN-GAR ?!
SOBALD NICHT MEHR ALLES KLAPPT, VERLIERT ES DIE LUST.
WIE MÜS-SIG!
ES IST SO-GAR FÜR X NICHT LEICHT ZU HAND-HABEN…
RUMMS
E-ES KRITI-SIERT X WEGEN DER AN-WEISUN-GEN?
GEN-GAR …
… NEIN …
… LASMA.

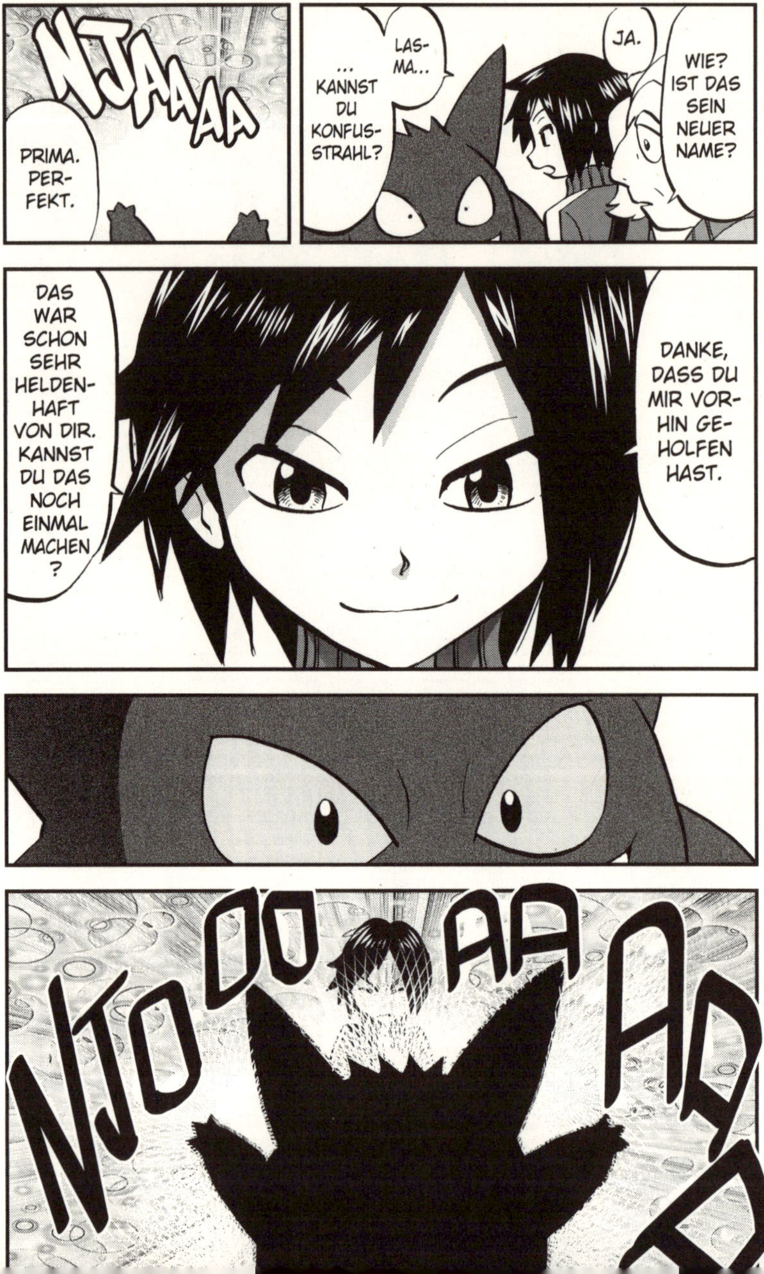
WIE? IST DAS SEIN NEUER NAME?
JA.
LASMA...
... KANNST DU KONFUSSTRAHL?
NJAAAAA
PRIMA. PERFEKT.
DANKE, DASS DU MIR VORHIN GEHOLFEN HAST.
DAS WAR SCHON SEHR HELDENHAFT VON DIR. KANNST DU DAS NOCH EINMAL MACHEN?
NJOOOAAAAA

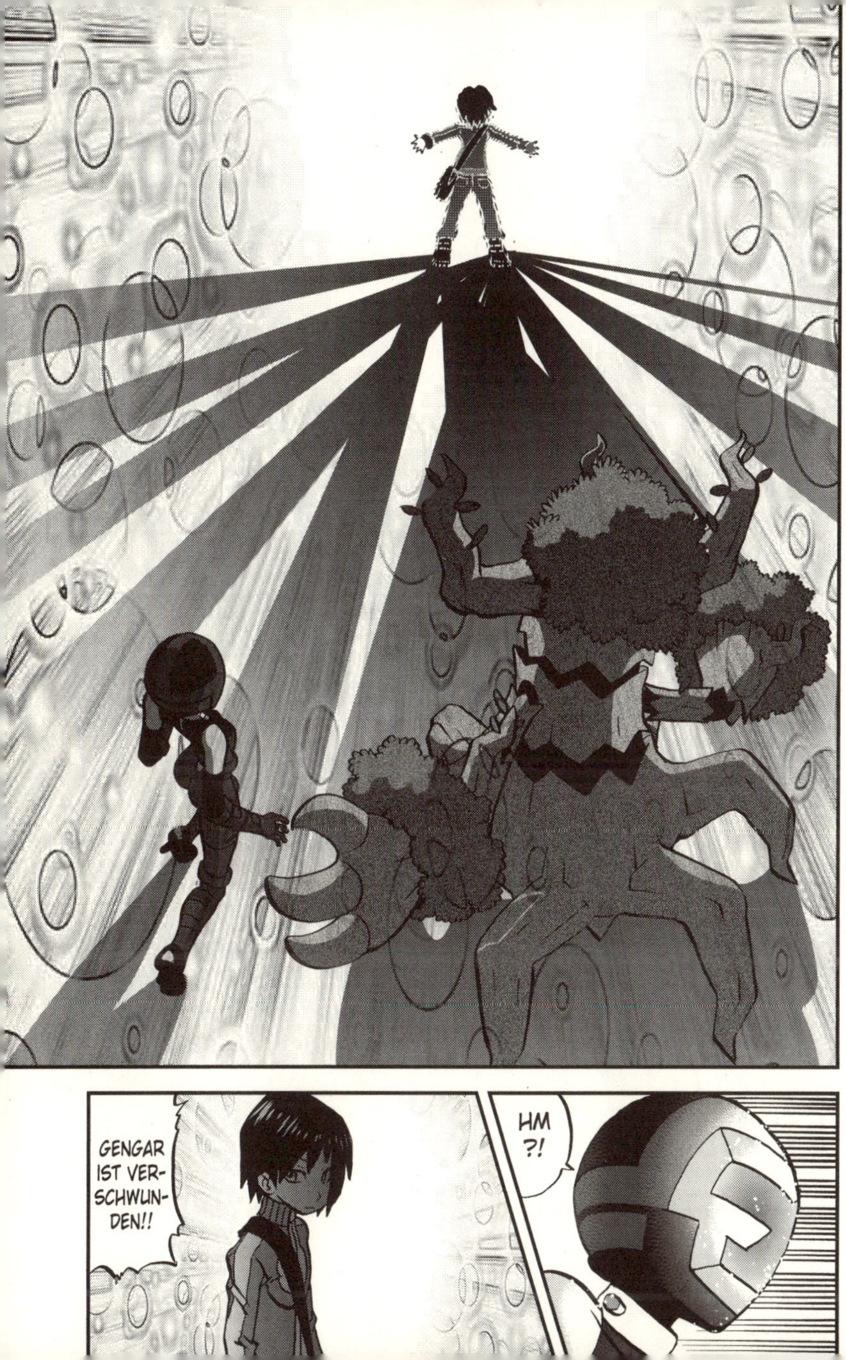
HM ?!
GENGAR IST VER-SCHWUNDEN!!

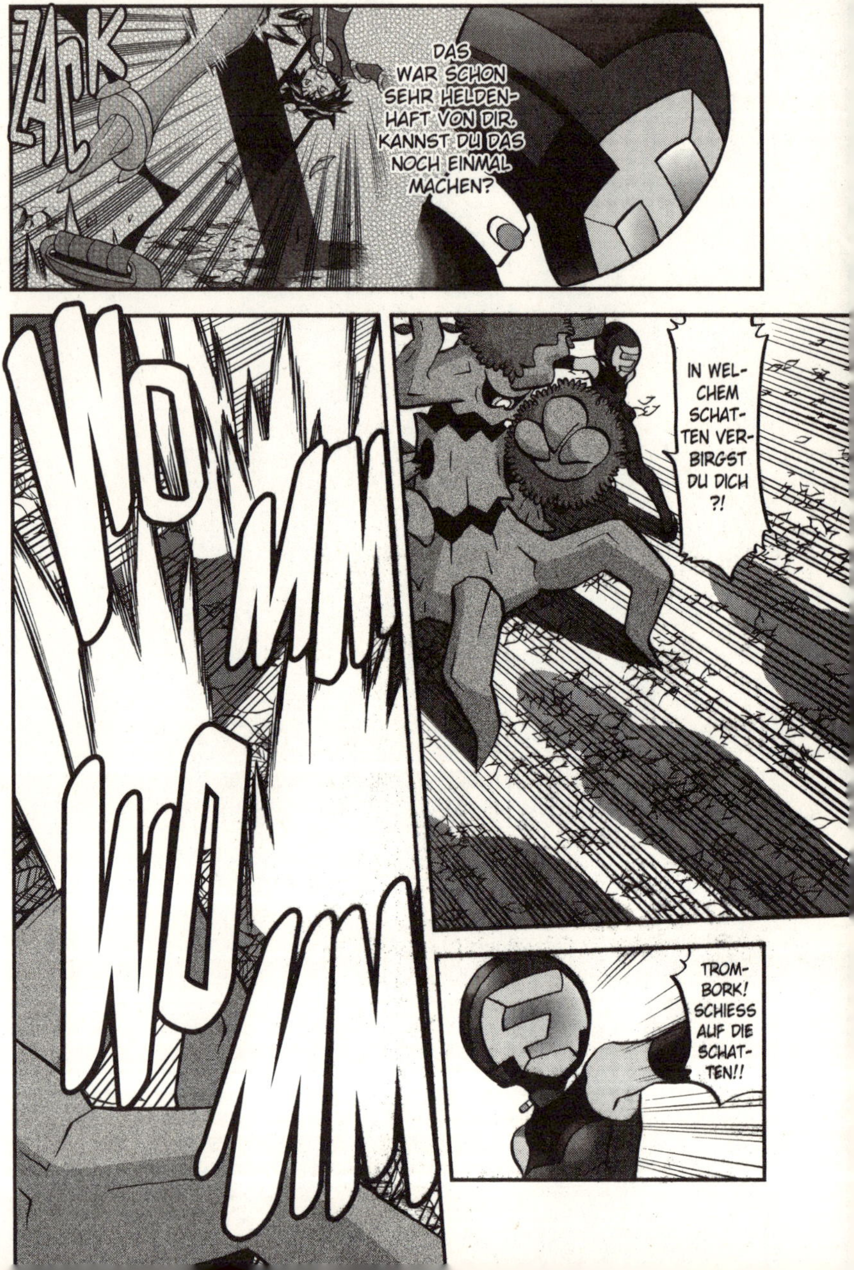
ZACK
DAS WAR SCHON SEHR HELDEN-HAFT VON DIR. KANNST DU DAS NOCH EINMAL MACHEN?
IN WELCHEM SCHATTEN VERBIRGST DU DICH ?!
WOMM
WOMM
TROMBORK! SCHIESS AUF DIE SCHATTEN!!

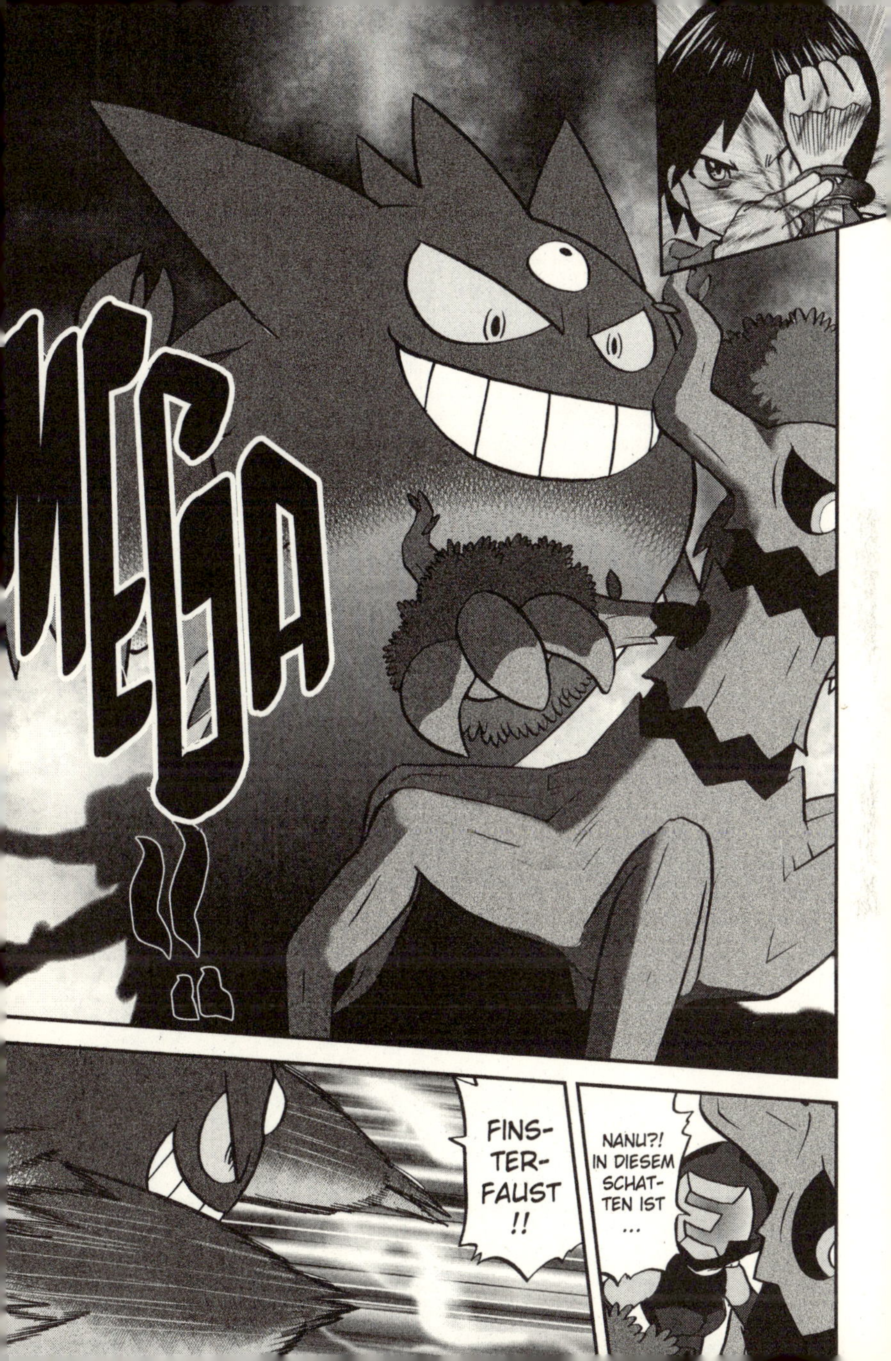
MEGA!!
NANU?! IN DIESEM SCHATTEN IST ...
FINS-TER-FAUST !!

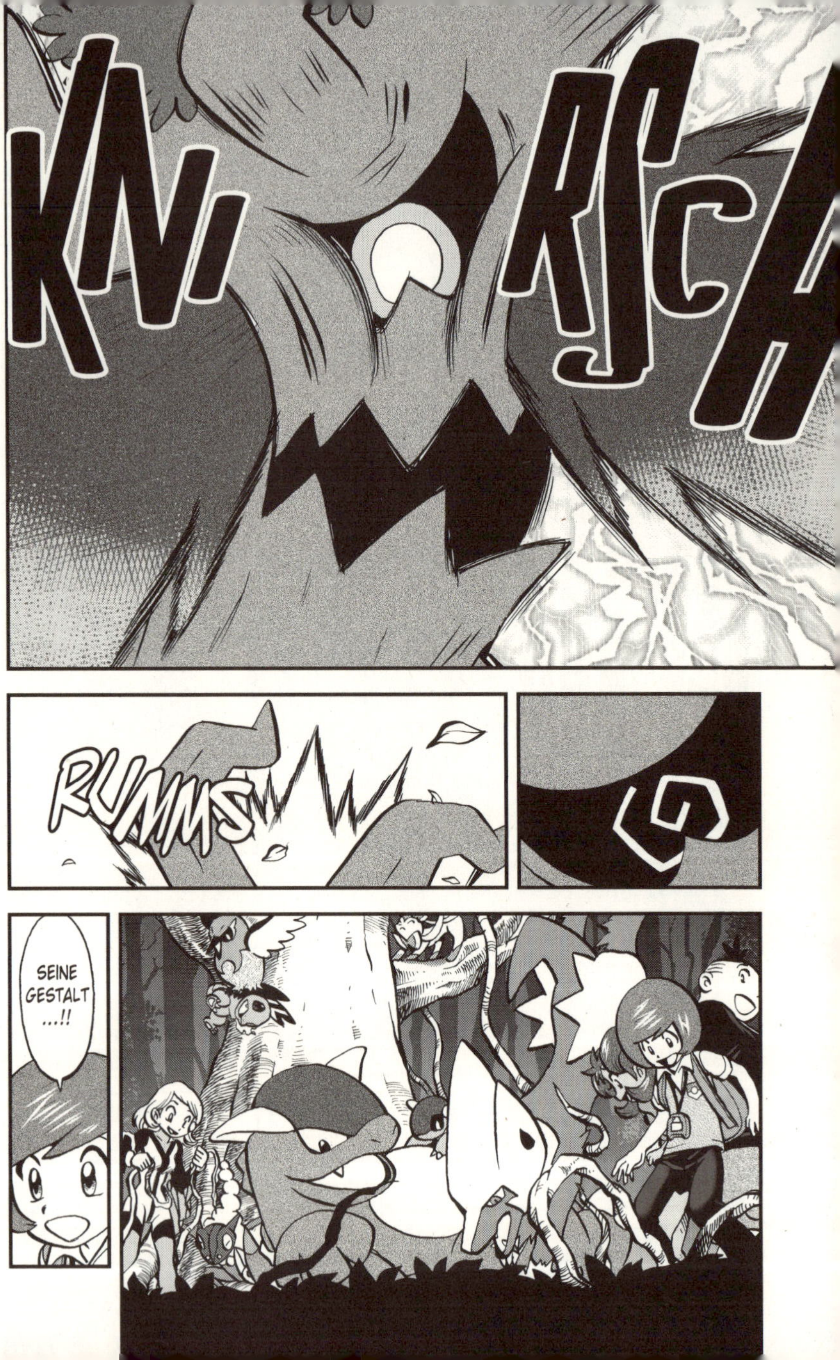
KNIRSCH
RUMMS
SEINE GESTALT ...!!

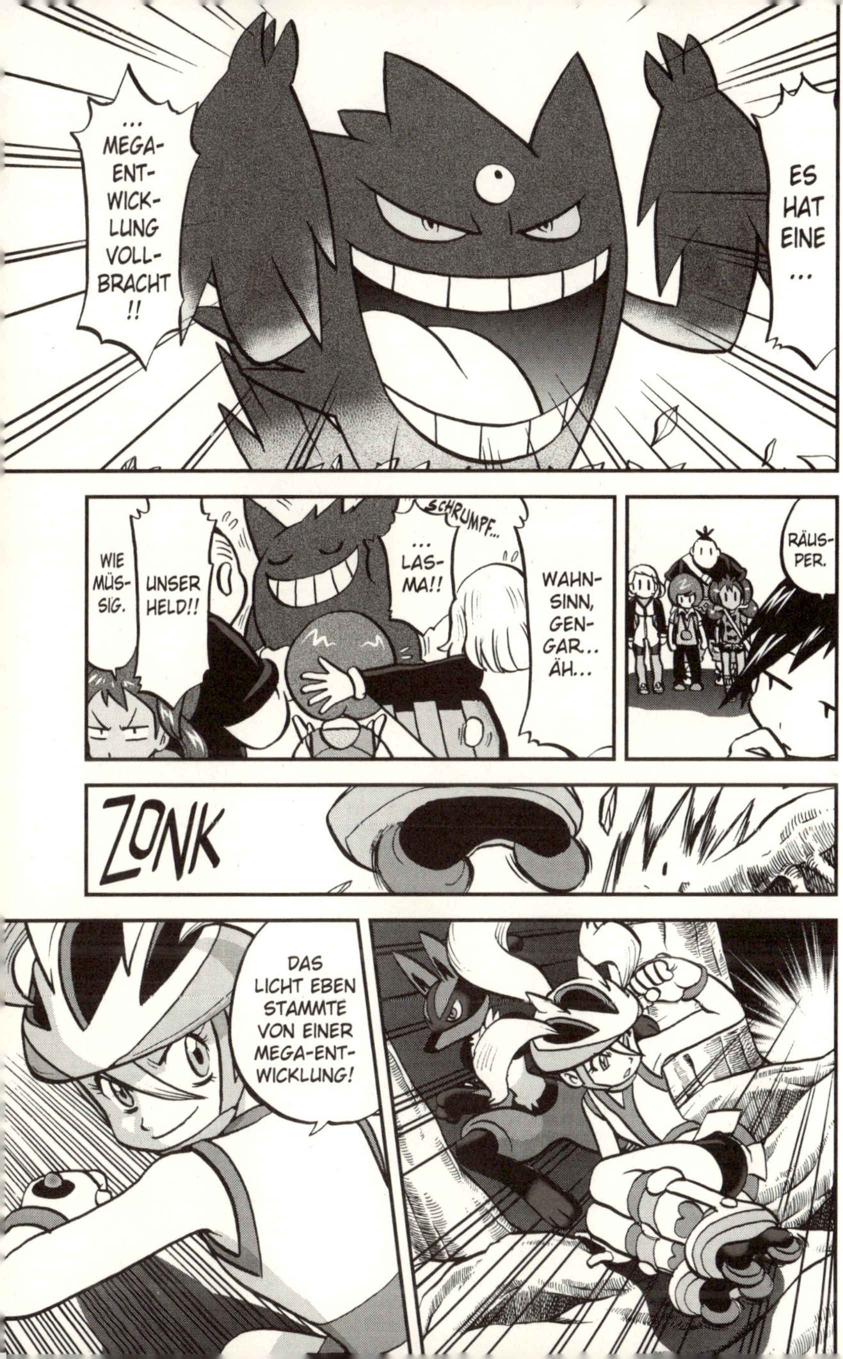

ES HAT EINE …
… MEGA-ENTWICKLUNG VOLLBRACHT!!
RÄUSPER.
WAHNSINN, GENGAR… ÄH…
… LASMA!!
SCHRUMPF…
UNSER HELD!!
WIE MÜSSIG.
ZONK
DAS LICHT EBEN STAMMTE VON EINER MEGA-ENTWICKLUNG!

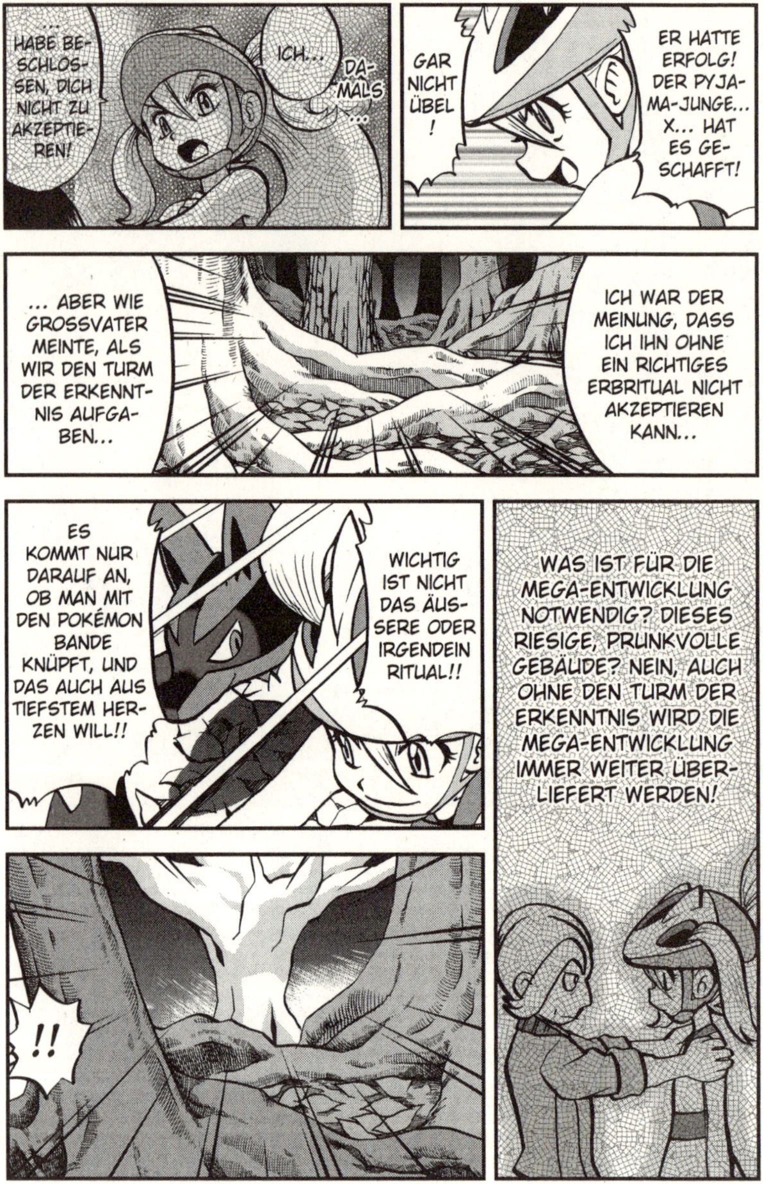

DA-MALS...
ICH...
... HABE BE-SCHLOS-SEN, DICH NICHT ZU AKZEPTIE-REN!
ER HATTE ERFOLG! DER PYJA-MA-JUNGE... X... HAT ES GE-SCHAFFT!
GAR NICHT ÜBEL!
ICH WAR DER MEINUNG, DASS ICH IHN OHNE EIN RICHTIGES ERBRITUAL NICHT AKZEPTIEREN KANN...
... ABER WIE GROSSVATER MEINTE, ALS WIR DEN TURM DER ERKENNT-NIS AUFGA-BEN...
WAS IST FÜR DIE MEGA-ENTWICKLUNG NOTWENDIG? DIESES RIESIGE, PRUNKVOLLE GEBÄUDE? NEIN, AUCH OHNE DEN TURM DER ERKENNTNIS WIRD DIE MEGA-ENTWICKLUNG IMMER WEITER ÜBER-LIEFERT WERDEN!
WICHTIG IST NICHT DAS ÄUS-SERE ODER IRGENDEIN RITUAL!!
ES KOMMT NUR DARAUF AN, OB MAN MIT DEN POKÉMON BANDE KNÜPFT, UND DAS AUCH AUS TIEFSTEM HER-ZEN WILL!!
!!

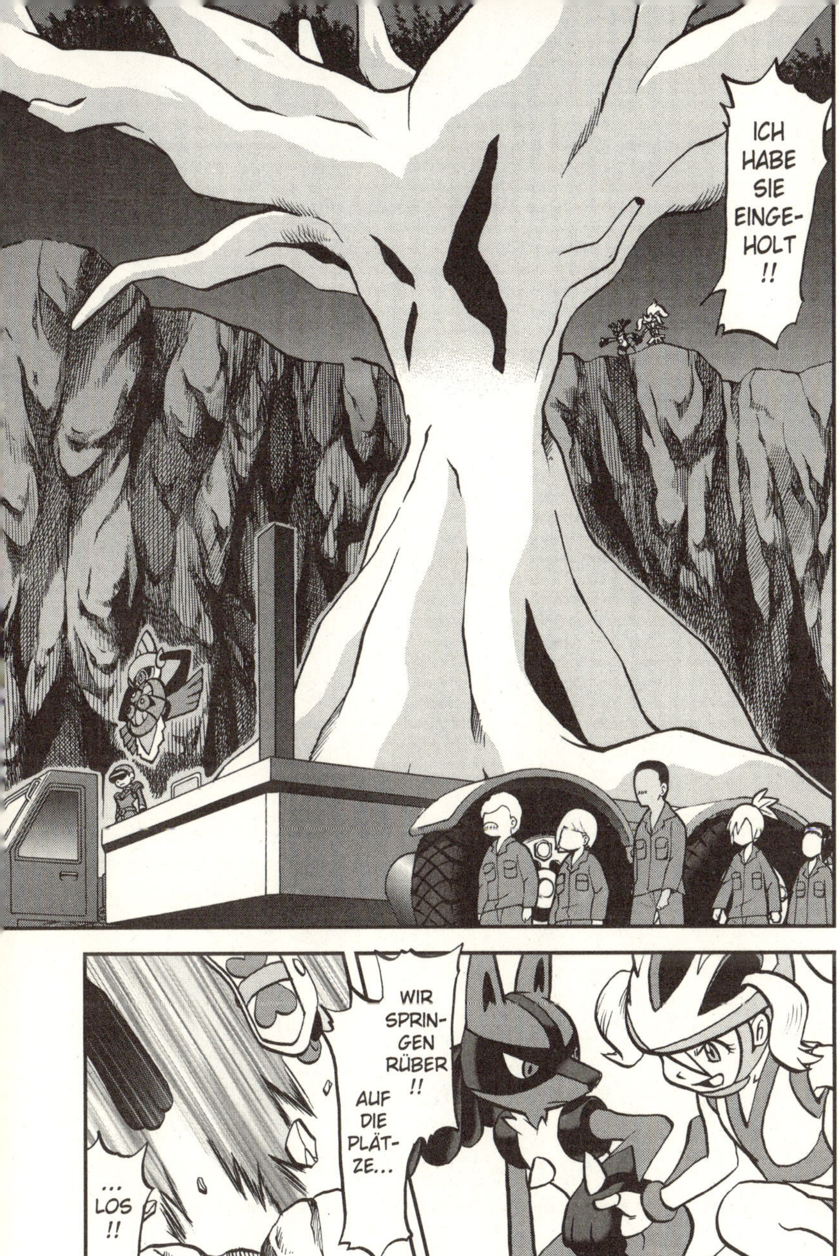
ICH HABE SIE EINGEHOLT !!
WIR SPRINGEN RÜBER !!
AUF DIE PLÄTZE...
... LOS !!

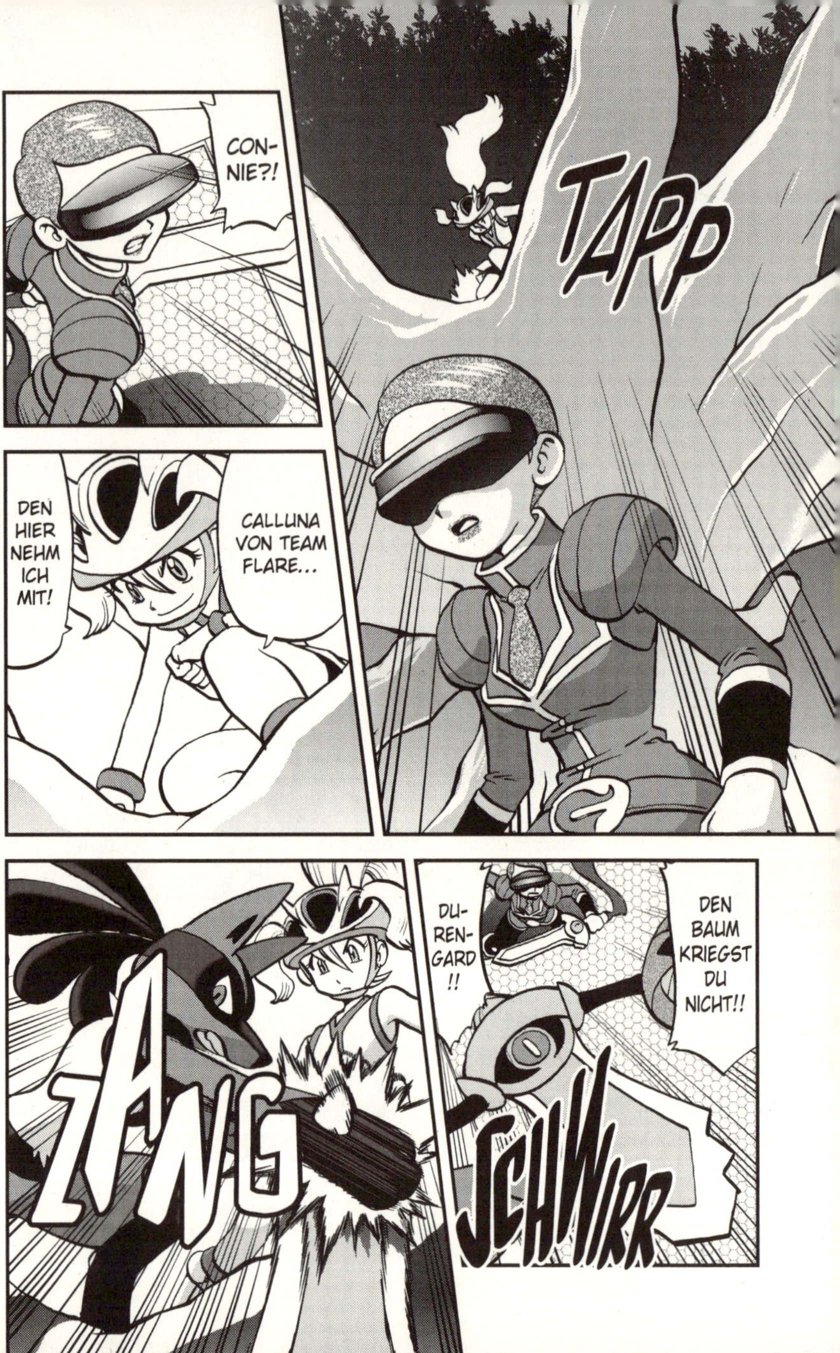
CON-
NIE?!
TAPP
CALLUNA
VON TEAM
FLARE...
DEN
HIER
NEHM
ICH
MIT!
DEN
BAUM
KRIEGST
DU
NICHT!!
DU-
REN-
GARD
!!
SCHWIRR
ZANG

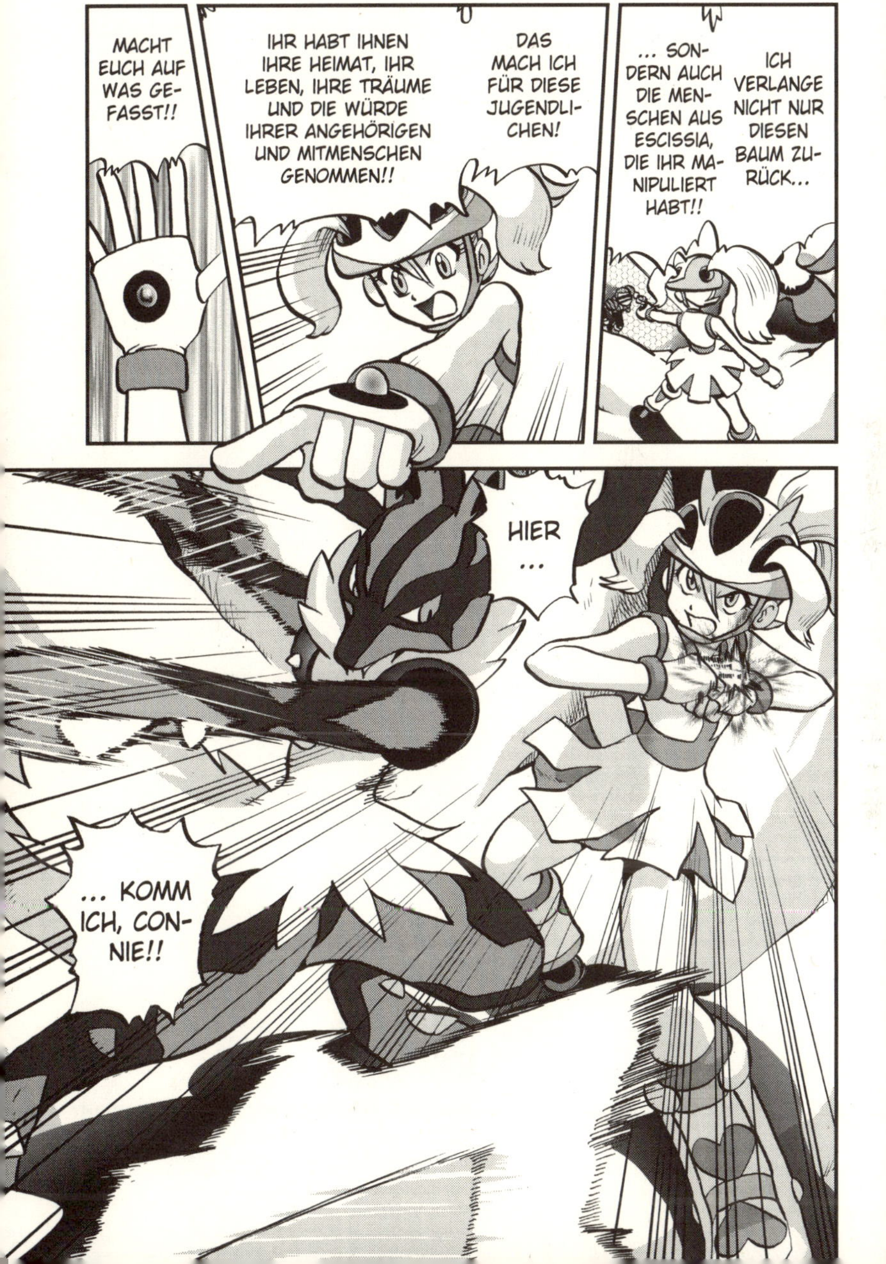
ICH VERLANGE NICHT NUR DIESEN BAUM ZURÜCK…
… SONDERN AUCH DIE MENSCHEN AUS ESCISSIA, DIE IHR MANIPULIERT HABT!!
DAS MACH ICH FÜR DIESE JUGENDLICHEN!
IHR HABT IHNEN IHRE HEIMAT, IHR LEBEN, IHRE TRÄUME UND DIE WÜRDE IHRER ANGEHÖRIGEN UND MITMENSCHEN GENOMMEN!!
MACHT EUCH AUF WAS GEFASST!!
HIER …
… KOMM ICH, CONNIE!!

GEGENWÄRTIGER AUF-
ENTHALTSORT

ROUTE 8
MURAILLE-
KÜSTENPFAD

DER REIZ DIESER ROUTE LIEGT IM KONTRAST ZWISCHEN DEN SCHWINDELERREGEND HOHEN KLIPPEN UND DEM WEITEN STRAND.

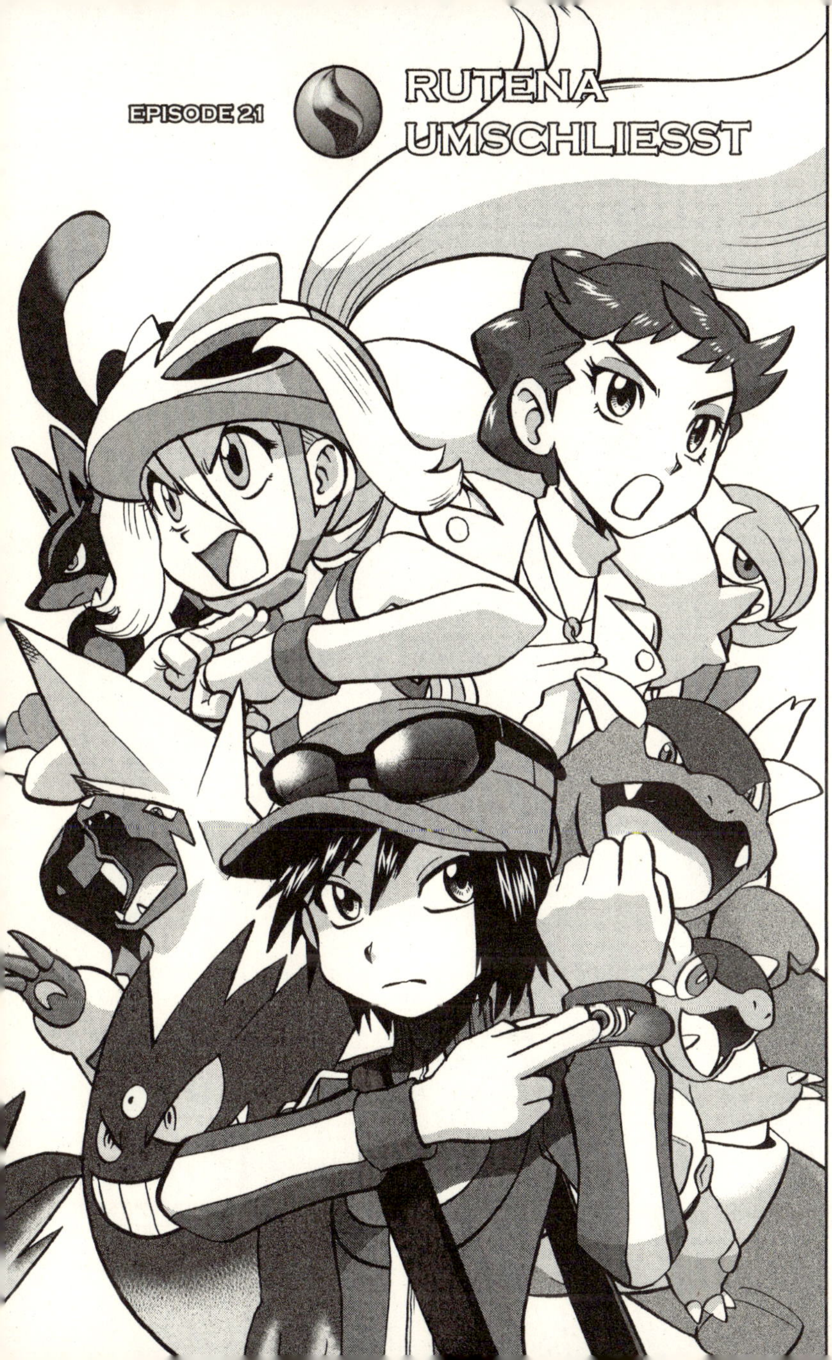
EPISODE 21
RUTENA UMSCHLIESST

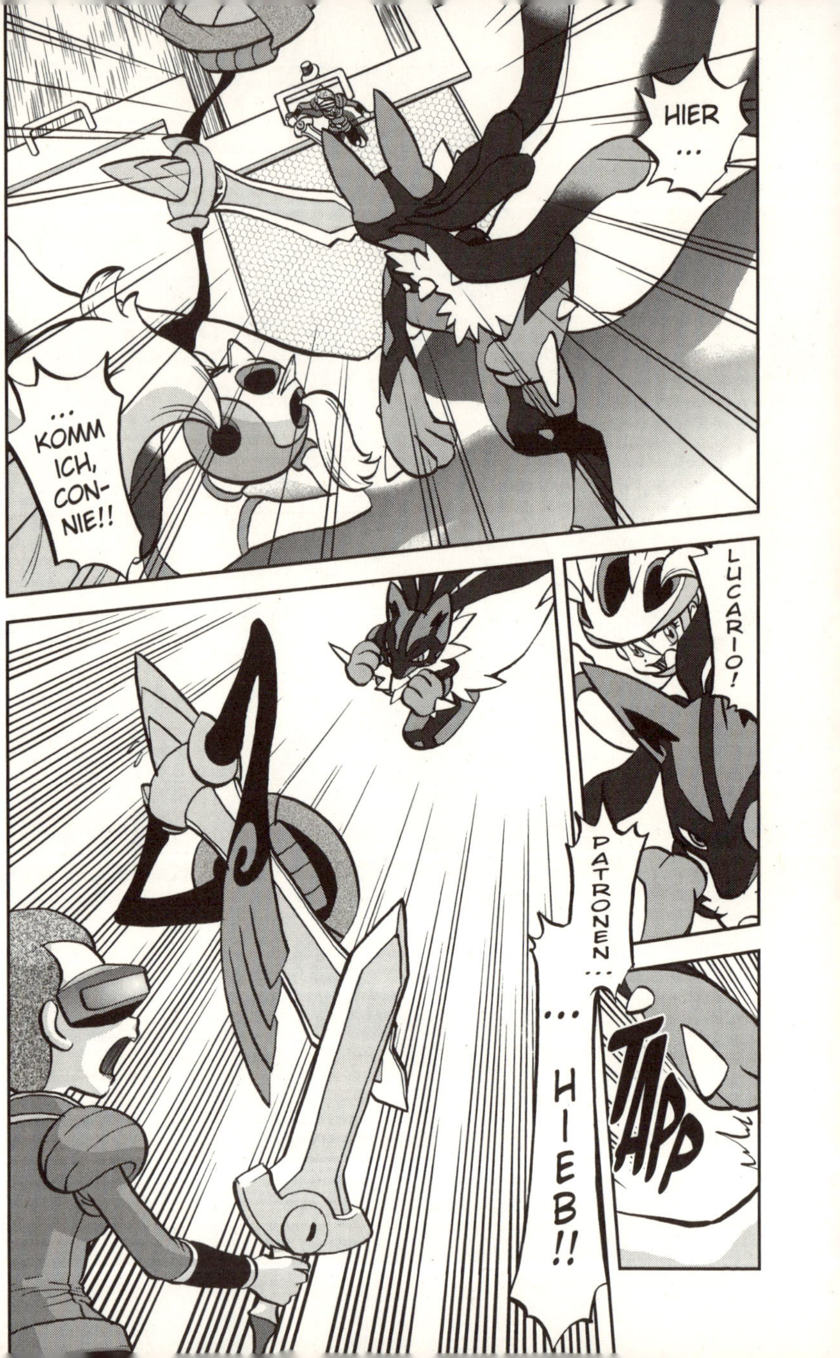
HIER ...
... KOMM ICH, CON-NIE!!
LUCARIO!
PATRONEN ...
... HIEB!!
TAPP

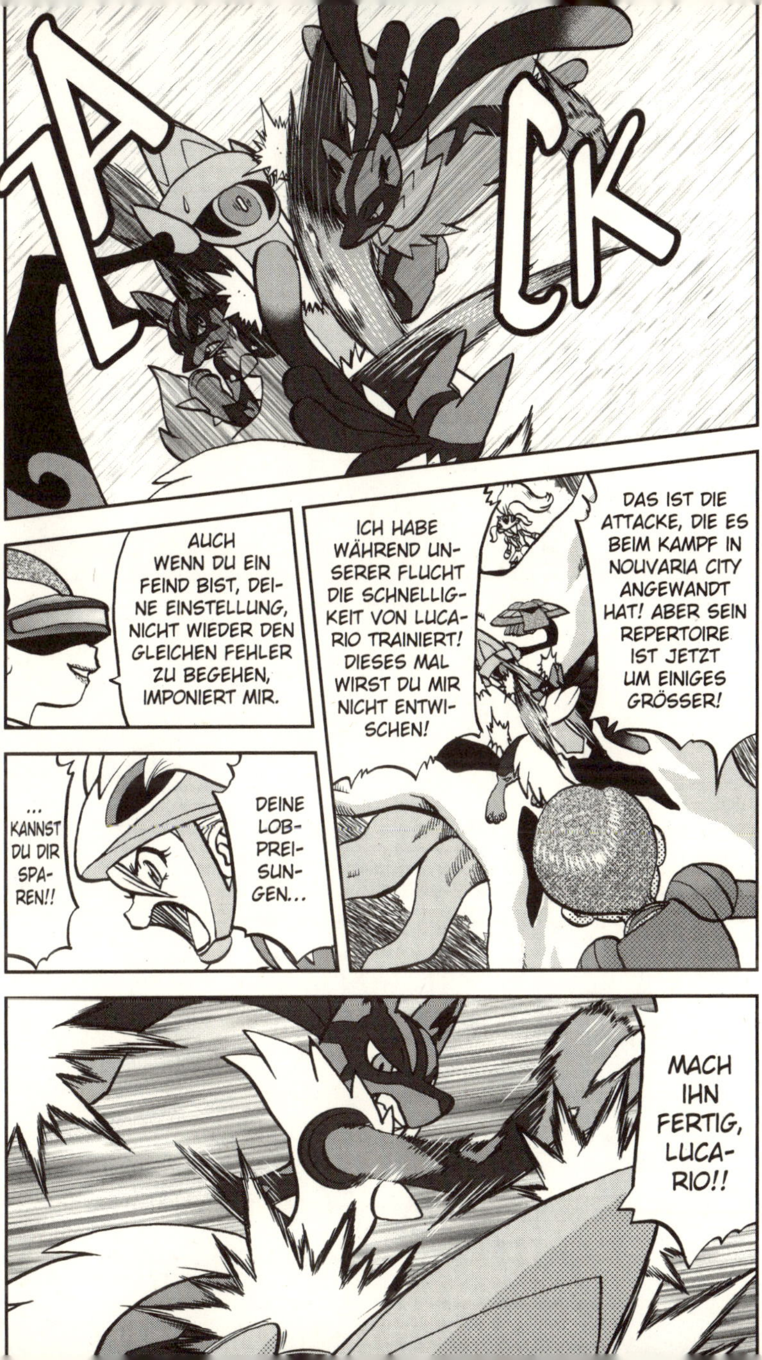
ZACK
DAS IST DIE ATTACKE, DIE ES BEIM KAMPF IN NOUVARIA CITY ANGEWANDT HAT! ABER SEIN REPERTOIRE IST JETZT UM EINIGES GRÖSSER!
ICH HABE WÄHREND UNSERER FLUCHT DIE SCHNELLIGKEIT VON LUCARIO TRAINIERT! DIESES MAL WIRST DU MIR NICHT ENTWISCHEN!
AUCH WENN DU EIN FEIND BIST, DEINE EINSTELLUNG, NICHT WIEDER DEN GLEICHEN FEHLER ZU BEGEHEN, IMPONIERT MIR.
DEINE LOBPREISUNGEN…
…KANNST DU DIR SPAREN!!
MACH IHN FERTIG, LUCARIO!!

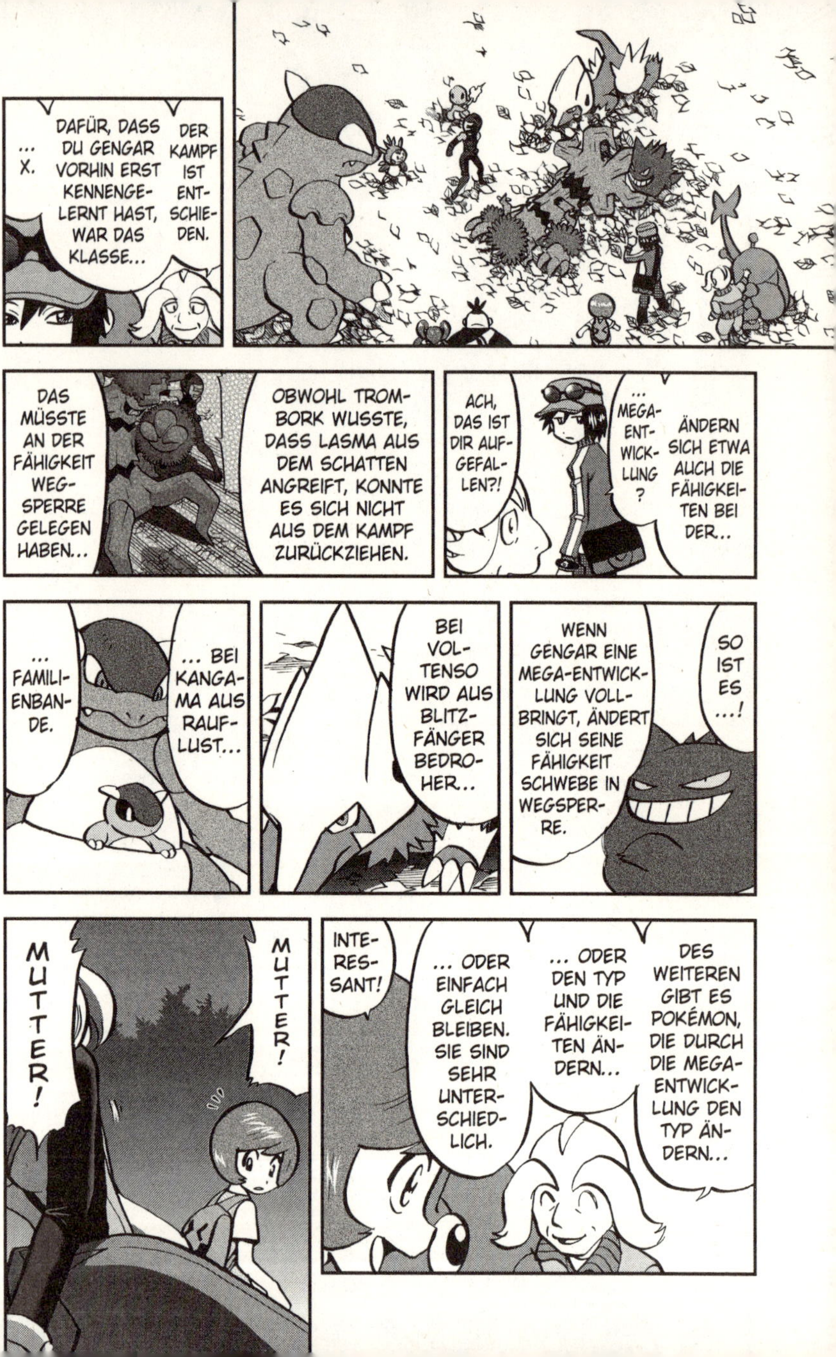
DER KAMPF IST ENTSCHIEDEN.
DAFÜR, DASS DU GENGAR VORHIN ERST KENNENGELERNT HAST, WAR DAS KLASSE...
... X.
ÄNDERN SICH ETWA AUCH DIE FÄHIGKEITEN BEI DER...
... MEGA-ENTWICKLUNG?
ACH, DAS IST DIR AUFGEFALLEN?!
OBWOHL TROMBORK WUSSTE, DASS LASMA AUS DEM SCHATTEN ANGREIFT, KONNTE ES SICH NICHT AUS DEM KAMPF ZURÜCKZIEHEN.
DAS MÜSSTE AN DER FÄHIGKEIT WEGSPERRE GELEGEN HABEN...
SO IST ES ...!
WENN GENGAR EINE MEGA-ENTWICKLUNG VOLLBRINGT, ÄNDERT SICH SEINE FÄHIGKEIT SCHWEBE IN WEGSPERRE.
BEI VOLTENSO WIRD AUS BLITZFÄNGER BEDROHER...
... BEI KANGAMA AUS RAUFLUST...
... FAMILIENBANDE.
DES WEITEREN GIBT ES POKÉMON, DIE DURCH DIE MEGA-ENTWICKLUNG DEN TYP ÄNDERN...
... ODER DEN TYP UND DIE FÄHIGKEITEN ÄNDERN...
... ODER EINFACH GLEICH BLEIBEN. SIE SIND SEHR UNTERSCHIEDLICH.
INTERESSANT!
MUTTER!
MUTTER!

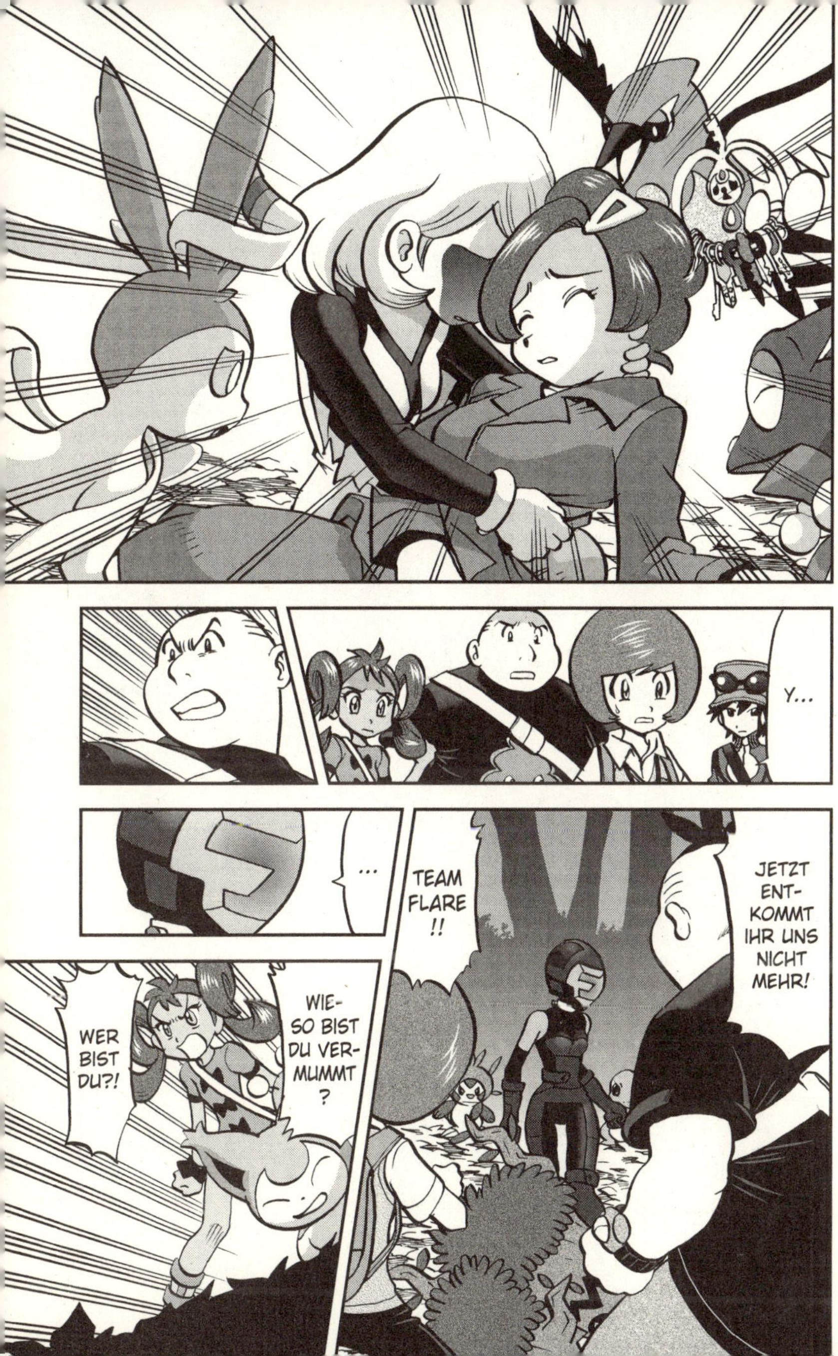
Y...
JETZT ENT-KOMMT IHR UNS NICHT MEHR!
TEAM FLARE !!
...
WIE-SO BIST DU VER-MUMMT ?
WER BIST DU?!

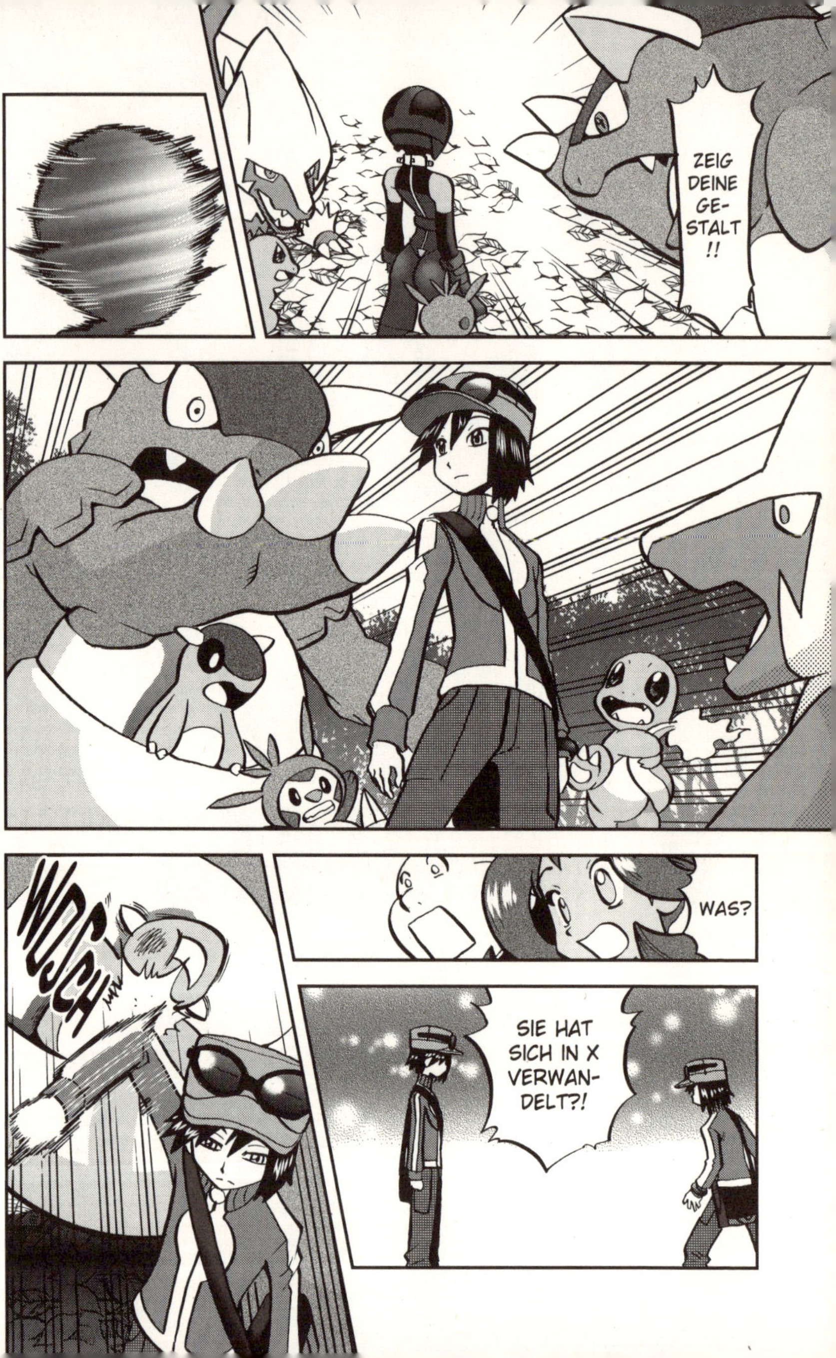
ZEIG DEINE GE- STALT !!
WUSCH
WAS?
SIE HAT SICH IN X VERWAN- DELT?!

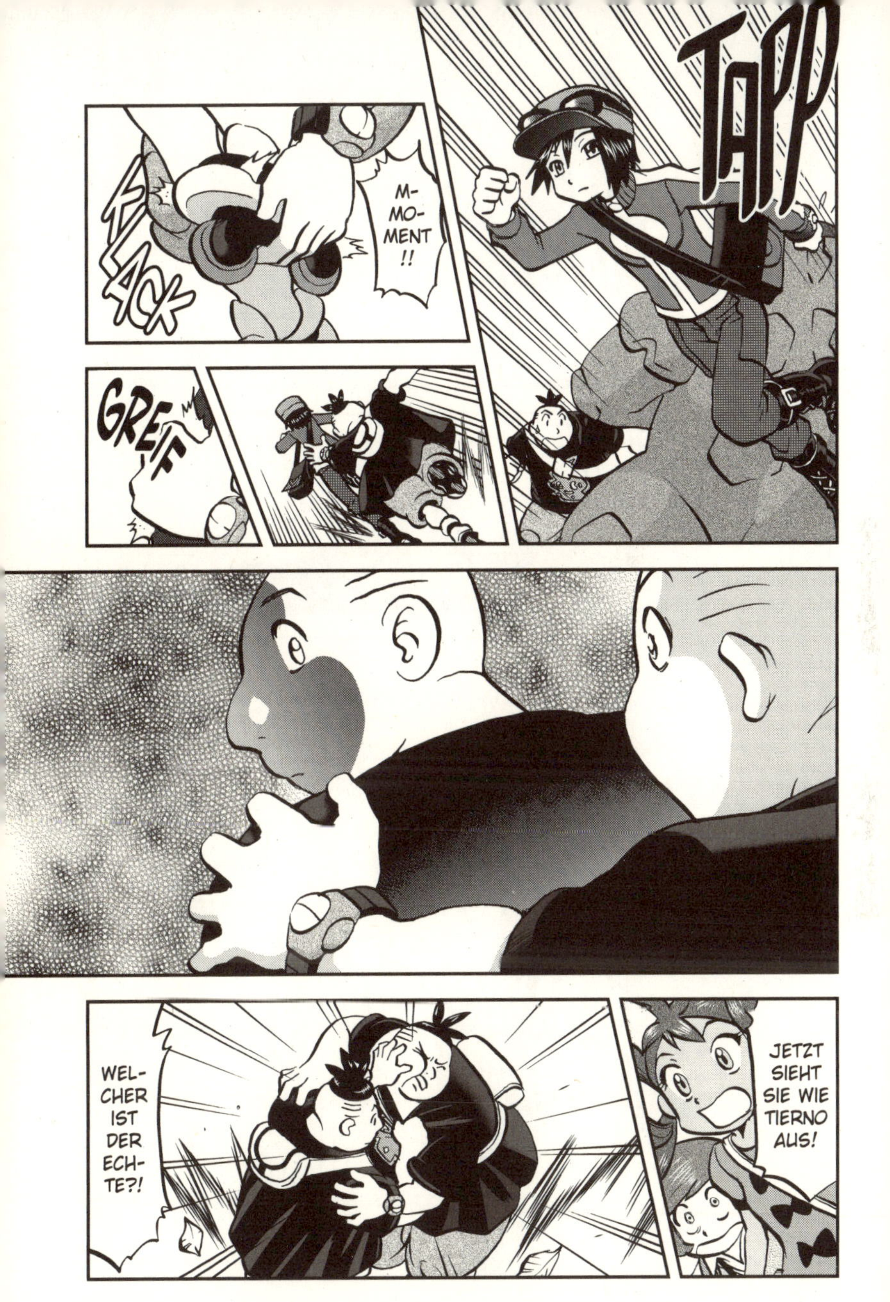
TAPP
M-MO-MENT!!
KLACK
GREIF
JETZT SIEHT SIE WIE TIERNO AUS!
WELCHER IST DER ECHTE?!

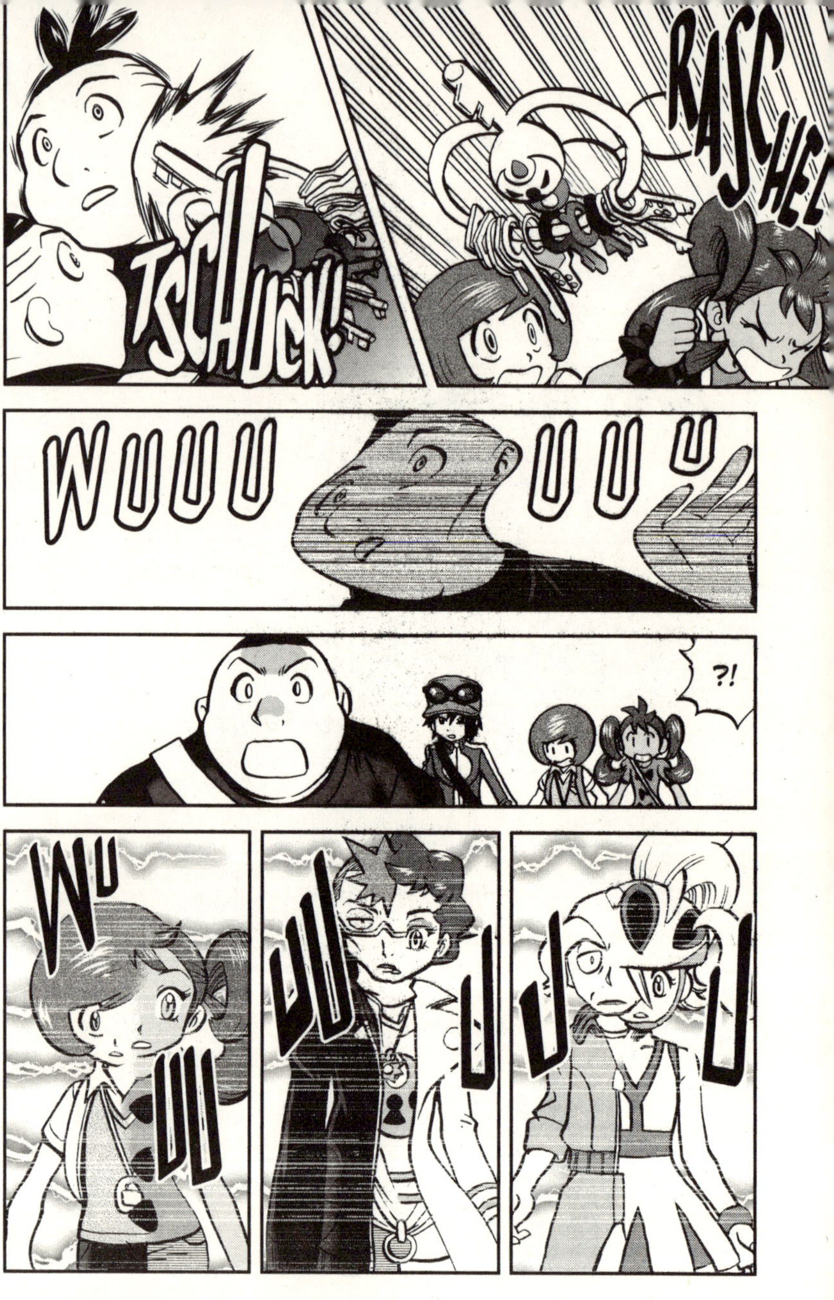
TSCHUCK!
RASCHEL
WUUU UUU
?!
WU UUU
UUU
UUU

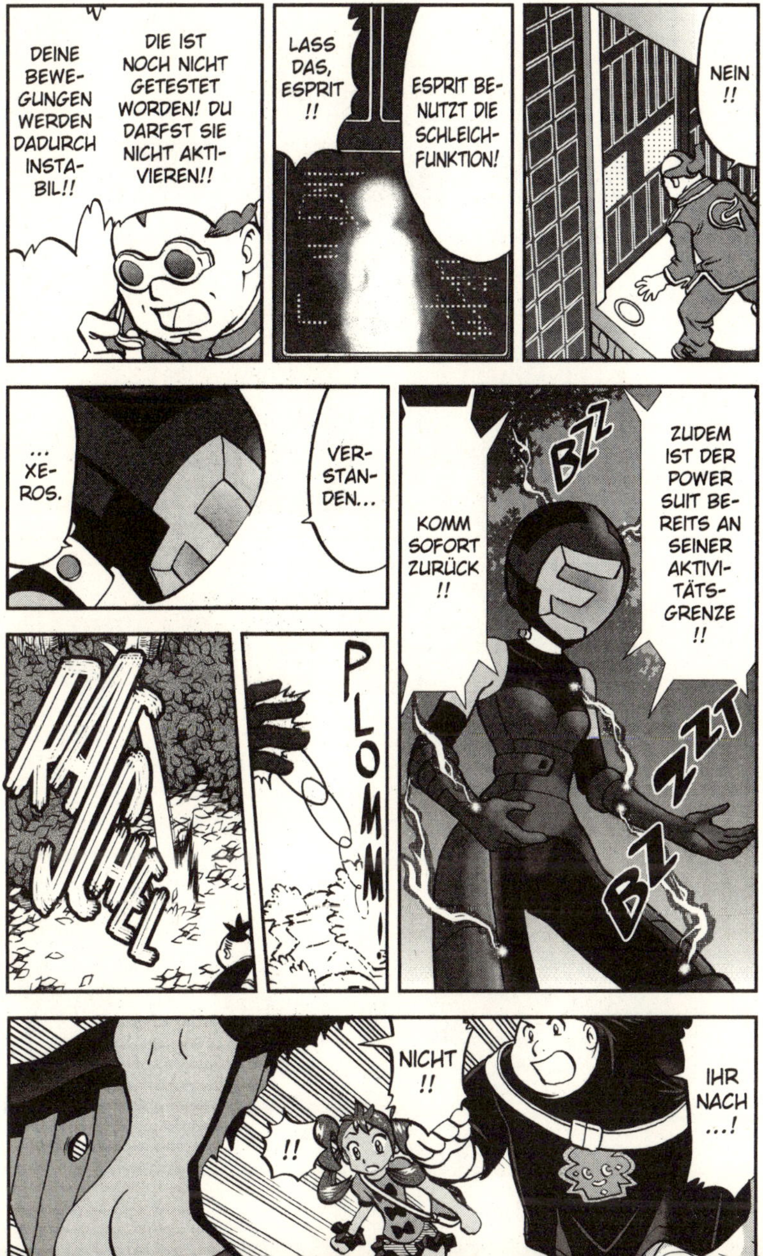
DEINE BEWEGUNGEN WERDEN DADURCH INSTABIL!!
DIE IST NOCH NICHT GETESTET WORDEN! DU DARFST SIE NICHT AKTIVIEREN!!
LASS DAS, ESPRIT!!
ESPRIT BENUTZT DIE SCHLEICHFUNKTION!
NEIN!!
... XEROS.
VERSTANDEN...
BZZ
KOMM SOFORT ZURÜCK!!
ZUDEM IST DER POWER SUIT BEREITS AN SEINER AKTIVITÄTSGRENZE!!
BZZZT
PLOMMM!
NICHT!!
!!
IHR NACH...!

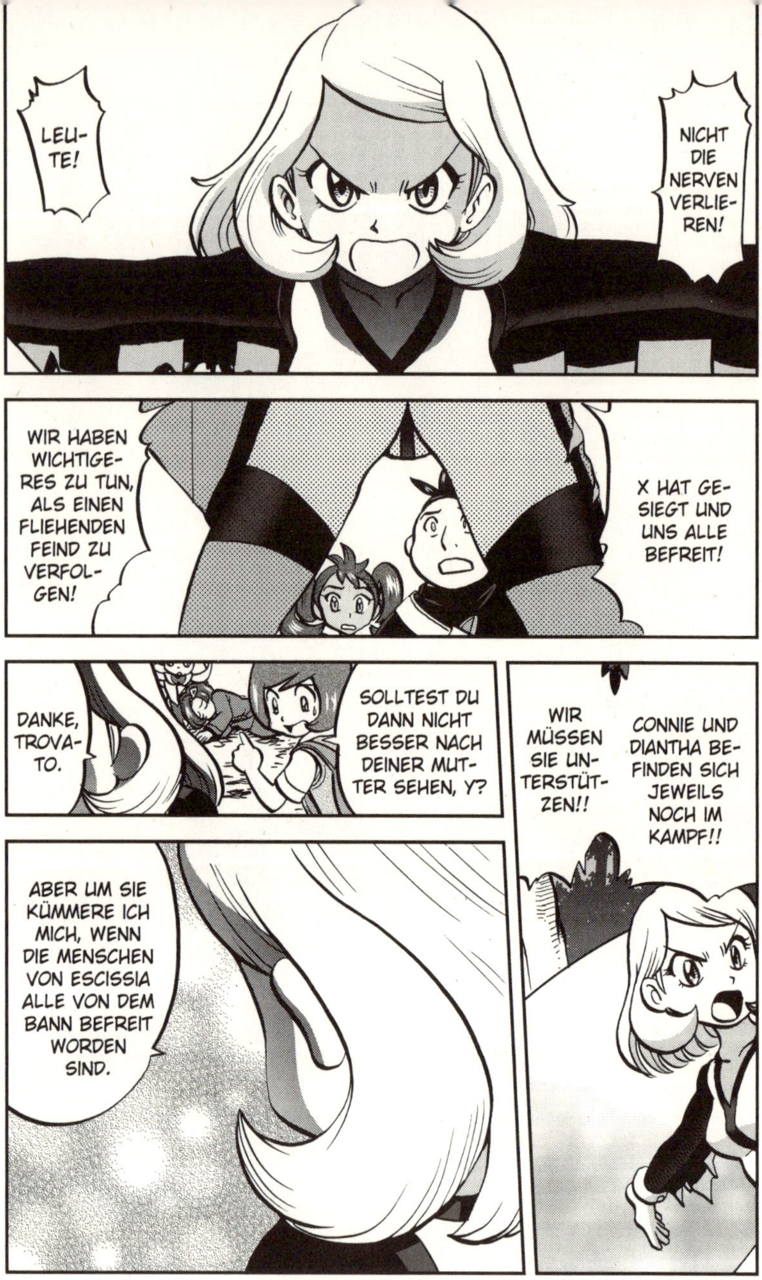
LEU-TE!
NICHT DIE NERVEN VERLIE-REN!
WIR HABEN WICHTIGE-RES ZU TUN, ALS EINEN FLIEHENDEN FEIND ZU VERFOL-GEN!
X HAT GE-SIEGT UND UNS ALLE BEFREIT!
DANKE, TROVA-TO.
SOLLTEST DU DANN NICHT BESSER NACH DEINER MUT-TER SEHEN, Y?
CONNIE UND DIANTHA BE-FINDEN SICH JEWEILS NOCH IM KAMPF!!
WIR MÜSSEN SIE UN-TERSTÜT-ZEN!!
ABER UM SIE KÜMMERE ICH MICH, WENN DIE MENSCHEN VON ESCISSIA ALLE VON DEM BANN BEFREIT WORDEN SIND.

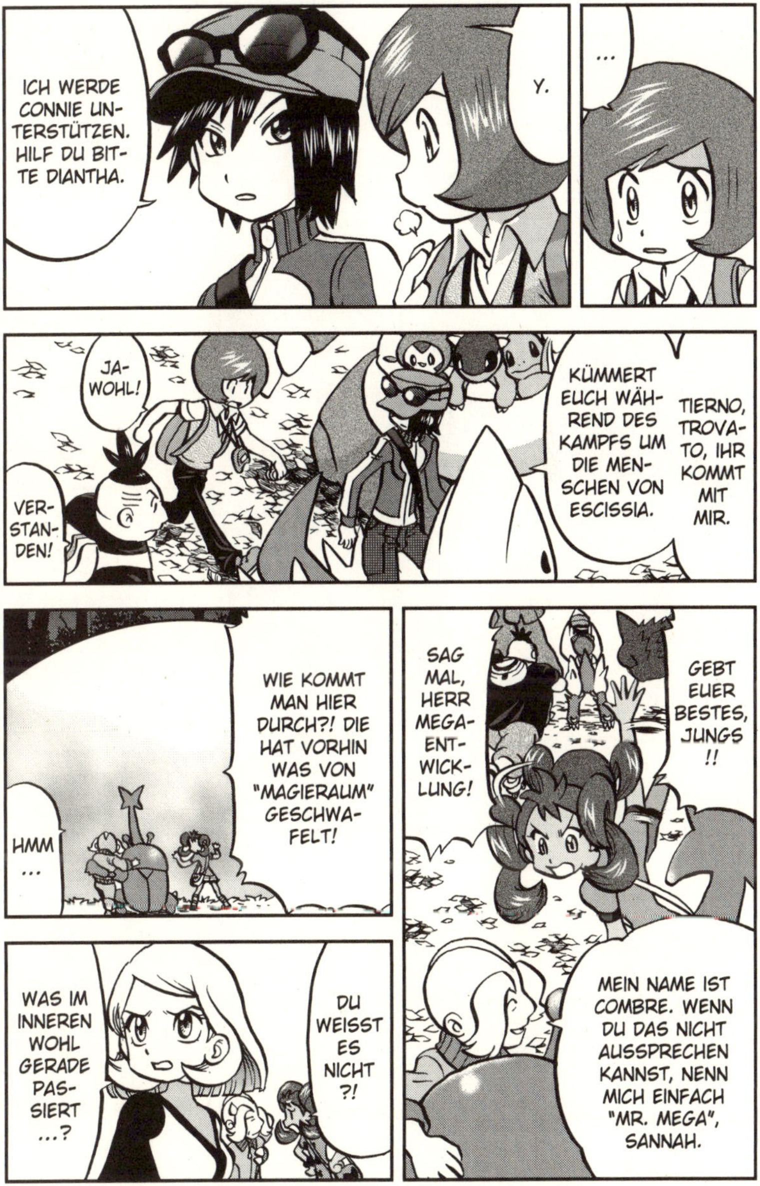
ICH WERDE CONNIE UNTERSTÜTZEN. HILF DU BITTE DIANTHA.
Y.
...
KÜMMERT EUCH WÄHREND DES KAMPFS UM DIE MENSCHEN VON ESCISSIA.
TIERNO, TROVATO, IHR KOMMT MIT MIR.
JAWOHL!
VERSTANDEN!
WIE KOMMT MAN HIER DURCH?! DIE HAT VORHIN WAS VON "MAGIERAUM" GESCHWAFELT!
HMM ...
GEBT EUER BESTES, JUNGS !!
SAG MAL, HERR MEGA-ENTWICKLUNG!
MEIN NAME IST COMBRE. WENN DU DAS NICHT AUSSPRECHEN KANNST, NENN MICH EINFACH "MR. MEGA", SANNAH.
DU WEISST ES NICHT ?!
WAS IM INNEREN WOHL GERADE PASSIERT ...?

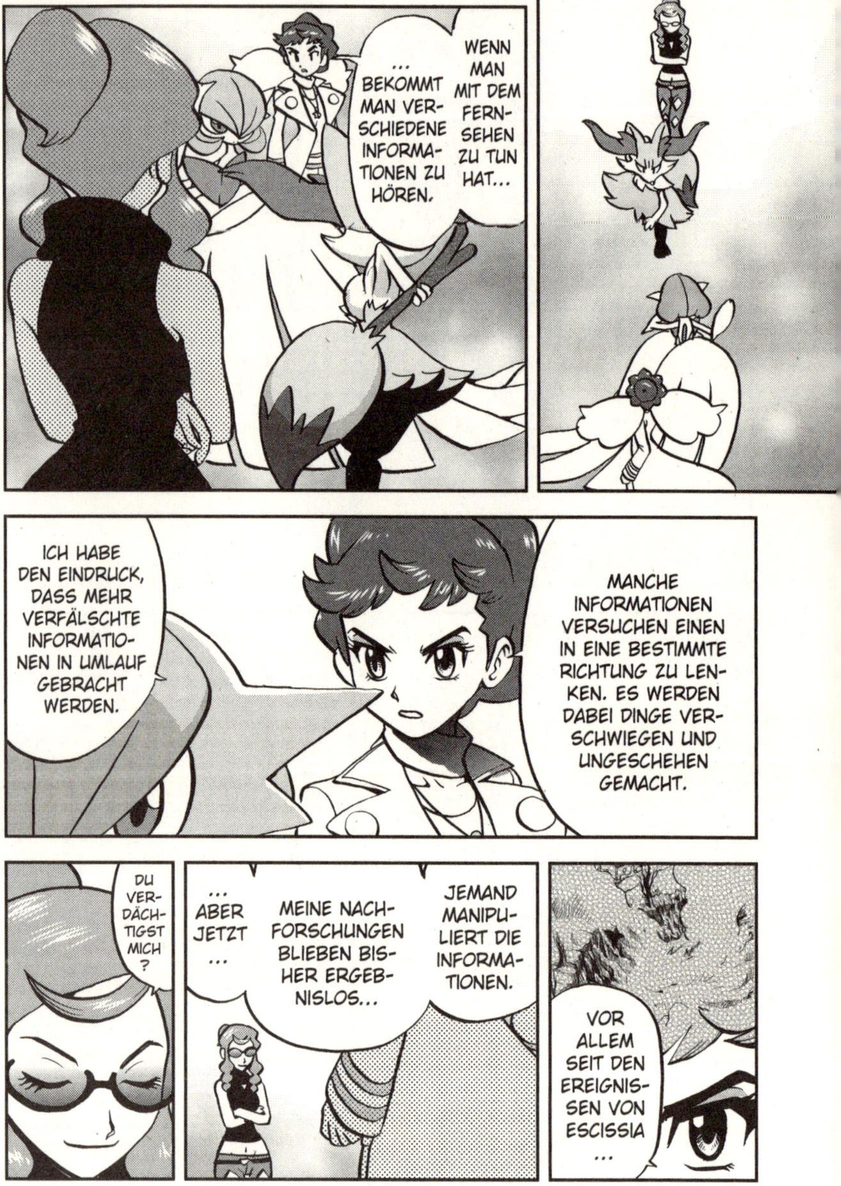
WENN MAN MIT DEM FERNSEHEN ZU TUN HAT...
... BEKOMMT MAN VERSCHIEDENE INFORMATIONEN ZU HÖREN.
MANCHE INFORMATIONEN VERSUCHEN EINEN IN EINE BESTIMMTE RICHTUNG ZU LENKEN. ES WERDEN DABEI DINGE VERSCHWIEGEN UND UNGESCHEHEN GEMACHT.
ICH HABE DEN EINDRUCK, DASS MEHR VERFÄLSCHTE INFORMATIONEN IN UMLAUF GEBRACHT WERDEN.
VOR ALLEM SEIT DEN EREIGNISSEN VON ESCISSIA ...
JEMAND MANIPULIERT DIE INFORMATIONEN.
MEINE NACHFORSCHUNGEN BLIEBEN BISHER ERGEBNISLOS...
... ABER JETZT ...
DU VERDÄCHTIGST MICH ?

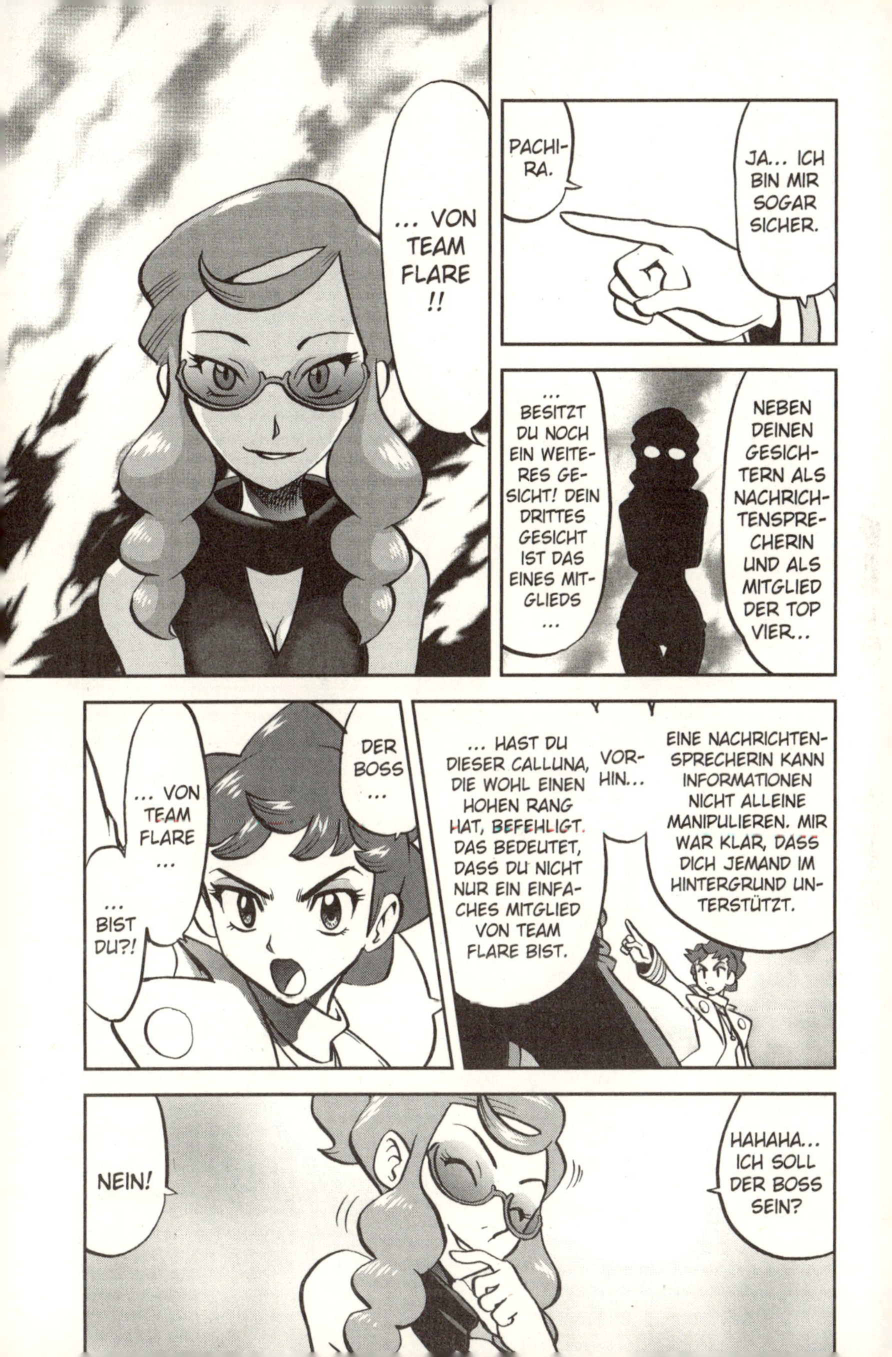
JA... ICH BIN MIR SOGAR SICHER.
PACHIRA.
NEBEN DEINEN GESICHTERN ALS NACHRICHTENSPRECHERIN UND ALS MITGLIED DER TOP VIER...
... BESITZT DU NOCH EIN WEITERES GESICHT! DEIN DRITTES GESICHT IST DAS EINES MITGLIEDS ...
... VON TEAM FLARE !!
EINE NACHRICHTENSPRECHERIN KANN INFORMATIONEN NICHT ALLEINE MANIPULIEREN. MIR WAR KLAR, DASS DICH JEMAND IM HINTERGRUND UNTERSTÜTZT.
VORHIN...
... HAST DU DIESER CALLUNA, DIE WOHL EINEN HOHEN RANG HAT, BEFEHLIGT. DAS BEDEUTET, DASS DU NICHT NUR EIN EINFACHES MITGLIED VON TEAM FLARE BIST.
DER BOSS ...
... VON TEAM FLARE ...
... BIST DU?!
HAHAHA... ICH SOLL DER BOSS SEIN?
NEIN!

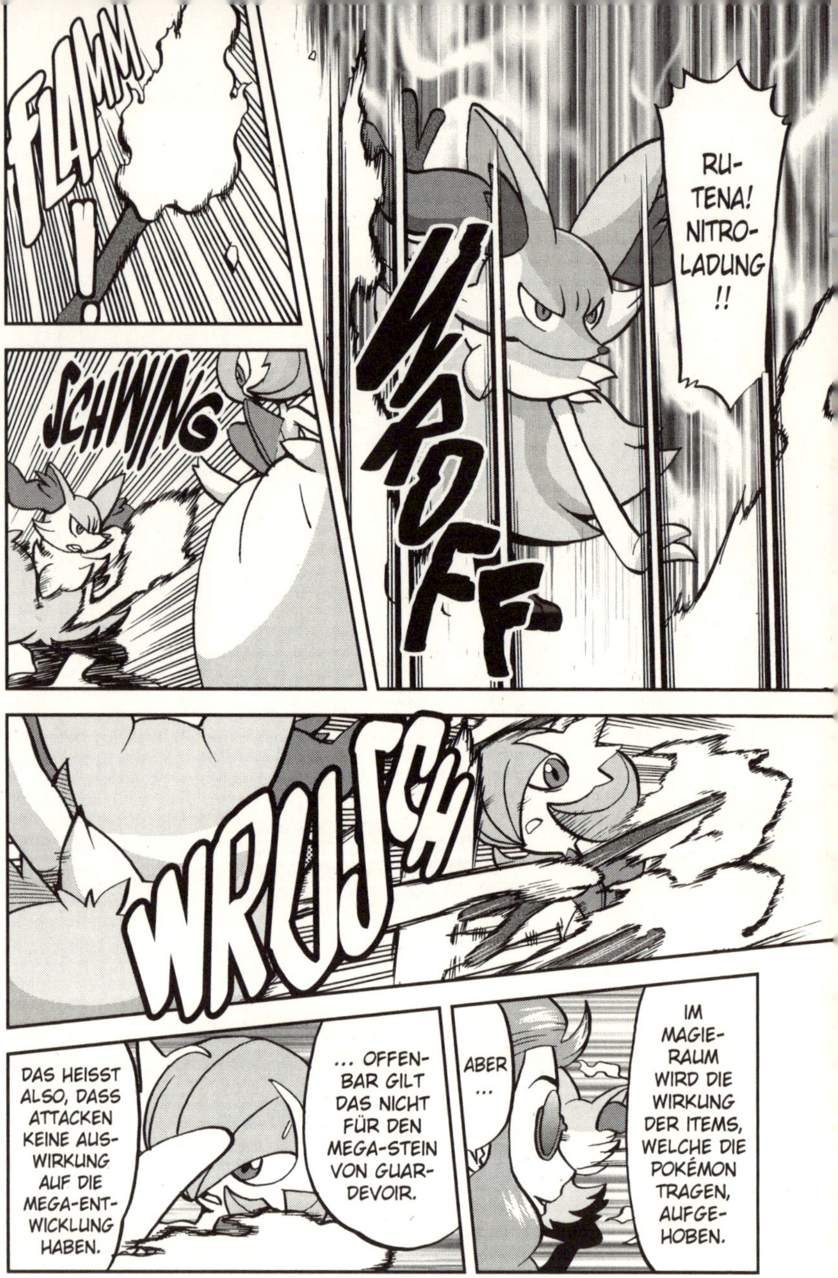
RU-TENA! NITRO-LADUNG!!
WROFFF
FLAMM!!
SCHWING
WRUSCH
IM MAGIE-RAUM WIRD DIE WIRKUNG DER ITEMS, WELCHE DIE POKÉMON TRAGEN, AUFGE-HOBEN.
ABER …
… OFFEN-BAR GILT DAS NICHT FÜR DEN MEGA-STEIN VON GUAR-DEVOIR.
DAS HEISST ALSO, DASS ATTACKEN KEINE AUS-WIRKUNG AUF DIE MEGA-ENT-WICKLUNG HABEN.

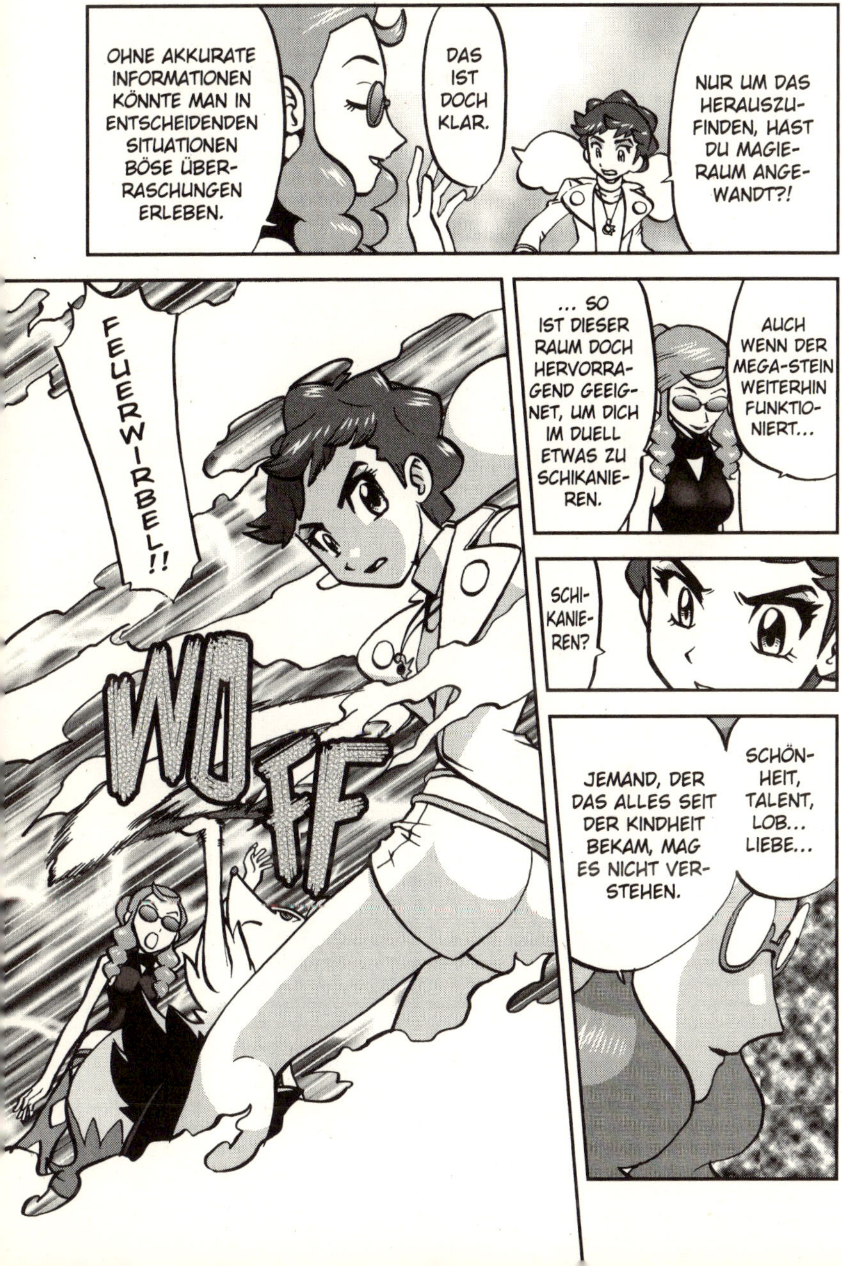

NUR UM DAS HERAUSZUFINDEN, HAST DU MAGIERAUM ANGEWANDT?!
DAS IST DOCH KLAR.
OHNE AKKURATE INFORMATIONEN KÖNNTE MAN IN ENTSCHEIDENDEN SITUATIONEN BÖSE ÜBERRASCHUNGEN ERLEBEN.
AUCH WENN DER MEGA-STEIN WEITERHIN FUNKTIONIERT…
… SO IST DIESER RAUM DOCH HERVORRAGEND GEEIGNET, UM DICH IM DUELL ETWAS ZU SCHIKANIEREN.
SCHIKANIEREN?
FEUERWIRBEL!!
WOFF
SCHÖNHEIT, TALENT, LOB… LIEBE…
JEMAND, DER DAS ALLES SEIT DER KINDHEIT BEKAM, MAG ES NICHT VERSTEHEN.

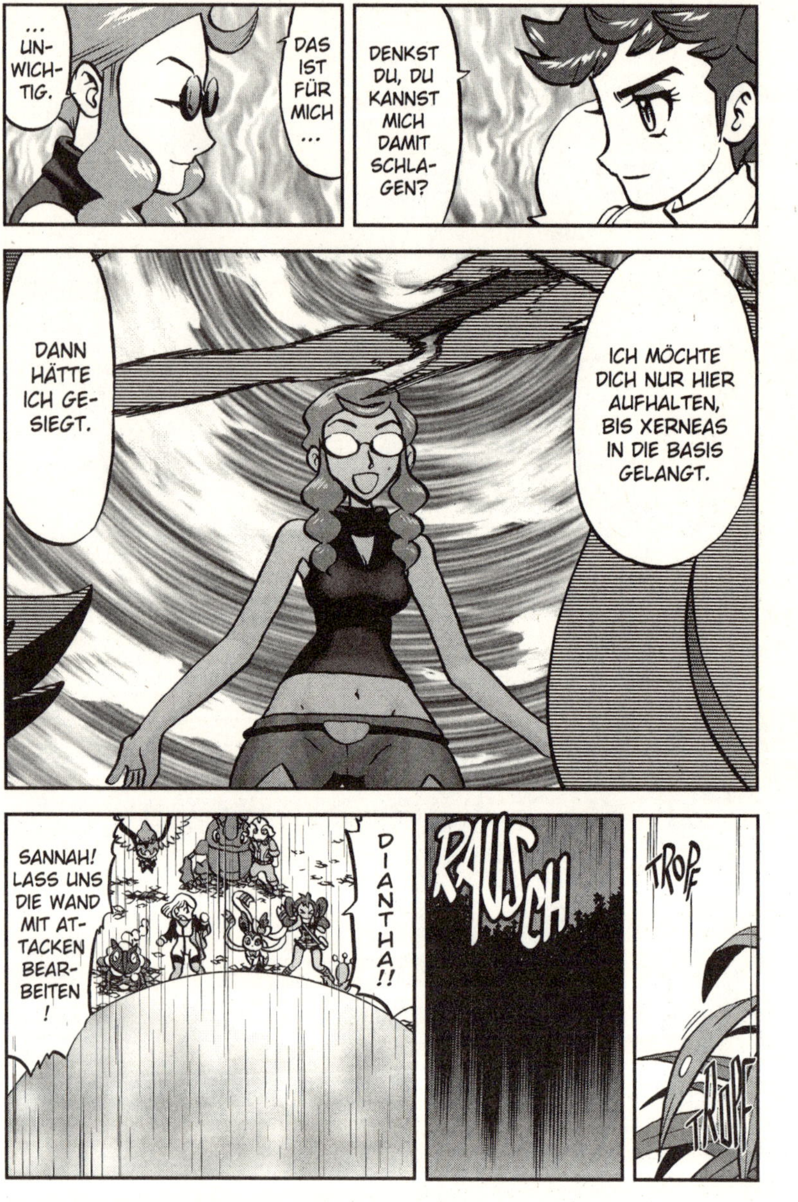
DENKST DU, DU KANNST MICH DAMIT SCHLAGEN?
DAS IST FÜR MICH ...
... UNWICHTIG.
ICH MÖCHTE DICH NUR HIER AUFHALTEN, BIS XERNEAS IN DIE BASIS GELANGT.
DANN HÄTTE ICH GESIEGT.
TROPF
TROPF
RAUSCH
DIANTHA!!
SANNAH! LASS UNS DIE WAND MIT ATTACKEN BEARBEITEN!

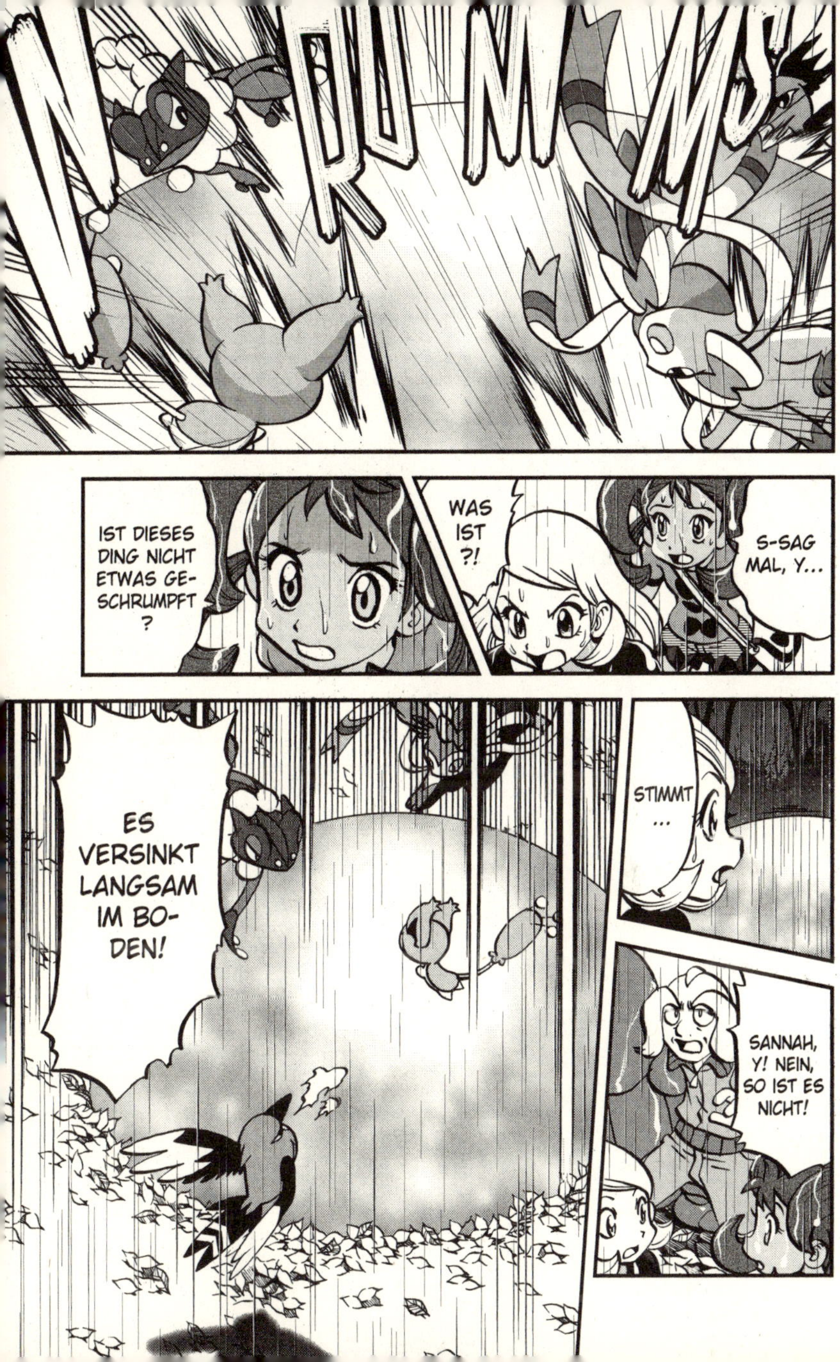
S-SAG MAL, Y...
WAS IST ?!
IST DIESES DING NICHT ETWAS GESCHRUMPFT ?
STIMMT ...
ES VERSINKT LANGSAM IM BODEN!
SANNAH, Y! NEIN, SO IST ES NICHT!

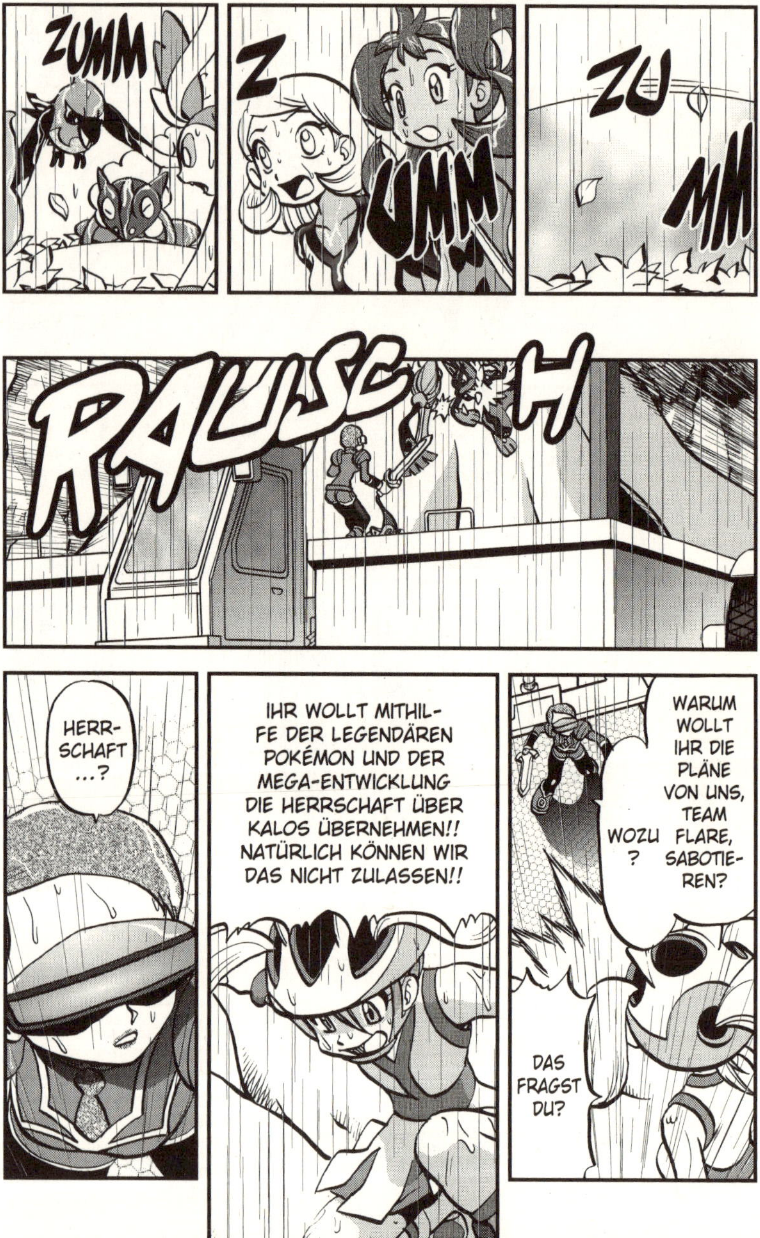
ZUMM
ZUMM
ZUMM
RAUSCH
WARUM WOLLT IHR DIE PLÄNE VON UNS, TEAM FLARE, SABOTIEREN?
WOZU?
DAS FRAGST DU?
IHR WOLLT MITHILFE DER LEGENDÄREN POKÉMON UND DER MEGA-ENTWICKLUNG DIE HERRSCHAFT ÜBER KALOS ÜBERNEHMEN!! NATÜRLICH KÖNNEN WIR DAS NICHT ZULASSEN!!
HERRSCHAFT …?

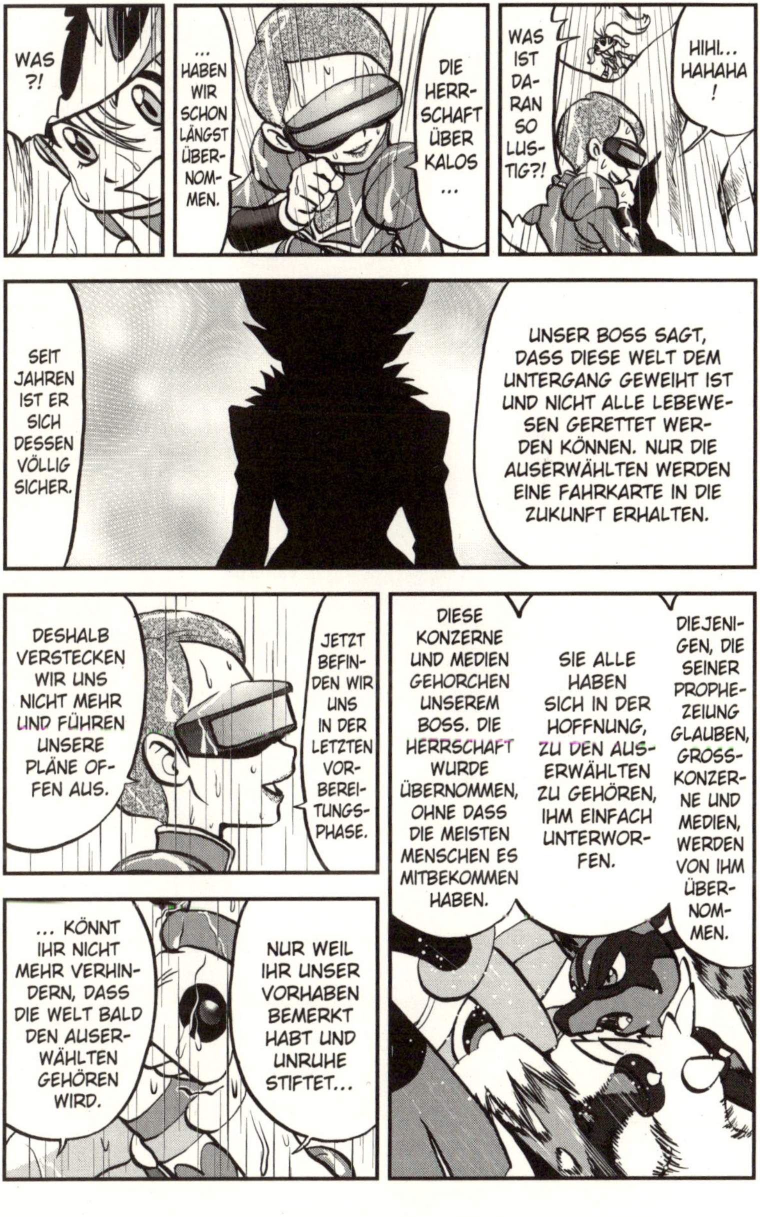
WAS ?!
... HABEN WIR SCHON LÄNGST ÜBERNOMMEN.
DIE HERRSCHAFT ÜBER KALOS ...
WAS IST DARAN SO LUSTIG?!
HIHI... HAHAHA!
UNSER BOSS SAGT, DASS DIESE WELT DEM UNTERGANG GEWEIHT IST UND NICHT ALLE LEBEWESEN GERETTET WERDEN KÖNNEN. NUR DIE AUSERWÄHLTEN WERDEN EINE FAHRKARTE IN DIE ZUKUNFT ERHALTEN.
SEIT JAHREN IST ER SICH DESSEN VÖLLIG SICHER.
JETZT BEFINDEN WIR UNS IN DER LETZTEN VORBEREITUNGSPHASE.
DESHALB VERSTECKEN WIR UNS NICHT MEHR UND FÜHREN UNSERE PLÄNE OFFEN AUS.
DIEJENIGEN, DIE SEINER PROPHEZEIUNG GLAUBEN, GROSSKONZERNE UND MEDIEN, WERDEN VON IHM ÜBERNOMMEN.
SIE ALLE HABEN SICH IN DER HOFFNUNG, ZU DEN AUSERWÄHLTEN ZU GEHÖREN, IHM EINFACH UNTERWORFEN.
DIESE KONZERNE UND MEDIEN GEHORCHEN UNSEREM BOSS. DIE HERRSCHAFT WURDE ÜBERNOMMEN, OHNE DASS DIE MEISTEN MENSCHEN ES MITBEKOMMEN HABEN.
NUR WEIL IHR UNSER VORHABEN BEMERKT HABT UND UNRUHE STIFTET...
... KÖNNT IHR NICHT MEHR VERHINDERN, DASS DIE WELT BALD DEN AUSERWÄHLTEN GEHÖREN WIRD.

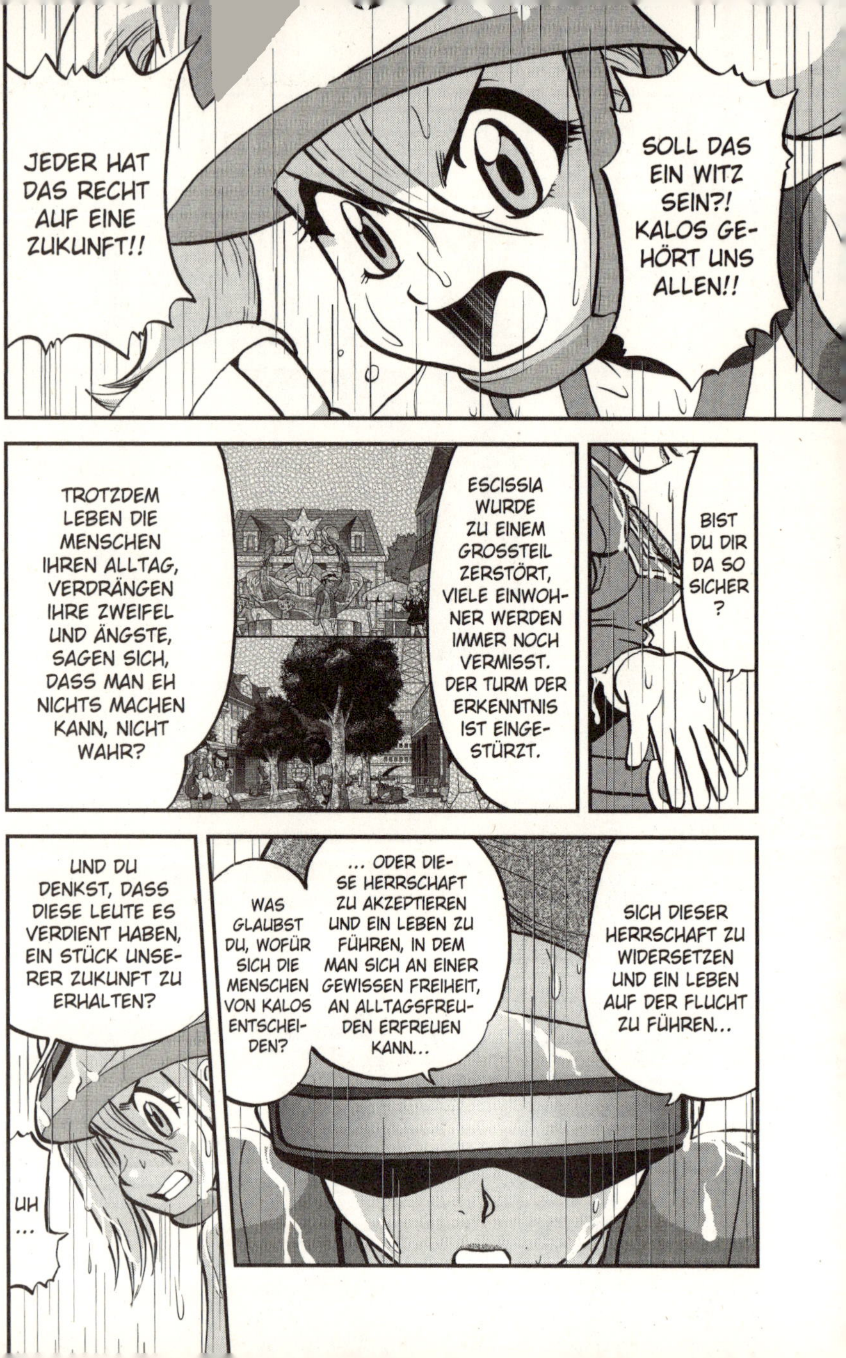
SOLL DAS EIN WITZ SEIN?! KALOS GEHÖRT UNS ALLEN!!
JEDER HAT DAS RECHT AUF EINE ZUKUNFT!!
BIST DU DIR DA SO SICHER?
ESCISSIA WURDE ZU EINEM GROSSTEIL ZERSTÖRT, VIELE EINWOHNER WERDEN IMMER NOCH VERMISST. DER TURM DER ERKENNTNIS IST EINGESTÜRZT.
TROTZDEM LEBEN DIE MENSCHEN IHREN ALLTAG, VERDRÄNGEN IHRE ZWEIFEL UND ÄNGSTE, SAGEN SICH, DASS MAN EH NICHTS MACHEN KANN, NICHT WAHR?
SICH DIESER HERRSCHAFT ZU WIDERSETZEN UND EIN LEBEN AUF DER FLUCHT ZU FÜHREN…
… ODER DIESE HERRSCHAFT ZU AKZEPTIEREN UND EIN LEBEN ZU FÜHREN, IN DEM MAN SICH AN EINER GEWISSEN FREIHEIT, AN ALLTAGSFREUDEN ERFREUEN KANN…
WAS GLAUBST DU, WOFÜR SICH DIE MENSCHEN VON KALOS ENTSCHEIDEN?
UND DU DENKST, DASS DIESE LEUTE ES VERDIENT HABEN, EIN STÜCK UNSERER ZUKUNFT ZU ERHALTEN?
UH …

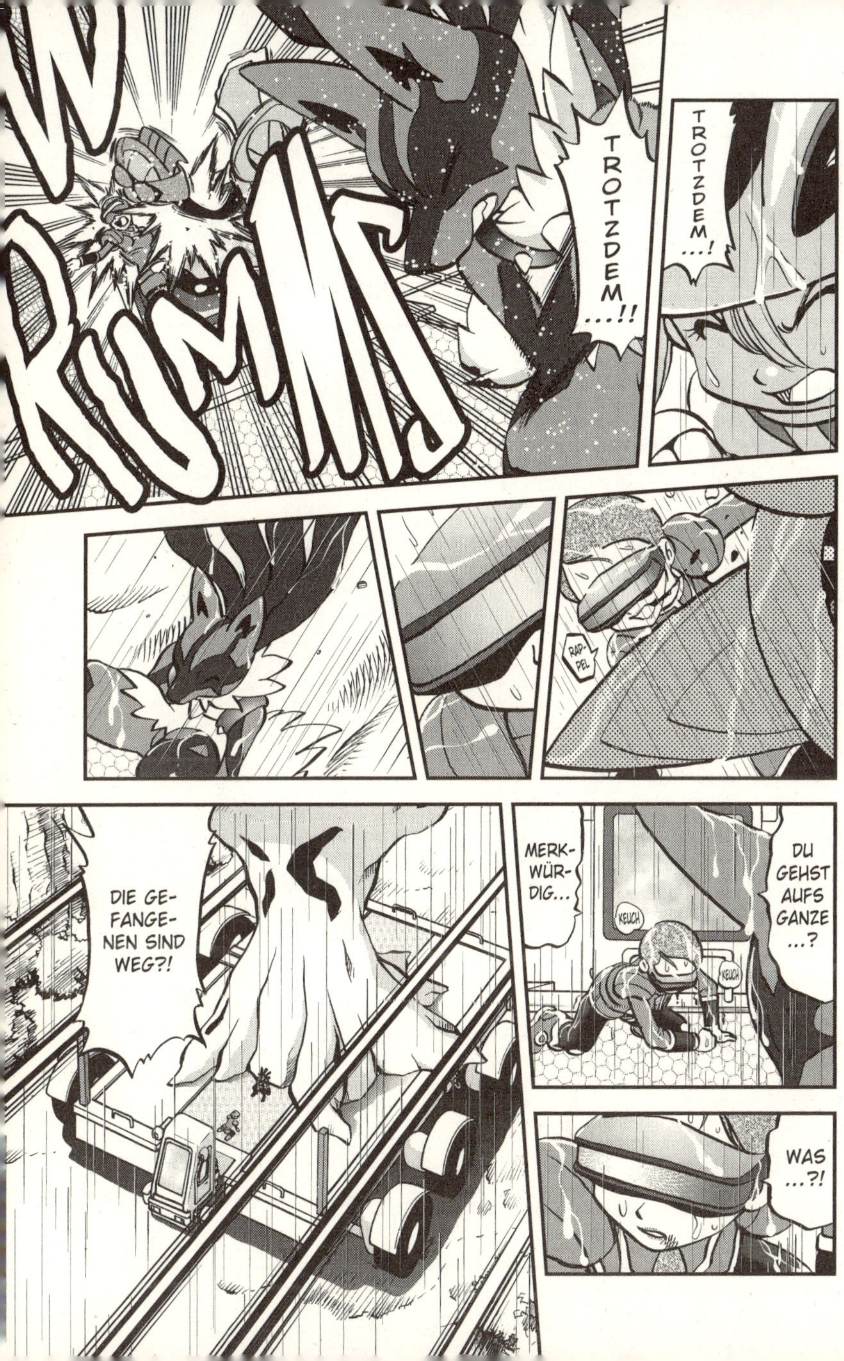
TROTZDEM ...!
TROTZDEM ...!!
RUMMS
RAP-PEL
DU GEHST AUFS GANZE ...?
MERK-WÜRDIG...
KEUCH
KEUCH
WAS ...?!
DIE GE-FANGE-NEN SIND WEG?!

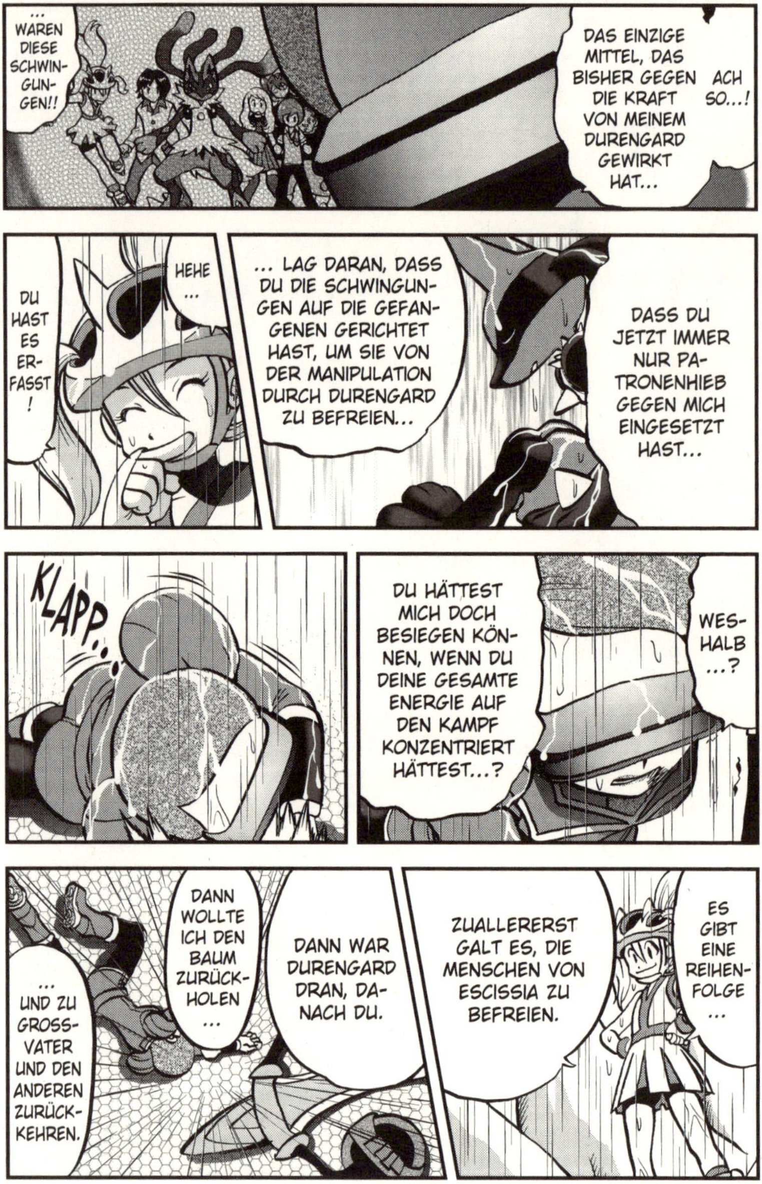
ACH SO...!
DAS EINZIGE MITTEL, DAS BISHER GEGEN DIE KRAFT VON MEINEM DURENGARD GEWIRKT HAT...
... WAREN DIESE SCHWINGUNGEN!!
DASS DU JETZT IMMER NUR PATRONENHIEB GEGEN MICH EINGESETZT HAST...
... LAG DARAN, DASS DU DIE SCHWINGUNGEN AUF DIE GEFANGENEN GERICHTET HAST, UM SIE VON DER MANIPULATION DURCH DURENGARD ZU BEFREIEN...
HEHE ...
DU HAST ES ERFASST!
WESHALB ...?
DU HÄTTEST MICH DOCH BESIEGEN KÖNNEN, WENN DU DEINE GESAMTE ENERGIE AUF DEN KAMPF KONZENTRIERT HÄTTEST...?
KLAPP..
ES GIBT EINE REIHENFOLGE ...
ZUALLERERST GALT ES, DIE MENSCHEN VON ESCISSIA ZU BEFREIEN.
DANN WAR DURENGARD DRAN, DANACH DU.
DANN WOLLTE ICH DEN BAUM ZURÜCKHOLEN ...
... UND ZU GROSSVATER UND DEN ANDEREN ZURÜCKKEHREN.

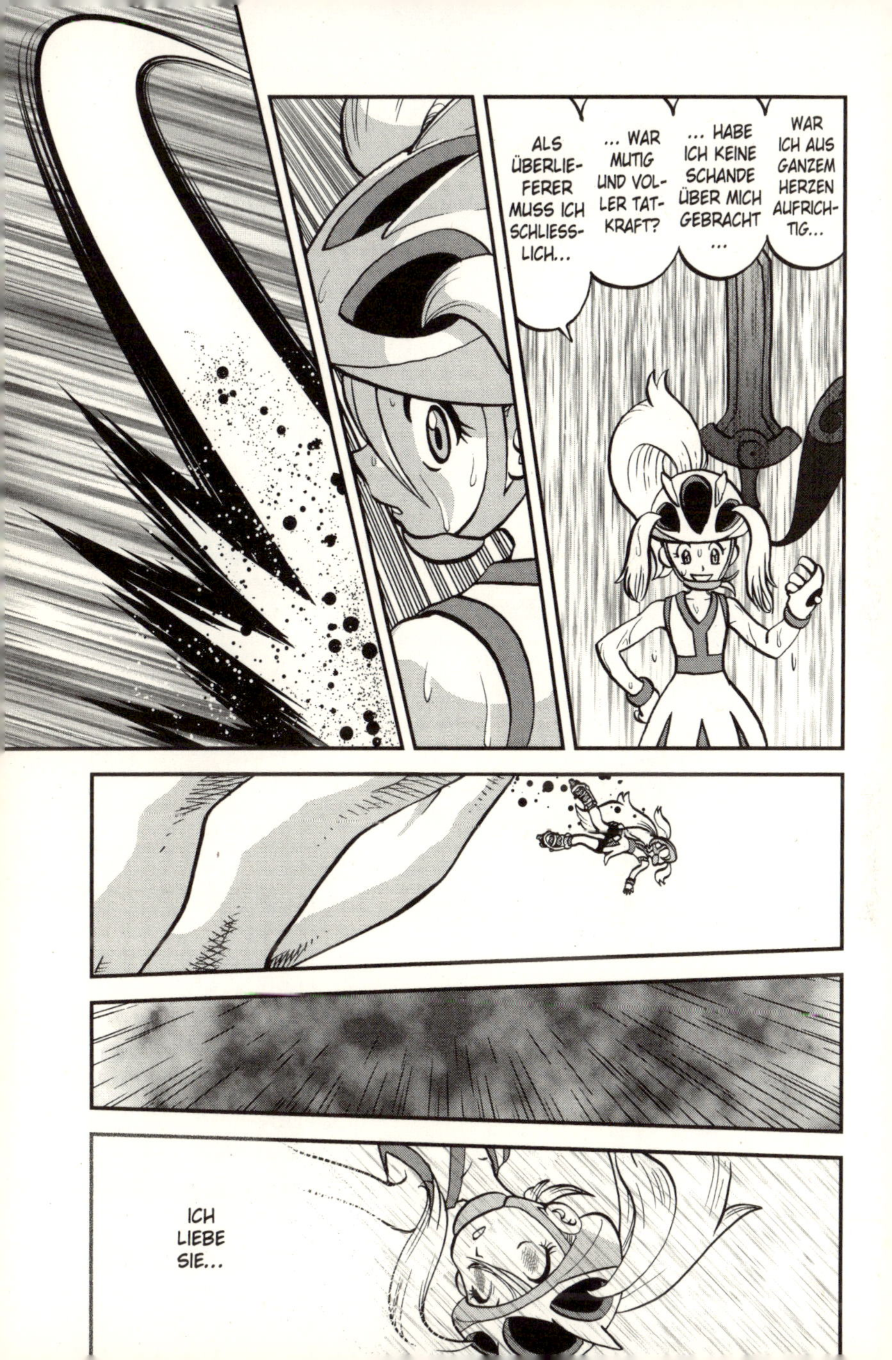
WAR ICH AUS GANZEM HERZEN AUFRICHTIG...
... HABE ICH KEINE SCHANDE ÜBER MICH GEBRACHT ...
... WAR MUTIG UND VOLLER TATKRAFT?
ALS ÜBERLIEFERER MUSS ICH SCHLIESSLICH...
ICH LIEBE SIE...

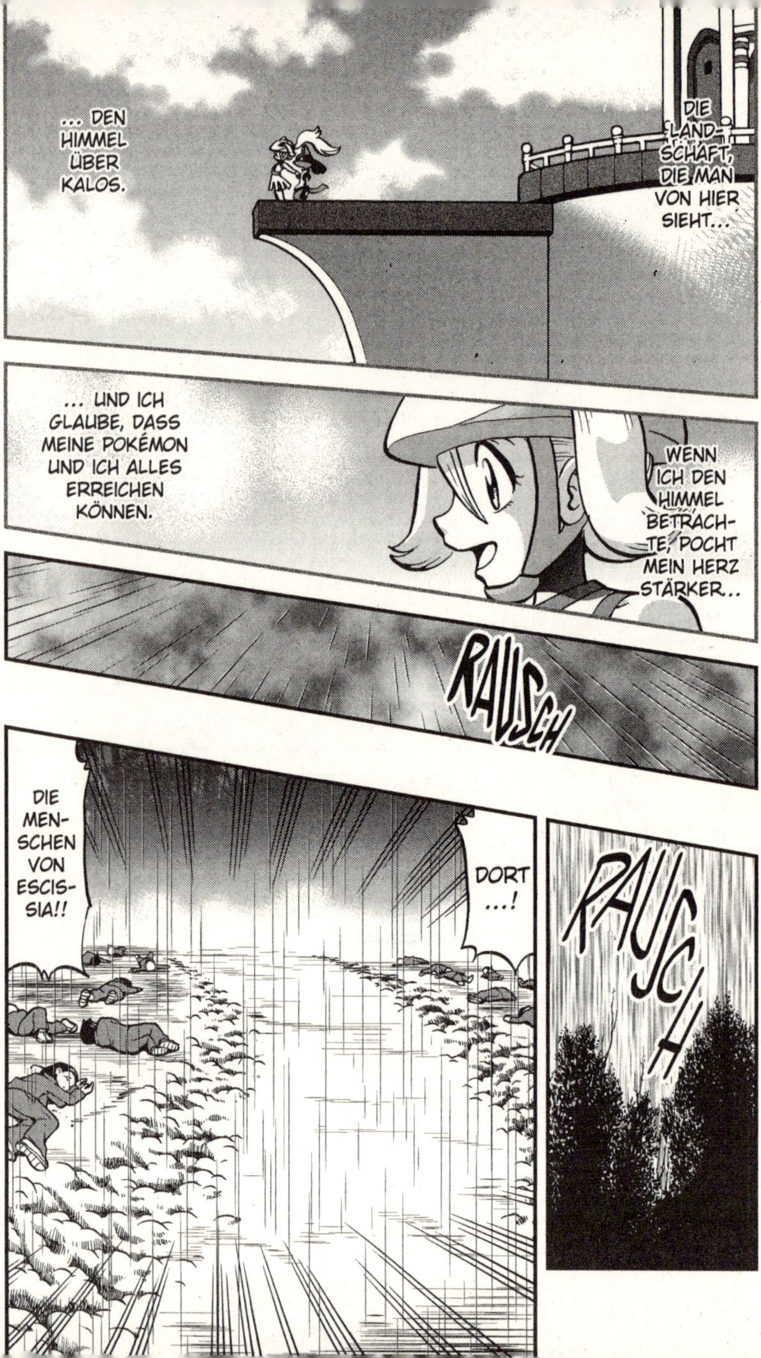
DIE LANDSCHAFT, DIE MAN VON HIER SIEHT...
... DEN HIMMEL ÜBER KALOS.
WENN ICH DEN HIMMEL BETRACHTE, POCHT MEIN HERZ STÄRKER...
... UND ICH GLAUBE, DASS MEINE POKÉMON UND ICH ALLES ERREICHEN KÖNNEN.
RAUSCH
RAUSCH
DORT ...!
DIE MENSCHEN VON ESCISSIA!!

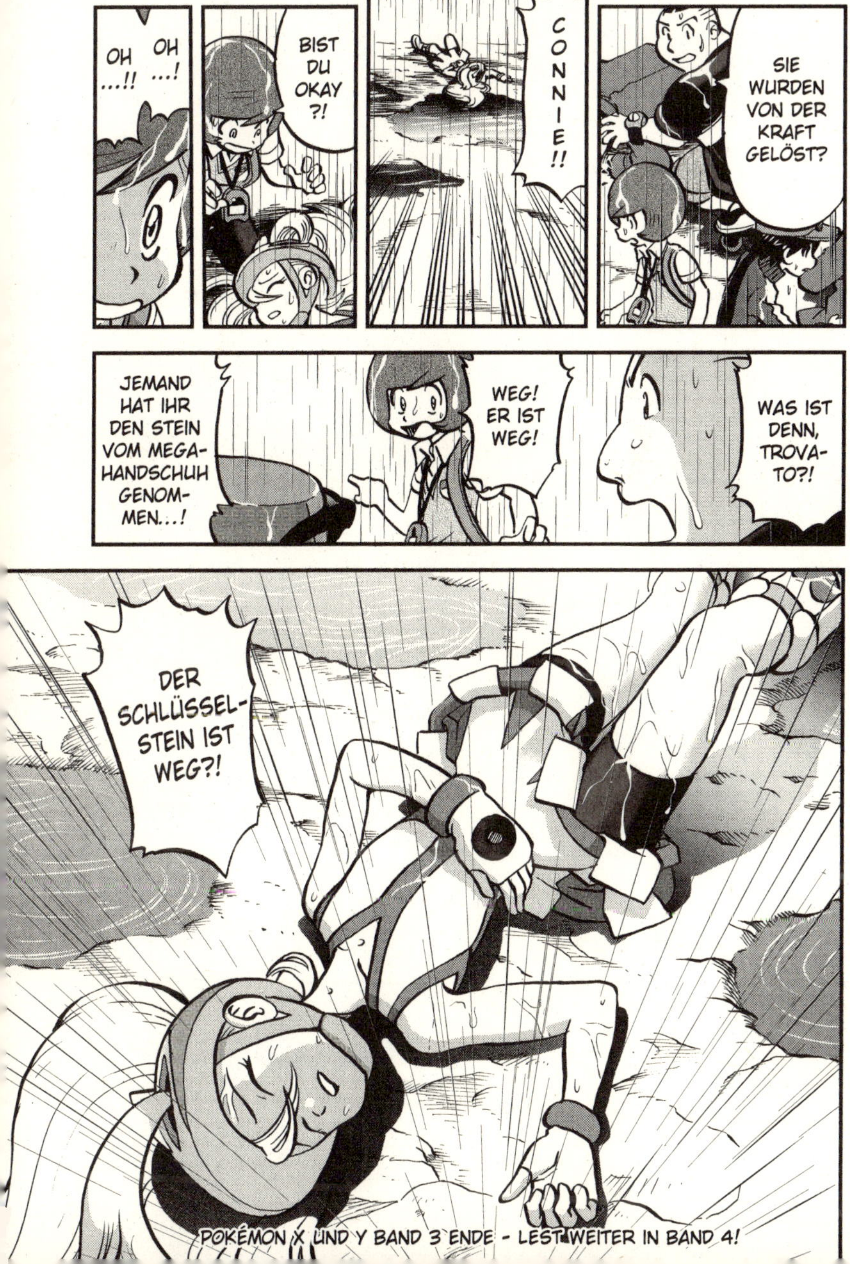
SIE WURDEN VON DER KRAFT GELÖST?
CONNIE!!
BIST DU OKAY?!
OH ...!
OH ...!!
WAS IST DENN, TROVATO?!
WEG! ER IST WEG!
JEMAND HAT IHR DEN STEIN VOM MEGA-HANDSCHUH GENOMMEN...!
DER SCHLÜSSEL-STEIN IST WEG?!
POKÉMON X UND Y BAND 3 ENDE - LEST WEITER IN BAND 4!

GEGENWÄRTIGER AUFENTHALTSORT

ROUTE 8 MURAILLE-KÜSTENPFAD

DER REIZ DIESER ROUTE LIEGT IM KONTRAST ZWISCHEN DEN SCHWINDELERREGEND HOHEN KLIPPEN UND DEM WEITEN STRAND.

NR.

DATUM:

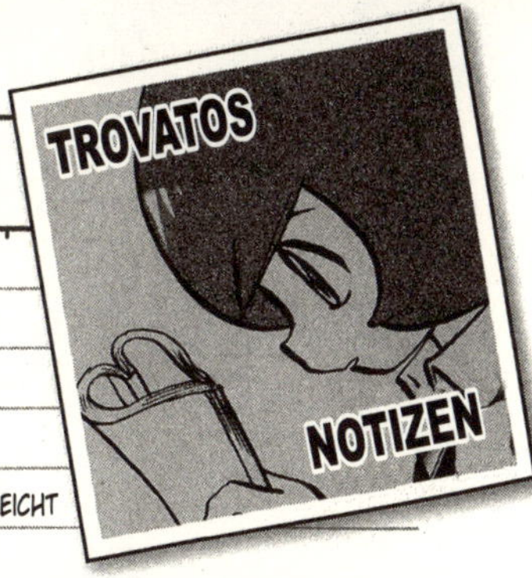

◆ BISHER GESAMMELTE INFORMATIONEN ◆

- WIR BEGEGNEN ZUM ERSTEN MAL DEM AUCH UNTER DEM NAMEN "MR. MEGA" BEKANNTEN COMBRE.
DIESER HERR, DER SICH ALS CONNIES GROSSVATER HERAUSSTELLTE, WAR ES, DER X DEN MEGA-RING ÜBERREICHT HATTE.

- SCHILDERUNG VON X, WIE ER ZUM ERSTEN MAL DIESEN RING ANGELEGT HATTE:
"IRGENDWIE HATTE ICH DAS GEFÜHL, ALS OB MEINE ENERGIE UND GEFÜHLE IN DEN SCHLÜSSELSTEIN IN DER MITTE DES RINGES FLIESSEN WÜRDEN. AN MEINER LINKEN HAND SCHIEN SICH NOCH EIN GEHIRN, NOCH EIN HERZ ZU BEFINDEN."

- LAUT COMBRE SOLLTE DERJENIGE, DER DIE MEGA-ENTWICKLUNG DURCHFÜHRT, EIN DERARTIGES GEFÜHL VERSPÜREN. ER FÜGTE JEDOCH HINZU, DASS NICHT JEDER AUF DIE GLEICHE ART FÜHLT.

- REGEL DER MEGA-ENTWICKLUNG:
AUCH WENN EIN TRAINER MEHRERE POKÉMON MIT SICH FÜHRT, DIE EINE MEGA-ENTWICKLUNG AUSFÜHREN KÖNNEN, KANN NUR EINES DAVON AUF EINMAL DIE MEGA-ENTWICKLUNG VOLLBRINGEN.

- ES GIBT POKÉMON, DEREN FÄHIGKEIT SICH DURCH DIE MEGA-ENTWICKLUNG VERÄNDERT.
BEZOGEN AUF POKÉMON, DIE X BEI SICH FÜHRT, BEDEUTET DAS FOLGENDES:
. KANGAMA (RAUFLUST) ⟶ MEGA-KANGAMA (FAMILIENBANDE)
. VOLTENSO (BLITZFÄNGER) ⟶ MEGA-VOLTENSO (BEDROHER)
. GENGAR (SCHWEBE) ⟶ MEGA-GENGAR (WEGSPERRE)

- DES WEITEREN GIBT ES POKÉMON, DIE DURCH DIE MEGA ENTWICKLUNG DEN TYP ÄNDERN ODER TYP UND FÄHIGKEITEN ÄNDERN ODER EINFACH GLEICH BLEIBEN... SIE SOLLEN SEHR UNTERSCHIEDLICH SEIN...!

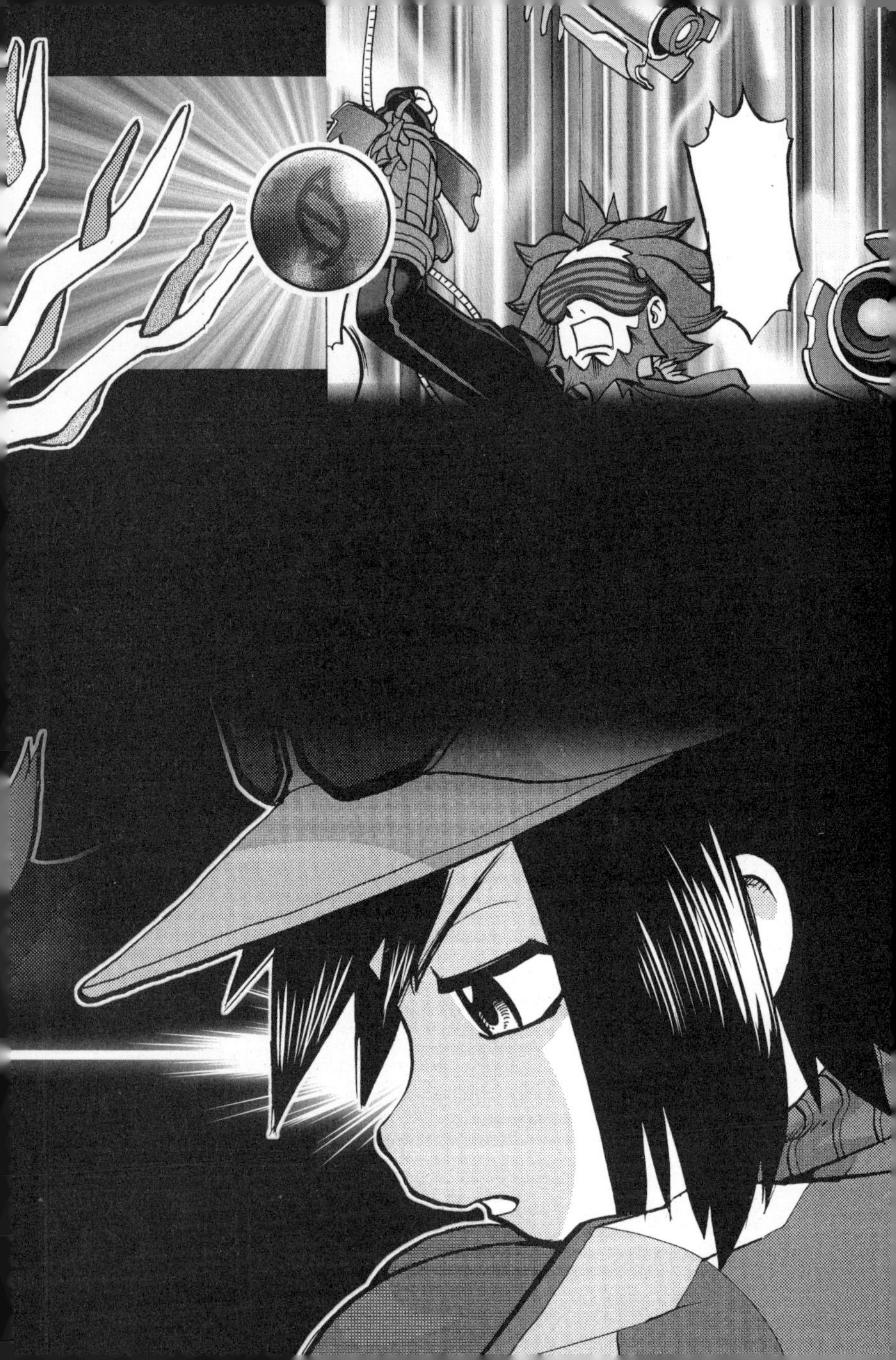

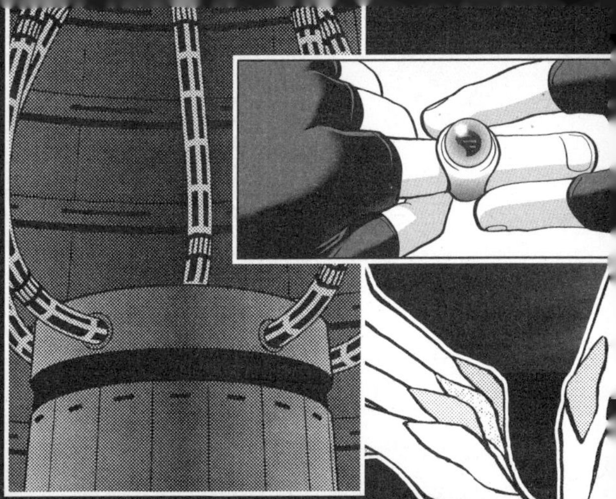

BAND 4
DEMNÄCHST

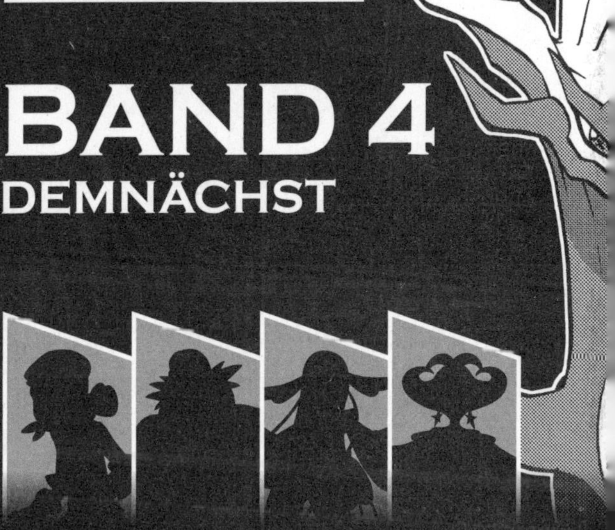

XY

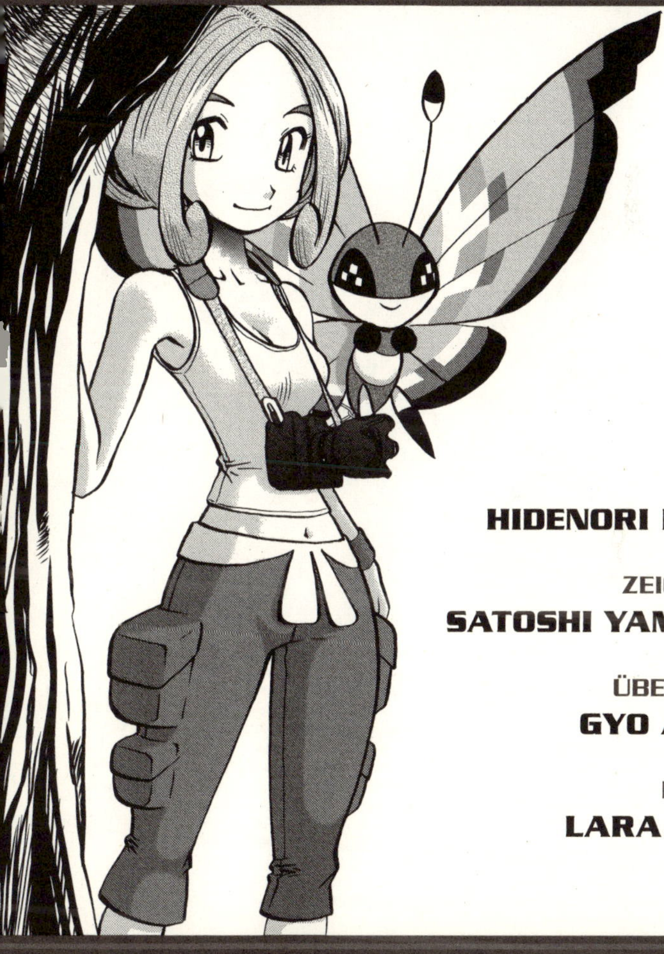

STORY
HIDENORI KUSAKA

ZEICHNUNGEN
SATOSHI YAMAMOTO

ÜBERSETZUNG
GYO ARAIWA

LETTERING
LARA IACUCCI

ACHTUNG!

Dieser Comic wird wie im Original gelesen:
von rechts nach links,
also fangt einfach von der anderen Seite des Buches an
und stürzt euch in die Welt von **POKÉMON X und Y – DER MANGA!**

POKÉMON X UND Y – DER MANGA erscheint bei **PANINI MANGA**, Schloßstraße 76, D-70176 Stuttgart. POKÉMON X UND Y – DER MANGA wird unter Lizenz in Deutschland von PANINI Verlags-GmbH veröffentlicht. Druck: LEGO PRINT S.p.A. Anzeigenverkauf: BLAUFEUER VERLAGSVERTRETUNGEN GmbH, info@blaufeuer.com. Es gilt die Anzeigenpreisliste Nr. 17 vom 01.10.2019. Direkt-Abos auf **www.paninicomics.de** Geschäftsführer **Hermann Paul**, Publishing Director Europe **Marco M. Lupoi**, Finanzen **Felix Bauer**, Marketing Director **Holger Wiest**, Marketing **Rebecca Haar**, Vertrieb **Alexander Bubenheimer**, Logistik **Ronald Schäffer**, PR/Presse **Steffen Volkmer**, Publishing Manager **Lisa Pancaldi**, Redaktion **Stephanie Jakob**, **Matthias Korn**, **Daniela Uhlmann**, Übersetzung **Gyo Araiwa**, Proofreading **Giuseppina Torrisi**, grafische Gestaltung **Rudy Remitti**, **Nicola Spano**, Art Director **Mario Corticelli**, Redaktion Panini Comics **Beatrice Doti**, **Elisa Panzani**, Prepress **Francesca Aiello**, **Andrea Bisi**, Repro/Packager **Alessandro Nalli** (coordinator), **Mario Da Rin Zanco**, **Valentina Esposito**, **Luca Ficarelli**, **Simone Guidetti**, **Linda Leporati**, **Ivano Martin**, **Fabio Melatti**.
 ISBN 978-3-95798-523-1

Bibliografische Information der Deutschen Nationalbibliothek
Die Deutsche Nationalbibliothek verzeichnet diese Publikation in der Deutschen Nationalbibliografie; detaillierte bibliografische Daten sind im Internet über http://dnb.d-nb.de abrufbar.